设计类研究生设计理论参考丛书

设计大师及代表作品评析（上）

Comments on the Great Designers & the Masterpieces I

艾红华　江　滨　主编

中国建筑工业出版社

图书在版编目（CIP）数据

设计大师及代表作品评析（上）／艾红华，江滨主编. —北京：中国
建筑工业出版社，2013.1

（设计类研究生设计理论参考丛书）

ISBN 978-7-112-15072-4

Ⅰ.①设… Ⅱ.①艾…②江… Ⅲ.①设计师－人物研究－世界②艺术－
设计－鉴赏－世界 Ⅳ.① K815.72 ② J051

中国版本图书馆 CIP 数据核字（2013）第 012339 号

责任编辑：吴　佳　李东禧
责任设计：陈　旭
责任校对：陈晶晶　刘　钰

设计类研究生设计理论参考丛书
设计大师及代表作品评析（上）
艾红华　江　滨　主编

*

中国建筑工业出版社出版、发行(北京西郊百万庄)
各地新华书店、建筑书店经销
北京嘉泰利德公司制版
北京云浩印刷有限责任公司印刷

*

开本：787×1092毫米　1/16　印张：14¼　插页：4　字数：350千字
2013年6月第一版　2013年6月第一次印刷
定价：48.00元
ISBN 978-7-112-15072-4
（23157）

序　言

美国洛杉矶艺术中心设计学院终身教授　王受之

　　中国的现代设计教育应该是从 20 世纪 70 年代末就开始了，到 20 世纪 80 年代初期，出现了比较有声有色的局面。我自己是 1982 年开始投身设计史论工作的，应该说是刚刚赶上需要史论研究的好机会，在需要的时候做了需要的工作，算是国内比较早把西方现代设计史理清楚的人之一。我当时的工作，仅仅是两方面：第一是大声疾呼设计对国民经济发展的重要作用，美术学院里的工艺美术教育体制应该朝符合经济发展的设计教育转化；第二是用比较通俗的方法（包括在全国各个院校讲学和出版史论著作两方面），给国内设计界讲清楚现代设计是怎么一回事。因此我一直认为，自己其实并没有真正达到"史论研究"的层面，仅仅是做了史论普及的工作。

　　特别是在 20 世纪 90 年代末期以来，在制造业迅速发展后对设计人才需求大增的就业市场驱动下，高等艺术设计教育迅速扩张。在进入 21 世纪后的今天，中国已经成为全球规模最大的高等艺术设计教育大国。据初步统计：中国目前设有设计专业（包括艺术设计、工业设计、建筑设计、服装设计等）的高校（包括高职高专）超过 1000 所，保守一点估计每年招生人数已达数十万人，设计类专业已经成为中国高校发展最热门的专业之一。单从数字上看，中国设计教育在近 10 多年来的发展真够迅猛的。在中国的高等教育体系中，目前几乎所有的高校（无论是综合性大学、理工大学、农林大学、师范大学，甚至包括地质与财经大学）都纷纷开设了艺术设计专业，艺术设计一时突然成为国内的最热门专业之一。但是，与西方发达国家同类学院不同的是，中国的设计教育是在社会经济高速发展与转型的历史背景下发展起来的，面临的问题与困难非常具有中国特色。无论是生源、师资，还是教学设施或教学体系，中国的设计教育至今还是处于发展的初级阶段，远未真正成型与成熟。正如有的国外学者批评的那样："刚出校门就已无法适应全球化经济浪潮对现代设计人员的要求，更遑论去担当设计教学之重任。"可见问题的严重性。

　　还有一些令人担忧的问题，教育质量亟待提高，许多研究生和本科生一样愿意做设计项目赚钱，而不愿意做设计历史和理论研究。一些设计院校居然没有设置必要的现代艺术史、现代设计史课程，甚至不开设设计理论课程，有些省份就基本没有现代设计史论方面合格的老师。现代设计体系进入中国刚刚30年，这之前，设计仅仅基于工艺美术理论。到目前为止只有少数院校刚刚建立了现代概念的设计史论系。另外，设计行业浮躁，导致极少有人愿意从事设计史论研究，致使目前还没有系统的针对设计类研究生的设计史论丛书。

现代设计理论是在研究设计竞争规律和资源分布环境的设计活动中发展起来的，方便信息传递和分布资源继承利用以提高竞争力是研究的核心。设计理论的研究不是设计方法的研究，也不是设计方法的汇总研究，而是统帅整个设计过程基本规律的研究。另外，设计是一个由诸多要素构成的复杂过程，不能仅仅从某一个片段或方面去研究，因此设计理论体系要求系统性、完整性。

先后毕业于清华大学美术学院和中国美术学院建筑学院的江滨博士是我的学生，曾跟随我系统学习设计史论和研究方法，现任国家211重点大学华南师范大学教授、硕士研究生导师，环境艺术设计系主任。最近他跟我联系商讨，由他担任主编，组织国内主要设计院校设计教育专家编写，并由中国建筑工业出版社出版的一套设计丛书：《设计类研究生设计理论参考丛书》。当时我在美国，看了他提供的资料，我首先表示支持并给予指导。

研究生终极教学方向是跟着导师研究项目走的，没有规定的"制式教材"，但是，研究生一、二年级的研究基础课教学是有参考教材的，而且必须提供大量的专业研究必读书目和专业研究参考书目给学生。这正是《设计类研究生设计理论参考丛书》策划推出的现实基础。另外，我们在策划设计本套丛书时，就考虑到它的研究型和普适性或资料性，也就是说，既要有研究深度，又要起码适合本专业的所有研究生阅读，比如《中国当代室内设计史》就适合所有环境艺术设计专业的研究生使用；《设计经济学》是属于最新研究成果，目前，还没有这方面的专著，但是它适合所有设计类专业的研究生使用；有些属于资料性工具书，比如《中外设计文献导读》，适合所有设计类研究生使用。

设计丛书在过去30多年中，曾经有多次的尝试，但是都不尽理想，也尚没有针对研究生的设计理论丛书。江滨这一次给我提供了一整套设计理论丛书的计划，并表示会在以后修订时不断补充、丰富其内容和种类。对于作者们的这个努力和尝试，我认为很有创意。国内设计教育存在很多问题，但是总要有人一点一滴地去做工作以图改善，这对国家的设计教育工作起到一个正面的促进。

我有幸参与了我国早期的现代设计教育改革，数数都快 30 年了。对国内的设计教育，我始终是有感情的，也有一种责任和义务。这套丛书里面，有几个作者是我曾经教授过的学生，看到他们不断进步并对社会有所担当，深感欣慰，并有责任和义务继续对他们鼎力支持，也祝愿他们成功。真心希望我们的设计教育能够真正的进步，走上正轨。为国家的经济发展、文化发展服务。

目　录

1　威廉·莫里斯（William Morris）

威廉·莫里斯（William Morris，1834—1896 年）（图 1-1）[1]是 19 世纪后半叶英国杰出的设计师、手工艺人、浪漫主义诗人、小说家、空想社会主义者。这位多才多艺的大师对现代设计的产生有着空前影响，他领导的英国工艺美术运动促使了艺术与技术的广泛结合，开启了人们对现代设计理念的思考。自其去世以后全球掀起了一系列关于他的主题研究活动：美国的"莫里斯收藏展"、中国台湾为纪念他拟定 2005 年为"生活工艺年"、牛津大学成立了莫里斯协会等。

图 1-1　威廉·莫里斯像，摄于 1889 年

莫里斯所在的英国，率先进入了工业革命，从而引发政治、经济、文化全面变革。当时社会矛盾尖锐，实利主义盛行，印刷工艺获得长足进步。艺术设计的标准化与个性化、新能源与传统材料、服务大众与精英设计之间的关系莫衷一是。

1834 年 3 月 24 日，莫里斯出生在英国埃塞克斯郡(Essex)的一个富商家庭，他爱好浪漫主义诗歌创作，富有艺术的才华和独立的思想。[2] 1851 年，17 岁的他随母亲参观了伦敦海德公园的"水晶宫"国际工业博览会，对机械化生产制作的产品大失所望。在牛津大学埃克塞特（Exeter）学院学习神学期间，受到理论家约翰·罗斯金（John Ruskin，1819—1900 年）复兴哥特建筑思想的影响，并结交了诗人画家但丁·加百利·罗塞蒂（Dante Gabriel Rossetti）、爱德华·伯恩·琼斯（Edward Burn-Jones），走上了充满文艺气息的绘画道路。1856 年，他认识了设计师菲利普·韦伯（Philip Webb），开始了手工设计的新旅程，掀起了反抗机械产品的粗糙、矫饰，追求自然纹样和哥特风格，提高产品品质和复兴手工制作的"工艺美术运动"（the Arts & Crafts Movement）。

1861 年莫里斯与马歇尔（Marshall）、福克纳（Faulkner）成立了 MMF 商行。

① Gillian Naylor.*William Morris by Himself*：*Designs And Writings*[C].Time Warner Books UK，2004：22.
② Christne.*William Morris*[M].Chartwell Books Inc，1980：5.

莫里斯受到普金（Augustus Pugin）装饰设计改革的影响，把伯恩·琼斯的图案设计成装饰纹样，他还将业务延伸到室内布置、纺织、挂毯、瓷砖、家具、墙纸、餐具、器皿、教堂玻璃、书籍装帧与字体设计等领域。莫里斯利用自己文学上的名气来为公司宣传，通过海报招贴、商标设计和演讲推广等方式率先引领了19世纪品牌营销的风尚。他开发了环保型的天然植物染色工艺，运用精美的皮革、丝绸、麻等面料进行书籍装帧，促使英国设计走上了精致细腻的道路。

莫里斯的设计主张具有进步性：第一，设计为大众服务，而不是为少数人服务；第二，创立了全方位一体化的"整体设计概念"；第三，强调设计的集体性，而不是个体劳动；第四，主张复古中世纪哥特艺术、手工艺的传统；第五，形成独立而复杂的自然观；第六，反对机器大生产和维多利亚时代矫揉造作的设计风格；第七，强调美和功能的融合。他的局限性和矛盾性在于：第一，全面复古倾向违反了设计社会化、民主化、大众化的原则；第二，完全手工制作增加了产品的成本，高估了贫民的购买力；第三，为抵制机器生产出来的拙劣产品而求助于中世纪的行会制度，在一定程度上可以说是设计的倒退；第四，他的多数设计作品无法为大众服务，只能被少数人所收藏。

莫里斯的设计思想影响到了亨利·凡·德·费尔德（Henry van de Velde）、查尔斯·伦尼·麦金托什（Charles Rennie Mackintosh）等后来的设计师。比利时新艺术运动继承了莫里斯"为人民"的设计立场，费尔德对曲线造型的极致尝试，受到莫里斯植物图案设计风格和自然主义观念的影响，他说："罗斯金和莫里斯的著作及其影响，无疑是使我们的思想发育壮大，唤起我们进行种种活动，以及在装饰艺术中引起全盘更新的种子。"[①]包豪斯的创始人格罗皮乌斯（Walter Gropius）把自己看作是莫里斯的追随者，"莫里斯奠定了现代风格的基础，通过格罗皮乌斯，它的特征最终得到了确立"。[②]受其影响，日本和中国掀起了"民艺运动"，英国和美国开始私人出版运动并涌现了一批设计组织。莫里斯的整体设计思想，不仅促成了服装设计高级定制的勃兴，还提高了大众对设计品质的要求。他唤醒了人们对工业产品的重视，对自然形态的借用和对设计细节的关注，成为英国汽车设计的独特风格，因此，莫里斯被称为英国汽车工业的教父。

代表作品评析：

1. 斯丹顿庄园（Standen House）室内设计

　　设计师：威廉·莫里斯（英国）、菲利普·韦伯（英国）
　　时间：1862—1894 年

---

① （英）尼古拉斯·佩夫斯纳 . 现代设计的先驱者——从威廉·莫里斯到格罗皮乌斯 [M]. 王申祐译 . 北京：中国建筑工业出版社，2004：8-9.
② （英）尼古拉斯·佩夫斯纳 . 现代设计的先驱者——从威廉·莫里斯到格罗皮乌斯 [M]. 王申祐译 . 北京：中国建筑工业出版社，2004：18.

图1-2 斯丹顿庄园，坐落在英国西苏塞克斯（West Sussex），是1892—1894年由菲利普·韦伯设计的一座"工艺美术运动"风格的房子，室内装饰如织物、墙纸等都是由威廉·莫里斯设计，房子里面至今仍保留着原貌（左）
图1-3 斯丹顿庄园起居室，1875年 —1892年。家具由韦伯设计，墙纸、织物和室内摆设由莫里斯负责（右）

地点：英国西苏塞克斯（West Sussex）

19世纪末期，曾为莫里斯设计过婚房"红房子"（Red House）的建筑师朋友菲利普·韦伯又设计建造了斯丹顿庄园（图1-2）[①]，此庄园的系列室内设计方案则是由莫里斯陆续完成的，时间跨度超过30年！可以说，斯丹顿庄园的室内设计最能体现莫里斯"实用和美"的平民化立场和整体设计的思想。

维多利亚时代喜用阴暗拥挤的室内格局，因为充足的光线是贫苦工人劳作时的场景，在光线朦胧的房间中点着烛光读书是一种时髦和身份的象征，而莫里斯一改这一趣味，在起居室设计中采用了白色的顶棚、白底的墙面、白色的壁炉、白色花纹的沙发图案、白色的床单（图1-3）[②]，从而为19世纪英国室内设计走向明亮、简约的平民风格开创了道路。室内按照古典和浪漫相结合的情调统一选择合适的家具、墙纸和地毯，铁艺床架的直线条造型和铜器色泽的搭配，尽显维多利亚时代少有的高贵典雅。远东的各类瓷器装饰和摆设，既体现了莫里斯身上深受东方文化的影响，又可寻觅古希腊瓶画等复古的韵味。楼梯平台间（图1-4）[③]罗马式圆拱门的大气沉稳和直线条玻璃橱窗的细腻轻盈，互相映衬。尽管装潢设计的时间不同，北面卧室的小雏菊墙纸、郁金香与百合纹织毯是1875年的款式，沙发造型和沙发套是1884年设计的，但是在色彩、材料、风格上均体现了整体设计的思想。莫里斯说："墙纸作为装饰的方案必须与周围事物的颜色和形式相匹配，当决定使用所设计的图案结构时，对水平线、垂直线或斜线的取舍必须由整个房间的面貌来决定。"[④]所以，莫里斯一直致力于白色墙面的改革，蓝色和红色相间的菱形小花纹墙纸和白底墙面层次分明，有利于开拓室内空间感，增加光线感，又打破单调感；另一方面，这种墙纸图案与室内的织物、挂毯相对暗沉的颜色、繁

① http：//www.flickr.com/photos/richwall100/4767028217

② Frederique Huygen.*British Design image&identity*[C].Thames and Hudson，in association with Museum Boymans-Van Beuningen，1989.

③ Gillian Naylor.*William Morris by Himself*：*Designs And Writings*[C].Time Warner Books UK，2004：195.

④ Elizabeth Wilhide. *William Morris.derco and design.Harry*[M]. N·Abrams inc. Publishers New Your. 2003：100.

图1-4 斯丹顿庄园的陈列橱柜和楼梯间，壁纸设计由莫里斯在1892年完成（左）

图1-5 斯丹顿庄园的门厅角落，格子架墙纸是莫里斯在1862年设计完成，它和摇木马的映衬，趣味盎然（右）

复的花纹相互平衡，突出了其整体设计中对色彩、环境等和谐关系的重视（图1-5）[①]；另外，各类装饰纹样的线条旋转变化，缓解了室内家具棱角分明所带来的坚硬质感，让环境变得温柔和谐。

2.书籍装帧设计：关于 Volsungs 和 Niblungs 的故事（the story of the Volsungs and the Niblungs）

时间：1870年

1891年莫里斯成立了凯姆斯各特出版社（The Kelmscott Press）并设计了许多成功的书籍装帧作品，如 The Tale of Beowulf（图1-6）[②]等。他在《凯姆斯各特出版社的目标》中说："我倾心于中世纪的书写风格和早期的印刷，我注意到15世纪的书籍印刷版式很精美，看起来非常的丰富……我总是坚持这样的观点：让我所做的装饰都是文字的一部分，而不是无用的附加。"复古、实用和美的结合就成为莫里斯书籍装帧设计的出发点。

《关于 Volsungs 和 Niblungs 的故事》手稿（图1-7）[③]，第一，在字体上莫里斯一改当时缺乏生气的无秩序体，以特洛伊体（Troy）创造了优美而不失自由的秩序感。莫里斯喜欢的金体（Golden）、特洛伊体（Troy）、乔叟体（Chancer）都是对中世纪手抄本字体的改良，黑色浓墨印刷，版面清新优雅，彰显了维多利亚时代人的品性。手稿首字母采用了哥特式的图案造型，以故事画的形式表现一个披着盔甲的勇士正骑在一只张开翅膀的苍鹰上，这种造型刚好构成了第一个字母H的形状，同时又起到了提示故事的实用作用，极大地提高了人们阅读的趣味性。第二，在版面设计上遵循对称的原则，文字内容只占全页

① Gillian Naylor.*William Morris by Himself*：*Designs And Writings*[C].Time Warner Books UK，2004：67.

② Gillian Naylor.*William Morris by Himself*：*Designs And Writings*[C].Time Warner Books UK，2004：196.

③ Gillian Naylor.*William Morris by Himself*：*Designs And Writings*[C].Time Warner Books UK，2004：77.

图 1-6　关于英国古代传说英雄 Beowulf 故事的书籍内页，由莫里斯创办的凯姆斯各特出版社（Kelmscott Press）在 1895 年设计（左）

图 1-7　关于 Volsungs 和 Niblungs 故事的手稿内页，大约在 19 世纪 70 年代由莫里斯设计（右）

的 2/3，为了防止留白像河流一样穿过页面，破坏整体性，因此对行距、页边距的要求就变得更加严格，通过恰当的空白把人们视觉的愉悦感、舒适感放在第一位（图 1-8）[①]。第三，在装饰设计上充分体现了设计师的匠心。页面文字以外的空白处，刻印了浅黄色线条勾勒的花草和女性形象。花草的装点有繁有简、有疏有密，根据整体布局的和谐规划，既有拟人化的童趣，又有天真的稚拙。女性形象有正反面和各种姿势的造型，充分凸显 S 形的线条美感，隐约有庞贝古城壁画中古代女子的痕迹。同时又带有插图的性

图 1-8　1870 年莫里斯为诗歌《满足的爱》（Love Fulfilled）设计的内页，手写体尽显优雅，诗歌行距、页边距设计恰到好处

质，提示了故事的内容，增添了叙事的情致。莫里斯曾说："一个插图本，插图不仅仅是印刷文字的插图，更是一件和谐的艺术作品……插图不应该仅仅是其他装饰和字体的一个偶然的联系，而是一个必要的和艺术性的联系。它们，即插图，应该被看作是整体的一部分，没有它们，书籍看起来不会完美。"[②]

---

① Gillian Naylor.*William Morris by Himself*：*Designs And Writings*[C].Time Warner Books UK，2004；79.

② William Morris.*The Ideal Book*：*Essays and Lectures on the Arts of the Book*[M].University of California Press，1982：40.

3. 墙纸图案设计：格子架（Trellis）

时间：1862 年

莫里斯提倡"走近博物馆，学习普通事物的装饰……"[①]，因为在古老的历史产物中可以获得装饰的灵感。他喜欢到印度和近东国家的博物馆参观，去认识东方植物的特殊装饰技巧，他自己也是南肯辛顿博物馆[②]的顾问。莫里斯的图案设计借鉴了印度、摩尔、伊斯兰等民族手工艺的植物造型和几何形式，创造了繁复与秩序相结合，具有立体视错觉和平面深度的装饰形态，其体现了莫里斯的自然观、"美与愉悦"的审美价值观。

《格子架》（图 1-9）[③]图案中有自然逼真的花朵、枝叶、飞鸟、蝴蝶，它们穿插在排列富有韵律和节奏的架子上。"装饰的首要作用便是建立与自然的联系，尽管它的形式并不模仿自然。"[④]莫里斯将自然作为装饰的引导，将自然母题演绎出富有变化的审美形态。一是运用波斯三层结构当背景的叠加法，使图案出现了三个既独立又融合的平面，花鸟一层、格子架一层、架底一层，像几幅幻灯片叠加产生的视觉效应。创造了一种具有平面深度的立体装饰，既有几何关系，又有纵深质感，这种视错觉增添了曲折变化的审美趣味，契合了莫里斯的装饰艺术观："给人带来愉快的事物必然有用，这是装饰最重要的一个功能……"[⑤]二是学习清真寺瓷砖纹样的设计方法，使蜿蜒曲折的线条在运动中具有一种生长感，通过枝叶在架子上的穿梭，使花、鸟、枝、叶的扩张感加剧，产生一种动态和逼真的效果。"在莫里斯图案中的植物和鸟与活跃在花园中的植物和鸟之间，有一种持续的'异花受精'的作用，它们是互相影响，互相繁殖的。"[⑥]这些装饰图案具有自然的渊源。三是对视觉心理作用的充分把握。莫里斯选择红绿蓝的色彩搭配，产生视觉上的明快感，用鲜艳的色彩改变了维多利亚晚期喜欢阴暗色调的习惯（图 1-10）。[⑦]莫里斯说："去选择快乐、明亮的色彩，并以完美的和谐结合两者。很少事物比那些深沉浓烈不和谐的色调和结合强烈对比的色彩对健康更加有害……"[⑧]色彩创造了简洁的视觉反映，适当掩盖了图案结构的复杂性，"我们设法缓解他们追寻图案的好奇心；谨慎稳定地覆盖我们的背景……我们将获得令人满意的神秘外表，这是所有具有图案的物品的本质。"[⑨]

---

① 李宏. 西方美术理论简史 [M]. 重庆：西南师范大学出版社 .2008：125.

② 南肯辛顿博物馆（the South Kensington Museum），即如今著名的维多利亚 & 阿尔伯特博物馆（the Victoria & Albert Museum）。

③ Gillian Naylor.*William Morris by Himself*：*Designs And Writings*[C].Time Warner Books UK，2004：66.

④ 张敢. 威廉·莫里斯及其美学思想初探 [J]. 世界美术 .1995：49.

⑤ William Morris，Asa Briggs（ed）.*William Morris.selected writings and designs*[M].Published by Penguin Books，1962：87.

⑥ Jill，Duchess of Hamilton，Penny Hart&John Simmons，Sir Roy Strong.The gardens of William Morris[C].New York：Stewart，Tabori &Chang，1999.

⑦ Gillian Naylor.*William Morris by Himself*：*Designs And Writings*[C].Time Warner Books UK，2004：121.

⑧ Linda Parry，Thames and Hudson.*Textile of the arts and crafts movement*[M].1988.

⑨ William Morris，May Morris *Some Hints on Pattern-designing*[C].*The collected works of William Morris*（XXII）.Longmans Green and company paternoster row London.New York Bombay Calcutta，MDCCCXIV，1910—1915：191.

参考文献

[1] Elizabeth Wilhide.*William Morris Decro and design*[M].Harry N·Abrams inc.Publisher New York，1989.

[2] Andrew Melvin.*William Morris Wallpapers and Designs*[M].Academy Editions，1971.

[3] Gillian Naylor.*William Morris by Himself：Designs And Writings*[C].Time Warner Books UK，2004.

[4] Christne.*William Morris*[M].Chartwell Books Inc，1980.

[5] Pamela Todd.*William Morris and the Arts and Crafts Home*[M].Chronicle Books，2005.

[6] 奚传绩.设计艺术经典论著选读：威廉·莫里斯，手工艺的复兴 [C]. 南京：东南大学出版社，2002.

[7] 佩夫斯纳.现代设计的先驱者——从威廉·莫里斯到格罗皮乌斯 [M]. 北京：中国建筑工业出版社，2004.

[8] 河西.艺术的故事：莫里斯和他的顶尖设计 [M]. 上海：华东师范大学出版社，2004.

（王金玲）

图 1-9　1862 年莫里斯为斯丹顿庄园设计的一系列墙纸中的一幅作品《格子架》（左）

图 1-10　1862 年莫里斯为斯丹顿庄园北面卧室设计的一款墙纸 Powdered，色彩清新明亮，改变了维多利亚晚期喜欢阴暗色调的习惯（右）

2 安东尼奥·高迪（Antonio Gaudí）

在 19 世纪末 20 世纪初叶，欧洲各国的建筑经历了一场广泛而深刻的变革。新的建筑思想、样式和运动不断涌现：从欧洲各国古典主义的复兴到维多利亚风格的盛行，再到工艺美术运动和新艺术运动以及现代建筑运动的浪潮掀起，建筑的面貌日新月异。西班牙出现了以复兴中世纪辉煌时期的建筑及装饰风格为特点的文艺复兴运动，[①]并借鉴新艺术运动最终发展成独具西班牙特色的加泰罗尼亚现代主义运动[②]。就在这一时期，出现了一位身前不受官方青睐，身后却得到广泛认可的加泰罗尼亚建筑师。在其为数不多的建筑创作作品中，有 17 项建筑作品被西班牙列为国家级文物，6 项被联合国教科文组织列为世界文化遗产。创造这一奇迹的就是西班牙建筑大师安东尼奥·高迪（Antonio Gaudí，1852—1926 年）（图 2-1）[③]。

图 2-1 安东尼奥·高迪肖像

1852 年 6 月 25 日，高迪出生于离巴塞罗那不远的小城雷乌斯（Reus）。在读中学的时候，高迪萌发了对建筑的兴趣，并于 1870 年离开家乡到巴塞罗那学习建筑。由于学习成绩突出，在 1878 年大学毕业后，高迪便接下了市政府的委托案设计了皇家广场的街灯，并获得了一致的好评。同年，高迪结识了纺织业巨子尤赛比·古埃尔（Eusebi Guell，1848—1918 年），两人相互

---

① 加泰罗尼亚文艺复兴：加泰罗尼亚地区被罗马人、哥特人和摩尔人占领过并于 8 世纪末被西罗马皇帝查理曼大帝纳入西班牙王国。之后，民族主义运动时有发生并最终取得自治权。自 1714 年于西班牙王位争夺战大败后，享有的自治权被废除，加泰罗尼亚语被禁止使用，传统文化艺术也被抑制发展。到了 19 世纪，在加泰罗尼亚地区，以巴塞罗那为中心，新兴的富裕的资产阶级资助加泰罗尼亚的艺术文化发展，由此而引发了加泰罗尼亚的"文艺复兴（Renaixença）"，期间，当地人积极吸收来自欧洲的艺术潮流，以强调加泰罗尼亚地区与西班牙的差别，强化其民族主义。

② 加泰罗尼亚现代主义（Catalan Modernisme），借加泰罗尼亚文艺复兴的春风吸收欧洲其他国家新艺术运动的养分发展成独具一格的现代运动。时间发生在新艺术运动的前后，长达约半个世纪。其主要阵地就在加泰罗尼亚地区。加泰罗尼亚现代主义"由文学、音乐、绘画领域开始，但真正大放异彩的是在建筑作品中"（李娟《聆听高迪》《艺术与设计（理论）》，2009 年 5 月期，第 84 页）。建筑师们使用传统的红砖、马赛克和彩色玻璃为建材，以大自然各种动植物形态，以加泰罗尼亚中世纪辉煌时期的建筑风格如哥特式建筑为灵感创作出了新的艺术样式，维护并更新传统的建筑和装饰技术，促进了西班牙现代建筑艺术的发展。

③ Zerbst, Rainer.Antonio Gaudí：the Complete Buildings[M].Midpoint Press，2004：12.

欣赏，建立了深厚的友谊。也因为古埃尔，高迪结识了不少社会名流，并获得源源不断的定件，由此展开了他辉煌的建筑创作阶段。1926 年 6 月 7 日傍晚，高迪散步去圣菲力普·尼利（St.Philipp Neri）教堂祷告，不幸被电车撞倒，在 1926 年 6 月 10 日告别人世。

整体而言，高迪的建筑风格呈现多元化趋向，设计中充满了各种风格的折中处理，但不同时期的建筑作品所强调的风格不一样。高迪前期的作品多呈现东方风格和新哥特式风格，中后期则开始探索出自己的风格之路，他把自然主义灵活运用到建筑装饰及其结构中，创造了带有有机特征的自然主义风格。曲线、曲面和曲结构的完美设计似乎成为高迪追求的终极目标，而高迪的名言"直线属于人类，曲线归于上帝"正是他建筑理念的最好表达。

高迪的建筑艺术风格的形成主要受当地文艺复兴和法国建筑理论家维奥莱·勒·杜克（Viollet-le-Duc，1814—1879 年）以及英国工艺美术运动的影响。杜克对于中世纪以及哥特式风格颇有研究，在他看来，人们应分析古代的伟大建筑作品，因为它们都可以成为创作灵感的源泉，帮助创新当代建筑样式。高迪早期和中期的作品中都呈现出了多种风格融合的特色，同时也吸取了当地文艺复兴的营养。工艺美术运动理论的先行者和奠基人约翰·罗斯金在其名著《威尼斯之石》（the Stones of Venice）中表达出对中世纪设计哥特式和自然主义风格的赞赏和兴趣。高迪许多想法都与罗斯金的思想不谋而合。罗斯金强调从植物纹样、动物纹样中汲取营养，他认为只有大自然，才是从事创作取之不尽、用之不竭的源泉，强调艺术家从事产品的设计，应实现艺术与技术的结合。这些思想最终都在高迪的建筑中得到了完美的体现。罗斯金说："装饰是建筑的源泉"，他所追求的那种简单、清新或自然的装饰，是考虑到与本地建筑历史之间的文脉关系的装饰，高迪的建筑装饰生动而本地化，非常值得后人借鉴。

代表作品评析：

1. 文森公寓——高迪建筑的东方风格

时间：1883—1888 年

公元 8 世纪初阿拉伯摩尔人征服西班牙，并统治西班牙长达约 8 个世纪。这一时期摩尔人的生活习俗乃至社会文化都对西班牙本土文化造成了不小的影响。摩尔风格渐渐融入西班牙建筑中，后来发展成"莫德加尔（Mudèjar）"风格。这种风格将"传统的形式、材料和技术赋予地域特色，重新加工制作，并将基督教文化与阿拉伯、波斯与北非文化的元素结合为一种充满生机的装饰风格"[①]，终于形成了一个既不同于欧洲风格又异于阿拉伯风格的西班牙本地风格，因其影响来自东方，故称东方风格。高迪的建筑这一时期最明显特征体

---

① 董婧，赵思毅. 高迪的隐喻——高迪建筑装饰中的宗教意境分析 [J]. 新视觉艺术，2009，2：65.

图 2-2 文森公寓，被列
为联合国教科文组织世界
文化遗产（上）
图 2-3 文森公寓外墙装
饰（下）

现为建筑外立面瓷砖镶嵌以及室内各种纹样的装饰，高迪早期的建筑大都采用这种处理手法。这些建筑经过高迪精心的折中处理，风格别具特色。代表性的作品是文森公寓（Casa Vicens）（图 2-2）[①]。

文森公寓反应出了高迪对于传统文化的挖掘，主要表现在他对于伊斯兰风格纯粹几何纹饰的运用。这种富有东方风格的装饰纹样已经成为西班牙传统文化的一部分。文森公寓外墙的装饰材料由呈矩形的印花瓷砖、白色和绿色瓷砖组合构成。高迪利用白色与绿色瓷砖并置组成带状装饰，与天然的赭石色建筑墙体石材和土红色的涂料相间隔，营造出了不断变换的空间，呈现出多层次、多变化的效果（图 2-3）[②]。高迪所使用的带有黄色小花的瓷砖多并置成带状且横向或竖向装饰于天然石材旁，丰富了装饰效果的同时也增添了建筑的自然气息。同时，为了使装饰多元化，增加建筑装饰的层次感，高迪在建筑结构上花了心思，设计了突起的角楼，许多突出于墙体之外的装饰性墙面以及一些类似穹窿的装饰结构，上方四壁镂空。在室内装饰方面，下部采用了大量的印花瓷砖装饰，花纹简约而自然，上部以及屋顶则可以看到很多装饰繁密的纹饰，这些不断重复的繁密纹饰让人联想到摩尔风格的装饰手法。但这些装饰在内容上已不再是单纯的几何纹样，高迪把生动的动植纹样融入进去，形成了多种装饰风格所带来的华丽的视觉效果。高迪在文森公寓的设计上展示了一种具有折中主义的东方文化特色，使其成为高迪东方风格建筑中最具代表性的一件作品。高迪建筑的一些标志性特征在该建筑中已经有所反映，例如精致的屋顶突出物、明亮的色彩、各种瓷砖的运用以及对于自然形态的运用等。

① Zerbst，Rainer.Antonio Gaudí：the Complete Buildings[M].Midpoint Press，2004：37.

② http：//www.google.com.hk/imgres?q=Casa+Vicens&num

此时，高迪的建筑作品形成了一种极具装饰性的东方风格。比较有代表性的建筑还有科米亚随性屋（Casa El Capricho，1883—1885年）（图2-4）[①]。高迪一生探索的装饰材料多种多样，金属、大理石、石英石、水泥、木材、泥块以及陶片、瓷片、玻璃等都有涉及。这些材料被巧妙地运用于建筑结构与装饰中，在中后期的作品古埃尔公园（Parque Güell，1900—1914年）中表现得最为突出。总之，高迪的作品就像一个大熔炉，各种不同质地、形状、大小的装饰材料经过他的熔化浇筑成了现代装饰艺术的一朵奇葩。

图2-4 科米亚随性屋(Casa El Capricho)（左）

图2-5 特雷萨修道学院（右）

2. 特雷萨修道学院——高迪建筑的新哥特主义风格

时间：1888—1889年

高迪对于中世纪风格和哥特式风格的建筑颇有研究，对于哥特式手法的运用也得心应手。哥特式建筑中明显的特点就是尖形拱门、肋状拱顶的运用。在文森公寓中，高迪首次运用了传统的加泰罗穹隆，穹拱由一层层砖悬挑做成的。后来高迪将这种哥特式尖拱改造成了更加轻巧的抛物线拱并成为他建筑风格中的标志性特征。最能反映高迪新哥特主义特征的建筑是特雷萨修道学院（Colegio Teresiano）（图2-5）[②]和贝列斯瓜尔德之家（Bellesguard，1900—1909年）。

---

① Zerbst，Rainer.Antonio Gaudí：the Complete Buildings[M].Midpoint Press，2004：51.

② Zerbst，Rainer.Antonio Gaudí：the Complete Buildings[M].Midpoint Press，2004：87.

图2-6　特雷萨修道学院内部拱廊（左）

图2-7　圣家族大教堂，世界上唯一还在建设就被列为世界文化遗产的建筑（右）

　　在特雷萨修道学院，高迪的哥特式尖拱和在哥特式基础上改造成功的抛物线拱得以全面运用。这座建筑缺少具有高迪特色的瓷砖装饰，是高迪作品中最朴素的建筑之一。但是，这座建筑并不单调，一方面因为墙体本身的石材和红砖起到了装饰作用，另一方面则归功于高迪对于拱的各种形式和大小的连续运用。建筑立面的一到三层，高迪都采用了自己的抛物线拱门窗子。第四层窗子以及建筑的顶楼外墙则采用哥特式尖拱造型。在这个建筑中，拱的造型被高迪强调成了唯一的风格元素。当然，这种形式语言与建筑物的功能相吻合。高迪采用连续排列的尖拱或抛物线形拱打破了原本应该直线延长的承重墙的单调，具有强烈的形式感。此外，在最上面一层的尖拱窗户之间，高迪把墙面塑造成两个连续的小拱用以装饰，形成美妙的外轮廓线，丰富了拱的装饰作用。室内通道每隔一扇窗户就有一个抛物线拱，门也被设计成抛物线拱的样式，使得通道的纵深感倍增。此外，众多窗户增加了建筑的采光效果。透过窗户的光线照射到拱上丰富了建筑中光的层次，使建筑内部呈现出简洁、典雅、神圣的效果（图 2-6）[①]。

　　高迪通过自己对哥特式的理解创造出了源于哥特风格又异于哥特风格的新哥特主义风格。这种风格后期则在被列入世界文化遗产的圣家族大教堂（The Sagrada Familia，1882—）（图 2-7）[②]作品中仍旧延续。

① Zerbst，Rainer.Antonio Gaudí：the Complete Buildings[M].Midpoint Press，2004：90.

② Zerbst，Rainer.Antonio Gaudí：the Complete Buildings[M].Midpoint Press，2004：191.

图 2-8　米拉公寓，位于巴塞罗那帕塞奥·德格拉西亚大街，1984 年米拉公寓、古埃尔宫及古埃尔公园一起被联合国教科文组织宣布为世界文化遗产

3. 米拉公寓——高迪建筑的自然主义风格

　　时间：1906—1910 年

　　从中年开始，高迪形成了完全独特的个人建筑风格，标志着个人风格成熟期的到来。这一时期，他的建筑已不受任何束缚，形成了具有有机的特征，同时又具雕塑性和象征性的自然主义风格。高迪把自然作为建筑结构和装饰的源泉与灵感，让建筑成为了自然的一部分，像是从泥土中生长出来的一样具有生命感。他将这一风格发挥到不可思议的地步，可以说空前绝后。这一时期高迪创造了他一生中最重要的建筑作品，堪称世界建筑史上的经典，如巴特罗公寓（Casa Batlló，1904—1906 年）、米拉公寓（Casa Milà）（图 2-8）[①]和圣家族大教堂，他们都是高迪自然主义风格建筑的代表性作品。高迪在这三个建筑中无论是从结构还是装饰方面都尽量避免使用直线，而采用自然的曲线风格设计。

　　米拉公寓突出反映了高迪独具个人魅力的建筑风格，也是高迪自然主义风格达到成熟的代表作品。米拉公寓形象奇特，怪诞不经，高迪的想象力和造型能力被表露无遗。高迪采取自然的形式创造出了雕塑般的建筑作品。整个建筑从里到外均无棱无角，真正构筑了一个完全自然形态的建筑。

　　在装饰方面，高迪做了一个大胆的决定，那就是一反自己一贯的综合装饰风格，让石材的墙面唱主角。把建筑本身的材料暴露出来作为装饰在高迪的大多数作品中都有表现。但在米拉公寓中，高迪做到了极致，整个墙面没有多余

---

① http : //0.tqn.com/d/architecture/1/0/u/o/Pedrera000000788450.jpg

图 2-9　米拉公寓其中一
个庭院鸟瞰图（左）
图 2-10　米拉公寓屋顶突
出物体（右）

的装饰，仅为了安全的需要，也为了打破略显单调的色彩，高迪用褐色铁条和铁板铸造了一个个扭曲回绕的阳台栏杆作为装饰。这些铸铁栏杆被设计成植物造型，犹如阳台上生长出枝繁叶茂的植物。高迪在这里的装饰虽然与之前的装饰差异巨大，但装饰的初衷没变，那就是让自己的作品更接近于自然形态，也使得其作品呈现出雕塑性的特点。

米拉公寓装饰效果的表达离不开高迪对于建筑墙面的波浪形处理。波浪形设计的立面墙面一环扣一环，视觉效果强烈，富有动感，具有很强的表现力。石材墙体在彰显重量感的同时，又被塑以波涛汹涌流动之态，充满了形式上的无穷意趣，在建筑中体现了克莱夫·贝尔（Clive Bell，1881—1964 年）的"有意味的形式"这一绘画艺术美学名言。起伏的墙面配上大小不一的窗户设计使得这样的公寓立面造型更接近一座被海水长期侵蚀又经风化后布满孔洞的岩石。整栋建筑围绕着两个用于采光的庭院自由展开（图 2-9）[①]，在起伏中转合，如行云流水般。这样的设计使得每一住户都能双面采光而且户户得以互相串联。围绕庭院的间壁被设计成不同程度的弯曲或倾斜状。此外，这些墙面都是可拆的，把建筑自然形态的生命性进一步拓展。公寓屋顶上设计有六个大尖顶和若干个小的突出物体，均呈现出有机形态（图 2-10）[②]。

米拉公寓是个庞大的有机建筑整体，整座建筑无棱无角，这种让自己远离直线而营造出来的建筑更接近于自然的形态，既显得生机勃勃而又雄伟大气。

参考文献

[1] Arango，E.Ramon.Spain：from Repression to Renewal[M].Westview Press，1985.

[2] Roe，Jeremy.Antonio Gaudí：Architecture and Artist[M].Parkstone Press International，1996.

[3] Zerbst，Rainer.Antonio Gaudí：the Complete Buildings[M].Midpoint Press，2004.

---

① http：//www.tumblr.com/tagged/casa-mila?before=1345499376

② http：//upload.wikimedia.org/wikipedia/commons/2/27/Barcelona_Casa_Mila_01.jpg

[4] Adams，Laurie.The methodologies of art：an introduction[M].Westview Press，1996.

[5] （英）尼古拉斯·佩夫斯纳. 现代设计的先驱者——从威廉·莫里斯到格罗皮乌斯 [M]. 王申祐，王晓京译. 北京：中国建筑工业出版社，2004.

[6] 晨朋. 二十世纪西班牙美术 [M]. 长沙：湖南美术出版社，2005.

[7] 董婧，赵思毅. 高迪的隐喻——高迪建筑装饰中的宗教意境分析 [J]. 新视觉艺术，2009，2：65-66.

[8] 李娟. 聆听高迪 [J]. 艺术与设计（理论），2009，5：84-85.

[9] 王受之. 世界现代建筑史 [M]. 北京：中国建筑工业出版社，1999.

[10] 徐芬兰. 高迪的房子 [M]. 石家庄：河北教育出版社，2003.

[11] 薛恩伦，贾东东. 高迪的建筑艺术风格 [J]. 世界建筑，1996，3：60-65.

[12] 张敏. 安东尼·高迪的建筑镶嵌艺术 [J]. 装饰，2007，2：38-39.

（王时红）

3　路易斯·沙利文（Louis Sullivan）

图 3-1　沙利文像，摄于 1895 年

1924 年 4 月 14 日，被誉为"现代建筑之父"的伟大建筑家路易斯·亨利·沙利文（Louis Henri Sullivan，1856—1924 年）（图 3-1）[1]孤独地——每一位伟大的、不肯妥协的大师都非常了解这种孤独[2]——离去了。

1856 年 9 月 3 日，沙利文出生于美国马萨诸塞州首府波士顿。父亲是一个爱尔兰舞蹈家，母亲是瑞士人，曾在法国表演歌唱。他的童年是在祖父母的农场里度过的，这种童年与大自然密切接触的经历，对他的建筑理念有一定影响。

1872 年，年仅 16 岁的沙利文进入麻省理工学院学习建筑，像很多天才一样，他未完成学业就离开了学院。1873 年他来到芝加哥受雇于素有"摩天大楼之父"称号的威廉·勒巴隆·詹尼（William Le Baron Jenney）——建筑了世界第一座钢铁框架建筑。在此工作期间，沙利文遇到了具有奢华装饰风格的约翰·埃德尔曼（John Edelman），后者建议他前往巴黎学习建筑理论。在巴黎美术学院学习一年多后，沙利文回到芝加哥开始其职业生涯，之后便成就了事业的辉煌，留下了大量的建筑佳作。

沙利文在其著作《初级闲谈》（*Kindergarten Chats*）中曾写道："一件好的建筑作品是时代、环境及处于其中的人们共同作用的结果；并且这三者互为依存。"[3]伟大的建筑如此，伟大的建筑家亦是成就于天时、地利、人和三者之合力。

工业革命之后建筑科学取得巨大进步，新建筑材料、新结构技术和新施工方法的出现，为近代建筑的发展提供了无限的可能性。特别是 1851 年伦敦世界博览会展馆"水晶宫"的出现，更为建筑领域掀起了洪波巨澜。它昭示了铁

---

① 《新建筑》2012 年 01 期，P66.

② （美）弗兰克·劳埃德·赖特，于潼.建筑之梦 [M].济南：山东画报出版社，2011：241.

③ （美）Szarkowski，John.*The Idea of Louis Sullivan*[M].Bulfinch Press，2000：29.

和玻璃两种建筑材料的配合应用，将迎来建筑的新纪元。

钢铁的大量生产以及钢铁价格的低廉（1867 年：166 美元 / 吨；1875 年：69 美元 / 吨；1885 年：29 美元 / 吨）促使了美国在 19 世纪 50~80 年代进入"生铁时代"①。"生铁时代"建筑的特征是：在高层建筑中运用框架结构，以生铁框架代替之前厚笨的承重墙体。高层建筑的出现迫使工程师考虑建筑内部的垂直交通问题，如纽约 1853 年的世界博览会中展出了"蒸汽动力升降机"，1870 年芝加哥发明了水力升降机，1887 年电梯出现等。

毫不夸张地说，从沙利文出生到其成为芝加哥职业建筑师这 20 年的时间里，建筑领域每天都发生着日新月异的变化，进行着各种新的实验和探索，沙利文处在一个制造大师的时代。

沙利文选择芝加哥作为自己成就梦想的舞台，并非偶然。"1871 年一场大火将风之城（Windy City，芝加哥别称）夷为平地之后，芝加哥就成为了新建筑的精神家园，同时也给了它的建筑师探索新材料、新技术和新发明的绝佳机会"。②在这个充满机遇和创造力的城市，沙利文和一批优秀的建筑师一起，为满足新的社会需求对新的建筑结构和建筑形式进行了探索，他们被称为"芝加哥（建筑）学派"③。沙利文是这个学派的中坚人物，他的建筑结构"三段法"，以及著名的"形式服从功能"建筑宣言，为"芝加哥学派"以及美国乃至世界现代建筑在理论和实践上的发展都起到了导向作用。"'芝加哥学派'的出现早于欧洲任何现代建筑探索的先锋运动，可以说是美国现代建筑的奠基石。"④

从巴黎学成归来的沙利文并没有一开始就锋芒毕露，而是花了几年的时间在芝加哥老一辈建筑师门下做学徒，以完善自身的专业能力。终于，在 1879 年，他受雇于芝加哥最著名的建筑结构工程师丹克马尔·艾德勒（Dankmar Adler）。一年后，25 岁的沙利文成为了艾德勒的合作伙伴。1883 年，两人成立了艾德勒和沙利文事务所。1888 年，赖特（Frank Lloyd Wright）受雇为该事务所的制图员，两年后荣升为首席制图员，并一直在此工作到 1893 年。三人一同创作了很多优秀作品。

1880—1895 年，沙利文和艾德勒合作了 15 年。"艾德勒十分尊重沙利文，将他对于建筑工程技术的思考与沙利文对于建筑形式和美学的思考很好地结合在了一起，两人共同创作了许多优秀的作品。与艾德勒合作的 15 年期间，沙利文经历了其职业生涯的起步、探索、突破直至巅峰阶段。"⑤沙利文很多闻名于世的作品几乎都是在此期间完成的。

---

① 刘先觉，汪晓茜.外国建筑简史 [M].北京：中国建筑工业出版社，2010：184.
② 刘先觉，汪晓茜.外国建筑简史 [M].北京：中国建筑工业出版社，2010：159.
③ 芝加哥学派（Chicago School）：美国最早的建筑流派，是现代建筑在美国的奠基者。芝加哥学派突出功能在建筑设计中的主要地位，明确提出形式服从功能的观点，力求摆脱折中主义的羁绊，探讨新技术在高层建筑中的应用，强调建筑艺术应反应新技术的特点，主张简洁的立面以符合工业化时代的精神。
④ 童乔慧，张璐璐.诗意的建造——沙利文建筑思想及其设计作品分析 [J].新建筑，2012.
⑤ 童乔慧，张璐璐.诗意的建造——沙利文建筑思想及其设计作品分析 [J].新建筑，2012.

沙利文所处的时代里，世界博览会对工业以及建筑的发展影响非常大。一个世博会可以成就一个建筑家，也可以毁灭一个建筑家。1893 年，世界博览会在芝加哥举办。美国选出了十位有代表性的建筑家参加博览会，沙利文就是其中之一，但是他的建筑风格当时并没有得到世界的认可，反而是学院派古典主义的建筑得到推崇，并迅速在美国盛行起来，其体现出了投资者"希望在最短时间内，以最少投资从中获取最多利润"的意愿。因此，芝加哥很多建筑师都转向了学院派的风格。

天才从来都是不向世俗妥协的，沙利文仍然坚持着自己的建筑风格。如赖特所说"沙利文从来都不会对他的作品低价而沽"，因此"无法找到市场"。于是艾德勒和沙利文事务所的订单不断减少，有时甚至要借钱来发放工人工资。1894 年，事务所的经济危机仍然不见好转。1895 年，迫于经济压力，艾德勒离开了事务所。

这些对于沙利文来说无疑是一个重大的转折，此后他的整体事业开始下滑。从 1900 年直到 1924 年沙利文去世的期间，沙利文几乎没有再接到大的市级项目，大多是来自城镇的订单。大师的余生在酒精和下等旅馆中度过，只有赖特偶尔来拜访他。

沙利文的建筑理念及学术贡献归纳起来有如下几点：

1）诗意的建筑

很多学者把沙利文的建筑描绘为"自然之诗"，这与他的成长经历和文学情怀有关。他在 1904 年写给克劳德（Claude Bragdon）的信中提到："真正的开始并不是在学校里，而是孩童时期在自然世界中目睹四季的交替和大自然的变化"。[1] 1885 年，沙利文发表了《美国建筑的风格与趋势》的文章，其中首次"提出将诗歌和自然这两个非建筑学的范畴用于建筑风格创作。"[2]

"诗意"在建筑的整体体量方面表现为气势恢宏，而在建筑细节方面表现为细腻温婉。曾有评论家对沙利文的建筑形容为："在'男子气'的平面和体量与'女人气'的关节和细部之间找到了平衡。"[3]

2）形式服从功能

讲到沙利文不可不提到他的现代建筑宣言"形式服从功能"（form ever follows function）——出现在 1896 年沙利文发表的《高层办公建筑的艺术思考》（*the tall office building artistically considered*）文章中。它被称为那时美国杰出建筑理论的最强音。这一宣言，被公认为是沙利文建筑理念的精髓，也是其对现代建筑最大的贡献。[4]它不是同时代"装饰就是罪恶"的代名词，它虽然成为了功能主义的口号，但并不是在宣扬功能至上的现代建筑理念。因为正如我们

① （美）Szarkowski, John.*The Idea of Louis Sullivan*[M]. Bulfinch Press，2000：19.

② 童乔慧，张璐璐. 诗意的建造——沙利文建筑思想及其设计作品分析 [J]. 新建筑，2012.

③ （美）K·弗兰姆普敦.20 世纪建筑精品集锦（1900—1999）第 1 卷 [M]. 北京：中国建筑工业出版社，2003：28.

④ （美）John Zukowsky.*Chicago Architecture 1872-1922*[M].Prestel，2000：264.

在沙利文建筑作品中所看到的，他非常善于运用装饰，把装饰比作"建筑的诗意的外衣"。沙利文认为："装饰和结构之间存在着一种特殊的认同感"，就好像"装饰是建筑本身材料中生成的一样……这跟某种植物的叶子中出现了一朵花儿一样"①。他强调的是：形式和功能的统

图3-2 沙利文的装饰趣味（纽约的贝亚德-康迪科特大楼局部）

一性，是具有哲学思辨性的建筑哲理。正如赖特所言："纽约和芝加哥空中的建筑群体所拥有的一体性都要归功于恩师，他第一次将这些作为一个整体看待"②。这一建筑理念，被看作是他的"有机建筑"理论的先声。

3）有机建筑

沙利文在《初级闲谈》中提到"有机建筑"（Organic Architecture）这一概念③。正如我们所看到的，沙利文的"装饰的有机体系"，无论是他的文字理论还是视觉语言都将这一体系看作自然科学、哲学先验论和诗意的统合④（图3-2）。⑤

沙利文对于有机建筑的影响主要表现在他的设计思想上。首先，他认为建筑是有生命意志的。同时，他还认为"大自然通过结构和装饰显示自己的艺术美"，建筑也应如此。这种建筑的生命以直观和对自然的类比是其有机观的基础。其次，他认为装饰具有独立的表现性和生命力，这是沙利文有机观中具有重要价值的一点。最后，沙利文关于功能与形式关系的革命性认识，也是他有机观的一个重要方面。在《艺术的考虑高层办公楼》的文革里，他通过对自然的观察，得出这样的结论："……生命通过其表现形式得到承认，形式追随功能。"这个结论是在折中主义为主流的条件下，以重返自然这一本源，来寻求建筑、形式、风格和功能的崭新的关系，这一点是美国有机建筑得以产生的基点⑥。

沙利文确立了有机建筑的源头，并对赖特产生了巨大影响。后者明确地提出了有机建筑论并主导了其风格和发展，产生了一种崭新的美国本土建筑的"草原风格"（Prairie School），成为20世纪最具有世界影响的建筑风格之一。

4）高层建筑的"三段式"法则

1896年沙利文发表了《高层办公建筑的艺术思考》的文章，其中提到"这

---

① （美）弗兰克·劳埃德·赖特，于潼. 建筑之梦 [M]. 济南：山东画报出版社，2011：165.
② （美）弗兰克·劳埃德·赖特，于潼. 建筑之梦 [M]. 济南：山东画报出版社，2011：252.
③ （美）Szarkowski, John.*The Idea of Louis Sullivan*[M].Bulfinch Press，2000：102.
④ （美）John Zukowsky.*Chicago Architecture1872-1922*[M].Prestel，2000：230.
⑤ http://24.media.tumblr.com/tumblr_m3vm5eJHxx1qgpvyjo1_1280.jpg
⑥ 刘亚峥. 解析有机建筑 [D]. 大连：大连理工大学，2004：16.

是沙利文第一次较为系统地提出高层办公建筑的典型形式以及功能至上的特征"[1]。沙利文根据功能特征把他设计的高层建筑外形分成三段：底层和二层功能相似为一段，上面各层办公室为一段，顶部设备层为一段。这成了当时高层办公楼外立面的典型法则。

代表作品评析：

1. 芝加哥大礼堂（Chicago Auditorium Building）

设计师：艾德勒和沙利文

时间：1887—1889 年

芝加哥大礼堂（图 3-3）[2]共 18 层高，由 10 层高的主体建筑和 8 层高的塔楼组成。外部看起来既有古典主义的庄重又有现代主义的简练，内部装饰让人叹为观止。从楼梯的扶栏到阶梯的底部，从柱头的设计到墙面的装饰，都能感受到植物在呼吸、在生长，每一个细节都完美无瑕。在这里真正体会到赖特所言——他找不到市场，因为他定的价格像他的建筑原则一样（崇）高。芝加哥大礼堂是艾德勒精湛的建筑结构技术和沙利文卓越的建筑设计与装饰的完美结合，是他们建筑事业走向巅峰的关键一步。

芝加哥大礼堂的投资者是具有社会主义理想的芝加哥房地产商费迪南德·派克（Ferdinand W.Peck，1848—1924 年），他以提高整个社会的文化水平为己任，组织了芝加哥大剧场联合会，集资为城市建造一座高质量的剧场。事实上，芝加哥大礼堂是一个以剧场为核心的综合性建筑，其中包括餐厅（图 3-4）[3]、400 间客房和用以出租的办公楼房。

该建筑不仅在设计和装饰方面让人瞠目结舌，在体现民主思想的方面也令人折服。芝加哥大礼堂，之所以称为"大礼堂"而不是剧场、歌剧院，就是要在本质上反映出它所体现的社会和文化理想—— 一座服务于大众的文化建筑。在这个仅有 4 层的剧场里设计了 4237 个观众席，这样就可以极大的降低票价，使一般的工人阶级有经济能力欣赏高雅艺术。不仅如此，在最初的设计中沙利文甚至没有设计包厢，后来出于对当时常规的考虑只设置了 40 个包厢。然而包厢的位置是在普通席位的两侧，换句话说，沙利文的设计打破了传统剧场将包厢设计为最佳视线的位置。同时沙利文的包厢设计不是封闭的而是开放的，这也是要体现民主的思想，取消贫富的差异。甚至在室内照明的设计中，沙利文也追求着民主，室内的灯具并没有采用集中式的大吊灯，而是灯泡沿着顶棚均匀分布（图 3-5）[4]。

① 童乔慧.张璐璐.诗意的建造——沙利文建筑思想及其设计作品分析 [J]. 新建筑，2012.

② 陈志华.西方建筑名作（古代——19 世纪）[M]. 郑州：河南科学技术出版社，2000：371.

③ http://www.blueprintchicago.org/wp-content/uploads/2011/01/Auditorium050sm.jpg.

④ http://cache-media.britannica.com/eb-media/81/19181-050-A1EEBADC.jpg

图3-3　芝加哥大礼堂(左)
图3-4　芝加哥大礼堂餐厅（现为大学图书馆）(右)

图3-5　芝加哥大礼堂内部

　　该建筑在工程技术方面的成就也是骄人的，在此方面艾德勒功不可没。他设计了可以开合的剧场屋顶顶棚，从而使剧场的空间可以容纳小到2500人的交响音乐会，大到7000人的公共集会。此外，在冰块制冷和声效方面也获得了世界性的声誉。

芝加哥大剧院，1970 年被列入美国国家历史场所名单，1975 年被列为国家级历史性建筑。[1]

2. 芝加哥 C·P·S 百货大楼（Carson Pirie Scott Department Store）

时间：1899 年、1904 年

C·P·S 百货大楼最初被称为施莱辛格与迈耶大楼（图 3-6）[2]，有 12 层高，在建筑设计上体现了沙利文"形式服从功能"和"有机建筑"的理念。初建于 1899 年，后又经过 1904 年、1906 年和 1961 年 3 次扩建。前两次的设计都由沙利文和其助手乔治·埃尔姆斯利（George Grant Elmslie，1869—1952 年）完成。

大楼 1、2 层富有特色的铸铁植物装饰极其繁复，又极富天才（图 3-7）[3]。这种装饰贯穿整个建筑，从基层的入口、商店橱窗到陶制贴面再到顶层柱头以及室内楼梯栏板。贯穿整体的几何形和植物形元素是沙利文诗意建筑和有机建筑的体现。装饰被他称为："如诗般的建筑外衣"。特别是入口处的铸铁装饰可谓神来之笔，这些从建筑中"生长出"的几何形以及植物藤蔓互相交织、缠绕、攀附、怒放，在阳光的照射下闪烁跳跃，告诉所有看到它的人——我是有生命的，我是不朽的。

在设计方面，沙利文采用钢框架结构，使得内部支撑减少，每一个"芝加

图 3-6　C·P·S 百货大楼（左）

图 3-7　C·P·S 百货大楼入口和橱窗部分（右）

① 陈志华.西方建筑名作（古代——19 世纪）[M].郑州：河南科学技术出版社，2000：369-371.

② John Zukowsky.Chicago Architecture 1872-1922[M].Prestel，2000：75.

③ http：//www.flickr.com/photos/54180816@N05/5989358540/sizes/o/in/photostream/

图 3-8　C·P·S 百货大楼局部

哥窗"侧边的列柱具有均等承重能力，避免产生厚重的墙体；同时压低了每层楼的"芝加哥窗"①基底，这样可以使更多的光线射入百货大楼内部，有利于商品的陈列展示，这无疑是形式和功能相统一的完美体现。

　　建筑物的色彩对比也运用得很独到，"黑白"光影对比强烈。建筑物顶部突出的檐口（1948 年被拆除，2006 年又被重建），投下水平的阴影线和基部"黑色"（墨绿色）的铸铁装饰（图 3-8）②与白色建筑墙体的对比，产生了强烈的视觉冲击力。

参考文献

[1] Szarkowski，John.*The Idea of Louis Sullivan*[M].Bulfinch Press，2000.

[2] John Zukowsky.*Chicago Architecture1872—1922*[M].Prestel，2000.

[3] David Van Zanten.*Sullivan's City-The Meaning of Ornament for Louis Sullivan*[M]. W.W.Norton & Company，2000.

[4] 弗兰克·劳埃德·赖特.建筑之梦 [M].于潼译.济南：山东画报出版社，2011.

[5] 刘先觉，汪晓茜.外国建筑简史 [M].北京：中国建筑工业出版社，2010.

[6] 艾红华.西方设计史 [M].北京：中国建筑工业出版社，2010.

---

① "芝加哥窗"产生于芝加哥学派，指宽度大于高度的金属横向长窗。窗立面通常分成左右三段，中间部分较宽被固定，两侧部分可上下推拉打开，通常用于多高层的商业和办公建筑之上。我们现代城市的建筑还仍然沿用着"芝加哥窗"的设计。
② http://www.flickr.com/photos/54180816@N05/5989372616/in/photostream/

[7] K·弗兰姆普敦 .20 世纪建筑精品集锦（1900—1999）第 1 卷 [M]. 北京：中国建筑工业出版社，2003.

[8] 陈志华 . 西方建筑名作（古代——19 世纪）[M]. 郑州：河南科学技术出版社，2000.

[9] 刘亚峥 . 解析有机建筑 [D]. 大连：大连理工大学，2004.

[10] 童乔慧，张璐璐 . 诗意的建造——沙利文建筑思想及其设计作品分析 [J]. 新建筑，2012.

（熊慧芳）

4 彼得·贝伦斯（Peter Behrens）

在德国的现代设计史中，必须提到的一个名字就是彼得·贝伦斯（Peter Behrens，1868—1940 年）。他被称为"德国现代设计之父"，同时也是西方现代设计进程中工业设计产品批量化、标准化的有力推手，因此也被认为是功能主义的重要代表。西方现代主义中最为重要的三位建筑设计师格罗皮乌斯、密斯·凡·德·罗（Mies van der Rohe）和勒·柯布西耶（Le Corbusier）在他们职业生涯的早期都受雇于贝伦斯的设计事务所，他们在建筑风格上都受到了贝伦斯建筑设计理念的影响。此外，贝伦斯还被公认为是企业形象设计（CI）的创始人。

贝伦斯（图 4-1）[①] 1868 年 4 月 14 日出生于德国汉堡，先后在汉堡、杜塞尔多夫和卡尔斯鲁厄（Karlsruhe）学习绘画。1890 年，贝伦斯移居慕尼黑，从事书籍插图、彩色木刻版画等平面设计工作，这为贝伦斯走进德国新艺术运动提供了契机。

1890 年到 1898 年期间，贝伦斯的作品表现为新艺术运动的风格。

19 世纪 90 年代中期慕尼黑成为德国新艺术运动（Art Nouveau）的发源地。德国的新艺术运动一般被称为"青年风格"，该词来自慕尼黑艺术期刊《青年》（*Die Jugend*），全称是《关于慕尼黑艺术与生活方式的插图周刊》，这份杂志使用和展示了德国新艺术设计师的作品。《青年》杂志对慕尼黑的艺术产生了重要影响，促使很多德国的青年设计师和艺术家跻身于德国新艺术运动，设计出大量青年风格的作品。

贝伦斯早期的作品，明显受到了英国工艺美术运动和法国新艺术运动的影响，主要以植物花草装饰为特征，设计作品中大量运用自然主义的曲线图案（图 4-2）[②]。

图 4-1 贝伦斯像，摄于 1910 年

① Anderson，Stanford.*Peter Behrens and a New Architecture for the Twentieth Century*[M].The MIT Press，2000：130.

② Anderson，Stanford.*Peter Behrens and a New Architecture for the Twentieth Century*[M].The MIT Press，2000：7.

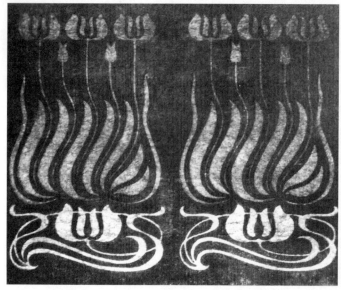

图4-2 贝伦斯彩色木版
画《蓝花》（Blaue Blume）
1897年（左）

图4-3 贝伦斯彩色木版
画《吻》（Der Kuss）1898
年（右）

这些曲线不只是客观地描绘自然事物的轮廓线，而是"有思想的线，是对世界内在精神的和艺术的把握"。"这些被重组和处理过的图案表现出一种简明的从世界的外在形式通往主体的精神进程。"① 这期间最有代表性的作品是1898年创作的彩色木版画《吻》（图4-3）②。那些缠绕在一起，充满律动的柔美线条把青年风格的艺术特征展现得淋漓尽致。在这唯美的纠缠线条中能够读出吻的深情和诗意。

　　贝伦斯在德国新艺术运动中的突出表现，给他带来了较高的声誉。1899年，贝伦斯作为黑森大公斯特·路德维希选中的7名艺术家之一来到达姆施塔特艺术之家（Darmstadt Artists' Colony），来帮助其通过艺术的复兴实现新的生活方式。③贝伦斯在这里建造了自己的工作室（图4-4）④，并且设计了所有的室内陈设和生活用品，包括家具、毛巾、陶器、绘画等。这是贝伦斯建筑史上的第一件作品，整个建筑没有装饰，简洁醒目。这是他艺术道路的转折点，标志着他脱离了早期青年风格中柔软的线条，取而代之为坚硬的直线，发展出简朴新颖的建筑风格。

　　1900—1903年间贝伦斯的艺术设计方向转向建筑方面，并且发表了相关的理论文章来阐述自己的艺术理念，如《舞台装饰》（Decoration of the Stage）、《生活和艺术的庆典：作为最高文化象征的剧场之思考》（Festivals of Life and Art：A Consideration of the Theater as the Highest Cultural Symbol）等。文章中不仅

① Anderson，Stanford.*Peter Behrens and a New Architecture for the Twentieth Century*[M].The MIT Press，2000：7.

② http：//commons.wikimedia.org/wiki/File：Peter_Behrens_Der_Kuss.jpg

③ Anderson，Stanford.*Peter Behrens and a New Architecture for the Twentieth Century*[M].The MIT Press，2000：29.

④ http：//commons.wikimedia.org/wiki/File：DA-Haus_Behrens1.jpg

图 4-4 贝伦斯在达姆施塔特艺术之家建造的工作室（1900—1901 年）

有对建筑的思考，还论及艺术与生活之间的关系，这些是其建筑和设计理念的雏形，为其走进艺术学院教授现代建筑理论奠定了基础。

1903 年贝伦斯被任命为杜塞尔多夫艺术学院的院长，帮助穆特修斯（Hermann Muthesius，1861—1927 年）实施艺术与设计教育的改革。在此期间，他的学校被公认为是在应用艺术教学方面颇具改革性的一所学校——他们会同时向学生传授设计形式的原理并进行多种材料的介绍。这些课程的设置与后来成立的包豪斯等实用艺术和建筑学校的课程有相同之处。[1]这时期贝伦斯设计了图书馆、美术馆以及家具等作品，建筑风格逐渐转为新古典主义。[2]

1907 年，贝伦斯离开了杜塞尔多夫艺术学院，来到柏林。1907 年 10 月，穆特修斯联合贝伦斯等 12 名建筑师和 12 名企业家成立了德意志制造联盟（Deutscher Werkbund，简称 DWB）。成员们都致力于将艺术设计与机器生产相结合，通过对机器的合理使用制造出高品质的生活用品和工业产品。他们不仅接受机器生产，而且还主张标准化和批量化生产。

德意志制造联盟所倡导的设计理念，在贝伦斯为德国通用电气公司简称 AEG（Allgemeine Elektrizitäts-Gesellschaf）的设计中得以充分体现。1907 年 6 月，贝伦斯被聘请为 AGE 的艺术顾问。设计师受聘于企业并对企业的设计进行指导，这在历史上是第一次。他对 AEG 的企业标志、厂房、电水壶、电风

① Anderson，Stanford.*Peter Behrens and a New Architecture for the Twentieth Century*[M].The MIT Press，2000：75.

② Anderson，Stanford.*Peter Behrens and a New Architecture for the Twentieth Century*[M].The MIT Press，2000：88.

扇、电灯等的设计体现了 DWB 在设计上提倡的"合目的性"。特别是 1908 年为 AEG 设计的涡轮机厂（Turbine Factory）奠定了贝伦斯在现代工业设计中先驱者的地位，给他带来了空前的声誉。可以这样说，AEG 成就了贝伦斯，反过来贝伦斯同样成就了 AEG。

第一次世界大战以后，贝伦斯的兴趣转向了艺术教育和建筑设计。[①]他先后在维也纳美术学院、柏林普鲁士艺术学院任教。这时期设计的具有代表性的建筑有：1926 年为英国人 Wenman Joseph Bassett-Lowke 设计的住宅[②]，1929 年设计的 Lewin House（Weissenhof），1938 年设计的 AEG 行政大楼（Main Administration Building）。1936 年贝伦斯被任命为柏林艺术学院建筑系主任，培养了大批现代设计人才。1940 年 2 月 27 日贝伦斯在柏林去世。

彼得·贝伦斯的设计理念在机器与艺术、设计与生活之间找到了完美的结合点。

首先，贝伦斯是一位具有敏锐触觉和洞察力的设计师，他清醒地意识到工业化是时代发展的必然趋势，是"时代精神"和"民众精神"的重要体现。他顺势而行其工业产品的设计遵循机械技术和设计艺术相结合的原则，成为标准化设计的倡导者和践行者，为现代工业设计奠定了基础。

其次，贝伦斯关注艺术设计与时代精神、生活方式之间的关系，是功能主义及功能主义美学的传播者。早在 19 世纪 80 年代从事插图设计时，贝伦斯便开始思考艺术设计与人类生活方式之间的联系。他意识到新材料和新技术带来新的结构的同时，必将开创新的美学观念。这种功能主义美学从贝伦斯设计的一系列产品和建筑中得以体现（图 4-5）[③]。他的功能主义美学并不是"物质主义"，贝伦斯受到里格尔（Alois Riegl）"形式意志"理论的影响，"强调创造性心灵在艺术中的重要性，并且坚信艺术意志会在和功能、原材料及技术等要素的斗争中为自己开辟道路……贝伦斯认为设计活动是在形式与功能、技术与材料之间经过不断地调整从而获得均衡。在贝伦斯的努力下德国工业同盟的口号避免了'一切为了实用性'的狭隘，最终确定为'一切为了适用性'。"[④]

此外，彼得·贝伦斯对现代工业设计的贡献还表现在他是一位伟大的艺术教育家。他最为著名的学徒是 20 世纪最伟大的建筑师格罗皮乌斯、密斯·凡·德·罗和勒·柯布西耶，他们都从不同方面受到贝伦斯的影响和启发，从而改变了整个现当代工业设计的发展。

---

① Anderson, Stanford.*Peter Behrens and a New Architecture for the Twentieth Century*[M].The MIT Press, 2000：221.

② Anderson, Stanford.*Peter Behrens and a New Architecture for the Twentieth Century*[M].The MIT Press, 2000：252.

③ Anderson, Stanford.*Peter Behrens and a New Architecture for the Twentieth Century*[M].The MIT Press, 2000：115.

④ 高振平.理性的超越论彼得贝伦斯的设计与思想 [J].上海艺术家，2011（6）.

图 4-5　左边是装饰型的 AEG 弧形灯，右边是贝伦斯为 AEG 设计的简约型弧形灯

代表作品评析：

1. 通用公司涡轮机工厂（AEG Turbine Factory）（图 4-6）[①]

　　设计师：贝伦斯、伯恩哈德（Karl Bernhard）

　　时间：1909—1910 年

　　地点：德国柏林

　　建筑史中惯例性地视贝伦斯的名字与他 1909 年在柏林为 AEG 公司设计的涡轮机厂互为代名词。评论家对涡轮机厂给予充分的肯定，把它称为屹立在那个时代的最完美的工业建筑；是率直的工业建筑杰作；体现出巨大建筑尺寸的

---

① http：//upload.wikimedia.org/wikipedia/commons/f/f5/Berlin-wedding_aeg-premises_20060407_321_part. jpg

图 4-6 贝伦斯设计的 AEG 涡轮机厂

完美均衡。[①]

涡轮机厂位于柏林 AEG 大规模工厂建筑的一角，它的建成是 AEG 面向世界的一个窗口。当时的工厂负责人要求建筑的两侧立面要足够结实，以承载固定在其上的 100 吨重的装配整个涡轮机的大型起重机，在集合式的地板上巨大的机器部件可以挪动，有轨机车可以直接进入工作场所……这显然是传统的砖石建筑和一般的工业厂房难以达到的。贝伦斯联手伯恩哈德将不可能变成了现实。他们采用钢铁和玻璃两种新的建筑材料将涡轮机厂设计成一个巨大的钢结构建筑，长跨 207.38 米。按内部功能将建筑分为两个部分：横向两层楼高的涡轮机部件装配车间和巨大无柱空间的总装车间，以保障车间内部最大的流通性。

建筑立面多边形顶部和建筑转角处的石材结构——是一种形式的需要，不具有承重的功能[②]——改变了铁和玻璃给人的网状框架视觉感，表现出静穆庄严的恢弘气量。因此，建筑外观给人以希腊神庙般的庄重和神圣，体现了贝伦斯对古典主义建筑风格的青睐。贝伦斯将工厂变成了一个神圣的场所，也暗示出了他对机械化大生产的支持。

建筑剖面（图 4-7）[③]最能显示出贝伦斯的设计：建筑结构由拉杆约束的不均匀铰链拱组成。给人视觉上印象最深刻的建筑力学细节是 Berlichingenstrasse 面的钢筋混凝土结构和接近建筑基底的铰接形式（图 4-8）。[④] "通过建筑师合作

---

① Anderson，Stanford.*Peter Behrens and a New Architecture for the Twentieth Century*[M].The MIT Press，2000：27.

② Anderson，Stanford.*Peter Behrens and a New Architecture for the Twentieth Century*[M].The MIT Press，2000：139.

③ Anderson，Stanford.*Peter Behrens and a New Architecture for the Twentieth Century*[M].The MIT Press，2000：139.

④ Anderson，Stanford.*Peter Behrens and a New Architecture for the Twentieth Century*[M].The MIT Press，2000：140.

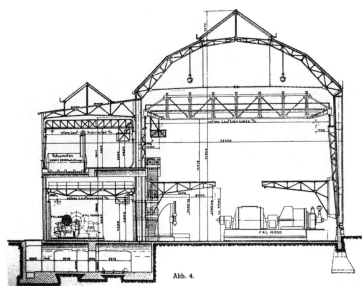

图 4-7 贝伦斯绘制的 AEG 涡轮机厂剖面图（左）
图 4-8 AEG 涡轮机厂建筑基底坚固的铰接形式三针钩槽（右）

建造出必要的裸露结构……贝伦斯想建造一个强有力的建筑形象，而不是采用纤细的结构和半透明的玻璃建造一个非物质的网状物。"[1]

涡轮机厂的设计不是采用肤浅的拼凑、折中、模仿，而是采用新的工业化材料和新的结构且借鉴传统经典建筑的形式，创造出富有时代精神和人文沉淀的典范佳作。简洁、整体、静穆的外观效果也彰显着贝伦斯功能主义美学的建筑特征。

2. 电水壶（图 4-9）[2]

时间：1909 年

贝伦斯被称为第一个真正意义上的现代工业设计师，他为 AEG 设计了一系列引导世界潮流的电器产品，如电水壶、电扇等。在这些设计中贝伦斯坚持产品外观的简洁和适用性的明确表达，是功能主义美学的绝佳体现。"他设计的多款电炉、电扇、灯具和电茶壶视觉形象非常一致，都有着规则的几何造型，装饰节制、简洁沉静、外观一目了然地显露出其功能"。[3]

1909 年设计的系列电水壶，最能体现出贝伦斯的艺术设计理念。电水壶的设计是以标准化构件与批量化生产为出发点，外观只能圆形、椭圆形、八边形为壶身的基本构件形态。每一种形态的电水壶又分为 0.75 升、1.25 升、1.75升三种规格。电水壶根据容量的不同，不同材料或以黄铜制作、或镀镍产生不同的色彩，变化的装饰肌理，互换把手的不同形式，可组装出 80 多款电水壶。这种标准化的生产方式降低了产品的成本，实现了产品的多样化，满足消费者

---

① （英）理查德·威斯顿.建筑大师经典作品解读：平面·立面·剖面 [M].大连：大连理工大学出版社，2006：36.

② http://commons.wikimedia.org/wiki/ File：Design Peter Behrens 1909 - Vier Tee- und Wasserkessel.jpg

③ 邵宏.西方设计：一部为生活制作艺术的历史 [M].长沙：湖南科技出版社，2010：270.

图4-9 贝伦斯为AEG设计的电水壶1909年

不同的选择，这不仅给生产商带来利润，同时改变了大众的生活品质。"德国《艺术与装饰》杂志上曾刊登'彼得·贝伦斯的名字意味一场艺术规划，一个极富个性的不知妥协的艺术方向'，阐明了他的设计既符合机械化批量生产的逻辑要求，又超出这种限制而追求技术与艺术的统一"。[1]

3. 字体设计

　　在建筑、工业产品设计之外，贝伦斯一直坚持对印刷字体的设计，这对德国印刷业发展作出了贡献。1901—1909年间，他共设计了Schrift和Kursiv、Antiqua、Mediaeval 4种字体。[2] Schrift字体最早运用在1901年他的信件中，1902年被铸字印刷，在20世纪最初的10年里被广泛运用。在杜塞尔多夫艺术学院工作期间他设计了Kursiv字体，推进了印刷业的发展。1908—1909年他设计的Antiqua和Mediaeval两种字体最为成功，分别被应用于AEG公司的标志设计及其厂房、企业宣传手册、产品目录、包装、广告和其所有产品中。他为AEG建立了高度统一的企业形象，开创了现代CI设计的先河。

图4-10 AEG商标演变过程：最上面的商标是1888年路易斯·施密特（Louis Schmidt）设计，中间左边是1896年弗朗茨·希维顿（Franz Schwechten）设计，中间右边是1908年贝伦斯用自己创造的Antiqua字体所设计，最下边是1912年贝伦斯用自己创造的Mediaeval字体设计的构态

　　特别是贝伦斯为AEG设计的商标（图4-10）[3]，符合现代商标设计的简洁、醒目、易识的特点，成为欧洲最著名的商标之一。

①　董占军.西方现代设计艺术史[M].山东教育出版社，2002：76.

②　Anderson，Stanford.*Peter Behrens and a New Architecture for the Twentieth Century*[M].The MIT Press，2000：92.

③　Anderson，Stanford.*Peter Behrens and a New Architecture for the Twentieth Century*[M].The MIT Press，2000：101.

参考文献

[1] Anderson Stanford.*Peter Behrens and a New Architecture for the Twentieth Century*[M]. London：The MIT Press，2000.

[2] Gabriele Fahr-Becker.*ART NOUVEAU*，hfULLMANN.2004.

[3] 邵宏.西方设计：一部为生活制作艺术的历史[M].长沙：湖南科技出版社，2010.

[4] 董占军.西方现代设计艺术史[M].济南：山东教育出版社，2006.

[5] 钱凤根，于晓红.外国现代设计史[M].重庆：西南师范大学出版社，2007.

[6] 理查德·威斯顿.建筑大师经典作品解读：平面·立面·剖面[M].大连：大连理工大学出版社，2006.

[7] K·弗兰姆普敦.20世纪建筑精品集锦（1900-1999）第1卷[M].北京：中国建筑工业出版社，2003.

[8] 董占军.外国设计艺术文献选编[M].济南：山东教育出版社，2006.

[9] 邬烈炎，袁熙旸.外国艺术设计史[M].沈阳：辽宁美术出版社，2005.

[10] 高振平.理性的超越，论彼得贝伦斯的设计与思想[J].上海艺术家，2011：6.

（熊慧芳）

5　弗兰克·劳埃德·赖特（Frank Lloyd Wright）

建筑基本上是全人类文献中最伟大的记录，也是时代、地域和人的最忠实的记录。[1]

——赖特

弗兰克·赖特（Frank Wright）（图5-1）[2]，全名弗兰克·劳埃德·赖特（Frank Lloyd Wright），是 20 世纪美国最具有创作力的建筑师之一、富有诗意的艺术家、个性自由的思想家以及注重实效的工程师，被誉为世界"现代建筑四杰"之一。

1867 年 6 月 8 日，赖特出生在美国威斯康星州的里奇兰中心（Richland Center）。童年时期，他的母亲特意让他接受弗劳贝尔积木玩具的训练，这对他日后的哲学基础和设计原则都产生了很大的影响。11 岁开始，赖特和他的叔叔詹姆斯一起在塔里埃森（Taliesin）附近的农场居住，农场的生活让赖特了解了自然也爱上了自然，这段生活经历对其建筑风格的形成有着重要的影响。

1886 年赖特进入麦迪逊市的威斯康星州大学的土木工程专业，随后他放弃学业进入了著名的莱曼·希尔斯比（Lyman Silsbee）事务所工作，这成为他建筑生涯的起点。然后，赖特跳槽到路易斯·沙利文的事务所工作，由于对日本建筑风格的喜爱和在沙利文关于现代主义和功能主义思想的浸润中，逐步为他建筑生涯的发展奠定了扎实的基础。

1893 年，赖特离开沙利文的事务所，在芝加哥建立了自己的建筑实验室。这一时期，赖特开始设计奠定他前期设计风格的"草原式住宅"（Prairie

---

① 《大师》编辑部. 建筑大师 MOOK 丛书——弗兰克·劳埃德·赖特 [M]. 武汉：华中科技大学出版社，2007.

② http：//en.wikipedia.org/wiki/File：Frank_Lloyd_Wright_portrait.jpg

House），即建筑形式为低矮格调，使用本土材料，构图自由且以不违背原有的自然景观为主，最典型的是温斯洛住宅（Winslow Residence，1893 年）。但在当时美国仍崇尚传统建筑形式的情况下，他独具魅力的风格并不被认同。直至 1910 年，凭借他设计图集的展出和他建筑理念宣传，赖特名声大噪，在建筑界的地位也日趋坚固。1894 年在其编写的《在建筑事业中》（*In the cause of Architecture*）一书中首次以文字的形式提出"有机建筑"（"organic architecture"）的观念，并且提出其有机建筑的 6 个原则。20 世纪 30 年代开始，赖特设计了许多雅致实用的"美国风"建筑，譬如罗伯特·纳斯卡别墅（Robert Lusk House，1936 年）。1932 年在他所撰写的《消失的城市》（*The Disappearing City*）一书中阐述了他的又一新颖的观点——广亩城市（Broadacre City）理论，赖特建议将拥挤的现代城市中的物质和社会权力分散，并将民主的理想与新的技术融合在一起，把城市和农村结合起来，形成一个理想模式。

1940—1959 年间，赖特获得了很多奖项，这时期是他生命中获得荣誉最多且最辉煌的时期。1959 年 4 月 9 日，伟大的建筑大师弗兰克·劳埃德·赖特与世长辞，享年 92 岁。赖特的建筑理念对格罗皮乌斯思想的形成有一定的影响，密斯·凡·德·罗毕生的设计都有着赖特的痕迹——这些充分体现出赖特对现代主义设计的影响。在其逝世的 32 周年（1991 年）之际，美国建筑师学会（American Institute of Architects）就赖特的成就予以肯定，授予他"美国有史以来最伟大的建筑师"[①]荣誉称号。

作为美国现代主义的先驱，赖特对建筑形态语言的探索可以说是具有时代性和独创性的，他不断变化着的建筑风格对世界建筑界产生深远的影响力和冲击力，他并不是纯粹的建筑师，更是一名自然主义者、有机主义者和现代主义者，以下本文将从赖特各种不同身份的特性加以分析。

作为一名自然主义者，赖特在其童年时就流露出他自然主义的倾向。赖特早年就接触到日本艺术，并于 1918 年到过中国，他对东方思想，特别是道家的自然观、"天人合一"观与"有无观"十分推崇。赖特在许多文章的论述中都表达了他对自然的崇敬，他认为美来源于自然，因此特别强调建筑物的设计要尊崇自然环境，每栋建筑物都理应是基地独一无二的产物。只要基地的自然条件有特征，建筑就应该像在其自然生长出来的一般与周围的环境相协调。他说："自然为建筑设计提供了宝贵的素材，我们所知的建造形式正是出于此，尽管几百年来，人们总是在书本上寻找启发，死守教条，但是大多数的实践都是来自自然，自然的启示是无尽的，多得超乎你的想象……对于一个建筑师，最丰富和最有启示的美学源泉就是对自然规律的理解和运用……当自然在这种程度上被理解的时候，所谓的'独创性'也就顺理成章，因为你已经站在了一

---

① http://zh.wikipedia.org/

切形式的源头。"[①]

作为一名有机主义者，赖特无疑是开创有机建筑的领袖，在他的各种著作和作品中都反映着他的这种观念。"活"的观念和整体性是有机建筑的两条基本原则，体现建筑的内在功能和目的。他所定义的有机建筑是：（1）有机建筑应"适应时间"以承载时代的形式内涵。这意味着建筑本身应该属于它所属的那个年代，"建筑是石头的史书"，它承载着当时的生活方式和社会形态。例如他利用当代的艺术形态、材料和建筑结构理论来造就他的建筑符号。（2）有机建筑应"适应地点"以协调与环境中存在的矛盾性。他认为建筑物应该与它所处的环境相互协调，最好是利用自然环境所给予的氛围而非去制造矛盾。譬如他早期所设计的"平原建筑"到后来的"美国风"建筑和广亩城市规划，都是为讲求尽可能最好地利用自然的典范。（3）有机建筑应"适应人"，以服务人来凸显人的价值魅力。在赖特看来，建筑的主要职责是服务于人，他所设计的建筑都是围绕着适合人的尺寸这个观念而做的，他采用"开放平面"来为居住者增添空间的乐趣。这三点原则可以说是贯穿在赖特一生的建筑设计之中。

作为一名现代主义者，赖特是一个十足地道的探索者，虽然他一直否认现代主义者这个身份，但是他的设计生涯和作品却依然透露出他的现代主义气息。在这里将根据王受之先生关于现代主义的设计形式的观点作为判断赖特是否为现代主义者的身份。王受之先生认为现代主义的设计形式可总结为：（1）功能主义特征；（2）形式上提倡非装饰的简单几何造型；（3）具体设计上重视空间的考虑；（4）重视设计对象的费用和开支。[②]赖特的设计形式则总结为：（1）赖特将沙利文"形式追随功能"思想发展成自己"功能与形式是一回事"（form and function are one）的观点表明其功能主义的立场；（2）其风格中抽象的细节和基本的几何图形是典型的现代主义语汇；（3）其设计中"开放平面"空间设置的考虑；（4）为美国资本主义中产阶级设计的低廉、务实的"美国风"建筑便是出于经济费用的考量。由此可见，给赖特冠"以现代主义者"的称呼是名副其实的。

他对于建筑界最大的贡献在于其独具个人魅力的建筑风格和独到的理论见解。他为以后的设计师们提供了一个探索的、非学院派的和非传统的典范，他的设计方法也成为日后创造新探索的重要启示。

在赖特 70 多年的建筑师生涯中，设计了一系列具有个人风格的高质量作品，影响着整个美国建筑界的进程。时至今日，他仍然是公众眼里最富盛誉的美国建筑师。他的代表作品有早期设计风格的温斯洛住宅（Winslow Residence，1893年），草原风格时期的威利茨住宅（Willits Residence，1901 年）和统一礼拜堂（Unity Church，1905 年），美国风时期的约翰逊制蜡公司办公楼（Johnson Wax

① 《大师》编辑部. 建筑大师 MOOK 丛书——弗兰克·劳埃德·赖特 [M]. 武汉：华中科技大学出版社，2007：19.
② 王受之. 世界现代设计史 [M]. 北京：中国青年出版社，2002：109.

Administration Building，1923 年）和赫尔伯特·F·约翰逊别墅（Herbert F.Johnson House，1937 年），晚年时期的一神教堂（Unitarian Church，1947 年）等。

代表作品评析：

1. 帝国饭店（Imperial Hotel）

　　时间：1914—1922 年

　　地点：日本东京

　　赖特的建筑追求的是永恒，他设计的东京帝国饭店（图 5-2）[①]于 1923 年矗立在日本东京的土地上，他希望帮助日本实现由木结构到砖石结构、由下跪到站立的转变，同时又不至于过多地丧失日本文化的伟大成就。帝国饭店的建成可以说是日本乃至世界现代建筑史上值得重视的事件。作为赖特有机建筑的代表作之一，其在技术和设计上对当时的日本来说都是高水平的。帝国饭店的每个部分都充满了赖特独特的创意。然而，后来帝国饭店的命运是于 1967 年 11 月下旬开始被拆除，1968 年 2 月 28 日解体工程完成，随之从东京日比谷的土地上消失。

　　1915 年，赖特被邀请到日本设计东京的帝国饭店。这座层数不高的豪华饭店，平面大体为 H 形（图 5-3）[②]，中间为公共用房，两侧为客房，还有许多内部庭院。建筑的外墙使用了日本本土的一种火山岩与马赛克的结合，而且采用了大量的石刻装饰，使建筑显得丰富，充满生机（图 5-4）[③]。帝国饭店从建筑风格来说是西方风格和日本风格的混合，而在装饰图案中又夹有墨西哥传统艺术的某些特征。这种混合的建筑风格在美国太平洋的一些地区曾经出现过。

图 5-2　帝国饭店正视图

① http：//www.basisdesign.com/wp-content/uploads/2010/04/IHEntrance.jpg

② 《大师》编辑部. 建筑大师 MOOK 丛书——弗兰克·劳埃德·赖特 [M]. 武汉：华中科技大学出版社，2007：70.

③ Thomas A.Heinz.*The Vision of Frank Lloyd Wright*[M].Grange Books，2000：308.

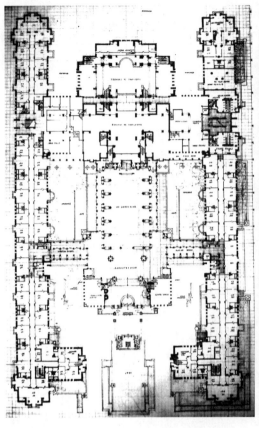

图5-3 帝国饭店H形平面图（左）

图5-4 帝国饭店细部，火山岩与马赛克的结合，而且采用了大量的石刻装饰（右）

使帝国饭店和赖特本人获得极大的国际声誉的是这座建筑结构上的成功。日本是多地震地区，赖特和参与设计的工程师采取了一些新的抗震措施。赖特对该建筑的抗震、防火进行了十分周密的推敲和探讨，连庭园中的水池也考虑到可以兼作消防水源之用，在1923年的关东大地震中以其"像船浮在海面上"的结构免遭于难。帝国饭店经过了大地震的考验而依然巍巍耸立，由此造就了建筑界的一个神话，因此赖特的声誉在国际上大增。

2. 流水别墅（Fallingwater）

时间：1935—1937年

地点：美国匹兹堡郊区的熊跑溪（Ohiopyle）

流水别墅（图5-5）[1]是现代建筑的杰作之一，别墅主人为匹兹堡百货公司老板考夫曼（Kaufmann），故又称考夫曼住宅。赖特在瀑布之上实现了"方山之宅"（House on the mesa）的梦想。在布局、形体以至取材上同周围的自然环境达到细致的协调，成为世界最著名的现代建筑之一（图5-6）[2]。

别墅共有3层，面积约为380平方米，以第2层（主入口）的起居室为中

---

① Peter Gössel, *The A-Z of Modern Architecture Volume 2*：*L-Z*[M].TASCHEN Gmbh，2007.

② 吉阪隆正. 世界建筑：流水别墅 [M]. 台北：胡氏图书出版社，1983.

图 5-5 流水别墅外观

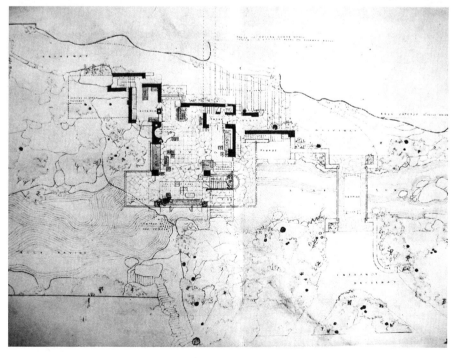

图 5-6 流水别墅总平面
图，与大自然浑然一体

图 5-7　流水别墅的室内空间（左）
图 5-8　古根海姆博物馆（右）

心，其余房间向左右铺展开来，别墅外形强调体块的组合，使建筑带有明显的雕塑趣味。两层巨大的平台高低错落，一层平台向左右延伸，二层平台向前方挑出，几片高耸的片石交错着插在平台之间，富有张力感。溪水在平台下依然流出，建筑与溪水、山石、树木自然巧妙地结合在一起，像是由地下生长出来似的，与其周围的环境浑然天成。从流水别墅的外观中，我们可以看到那些水平伸展的地坪，便道、车道、阳台及棚架沿着各自的伸展轴向向周围扩伸，这些水平的推力，以一种近似诡异的空间秩序紧紧地集结在一起，巨大的露台扭转回旋，恰似瀑布水流般曲折迂回地自每一平展的岩石滑落。这是一幢具有最高层次的建筑，也就是说，建筑已经超过它本身的意义。

　　别墅的室内空间处理也堪称典范(图 5-7)①。室内空间自由延伸，相互穿插，内外空间相互交融，浑然一体。流水别墅在空间的处理、体量的组合及与环境的结合上均取得了极大的成功，为有机建筑理论作了具体的注释，在现代建筑的历史上占有重要地位。赖特对自然光线的巧妙掌握，使内部空间充满了盎然生机。光线流动于起居室的东、南、西三侧，岩石铺设而成的地板上隐约显现出室内家具的倒影，洒布在起居室之中。这个起居室的空间气氛随着光线的明度变化而显现出多样的风采。流水别墅所使用的材料也非常具有象征性的，大部分建材是与环境相契合的粗犷的岩石。

　　流水别墅浓缩了赖特独有的"有机"哲学观念，成为一种以建筑词汇融入自然环境语境的具体体现，是一个既具有空间维度又有时间维度的具体实例。它将极端相对的元素容纳于一种危险的平衡中，制造出让人预想不到的效果。

3. 纽约古根海姆博物馆（Guggenheim Museum）

　　时间：1943—1956 年
　　古根海姆博物馆（图 5-8）②是所罗门·R·古根海姆基金会旗下所有博物馆

---

① Paco Asensio.*Frank Lloyd Wright /Georgia O'Keffe* [M].Harper Design International An Imprint of Harper Collins Publishers，2003：27.

② Thomas A.Heinz.*The Vision of Frank Lloyd Wright*[M].Grange Books，2000：333.

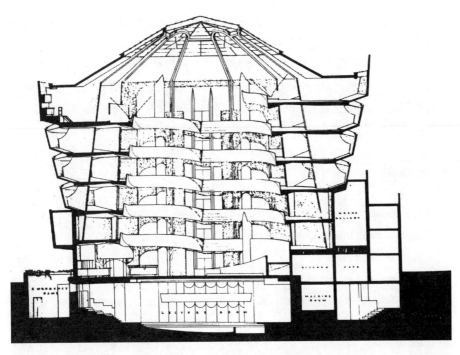

图 5-9 古根海姆博物馆
立面图

的总称，它是世界上最著名的私人现代艺术博物馆之一，也是一家全球性的以
连锁方式来经营的艺术场馆。该建筑是赖特晚年的杰作，一直被认为是现代建
筑艺术的精品，以致与近四十年来博物馆中的任何展品相比都是无法与之媲美
的。建筑外观简洁，呈白色，螺旋混凝土结构，与传统博物馆的建筑风格迥然
不同。1969 年又增加了一座长方形造型的 3 层辅助性建筑，1990 年古根海姆
博物馆再次增建了一个矩形的附属建筑，这便形成今天的样子。

　　古根海姆博物馆的外部非常朴实无华，只是将博物馆的门牌作了装饰，

图 5-10 古根海姆博物馆
仰视屋顶图，高窗采光

平滑的白色覆盖在墙上，使它仿佛是一座巨大的
雕塑而不是建筑物。纽约的古根海姆美术馆由陈
列空间、办公大楼以及地下报告厅三部分组成（图
5-9）[1]。陈列大厅是美术馆的主体部分。建筑物的
外部呈向上且向外螺旋上升状，内部的曲线和斜
坡则通过到 6 层。螺旋的中部形成一个敞开的中
庭，一通到顶，高达 30 米，直径为 30.5 米，建
筑通过顶部玻璃窗和螺旋形结构外周的高窗采光，
基本满足了博物馆内部的采光要求，同时辅以人
工采光，使得参观者能够感受到独特的参观氛围
（图 5-10）[2]。中庭四周是盘旋层挑台，一共有 6 层，
螺旋形的坡道以 3％ 的坡度蜿蜒而上。底层坡道

---

① 吉阪隆正. 世界建筑：古根汉美术馆 [M]. 胡氏图书出版社，1983.
② Thomas A.Heinz.*The Vision of Frank Lloyd Wright* [M].Grange Books，2000：335.

宽约 5 米，直径 28 米左右，往上逐渐变宽、变大，到顶层时，直径达到 39 米，坡道宽至 10 米，整个大厅可同时容纳 1500 人参观。

　　纽约的古根海姆美术馆在沉实厚重中，带有节奏感和韵律感的螺旋式造型极具独创性和美感，是一座以典型的现代风格而享誉了世界建筑界的博物馆，这是赖特晚年形式主义风格的典型代表。在 1986 年，古根海姆美术馆获得了"美国建筑师学会 25 年奖"的殊荣。

参考文献

[1] Bruce Brooks Pfeiffer.*Frank Lloyd Wright*[M].Taschen，2010.

[2] David Raizman.*History of Modern Design*[M].Prentice Hall Inc，2003.

[3] Robert Venturi.*Complexity and Contradiction in Architecture*[M].The Museum of Modern Art Papers on Architecture，1992.

[4] Peter Gössel.*The A-Z of Modern Architecture Volume 2：L-Z*[M].Taschen Gmbh，2007.

[5] Thomas A.Heinz.*The Vision of Frank Lloyd Wright*[M].Grange Books，2000.

[6] Paco Asensio，*Frank Lloyd Wright /Georgia O' Keffe*[M].Harper Design International An Imprint of Harper Collins Publishers，2003.

[7] Martin Engel，Frank *Lloyd Wright and Cubism：A Study in Ambiguity*[DB/OL]. American Quarterly，1967：24-38.

[8] Robert C.Twombly.*Undoing the City：Frank Lloyd Wright's Planned Communities*[DB/OL].American Quarterly，1972，10：538-549.

[9] （美）弗兰克·劳埃德·赖特，赖特论美国建筑 [M]. 姜涌，李振涛译 . 北京：中国建筑工业出版社，2010.

[10]《大师》编辑部 . 建筑大师 MOOK 丛书——弗兰克·劳埃德·赖特 [M]. 武汉：华中科技大学出版社，2007.

[11]（英）罗斯玛丽·兰伯特 . 剑桥艺术史系列·20 世纪艺术 [M]. 钱乘旦译 . 南京：译林出版社，2010.

[12]（日）吉阪隆正 . 世界建筑：古根汉美术馆 [M]. 台北：胡氏图书出版社，1983.

[13]（法）勒·柯布西耶，走向新建筑 [M]. 陈志华译 . 西安：陕西师范大学出版社，2004.

[14] 王受之 . 世界现代设计史 [M]. 北京：中国青年出版社，2002.

（肖允玲、刘筱）

6 沃尔特·格罗皮乌斯（Walter Gropius）

沃尔特·格罗皮乌斯（Walter Gropius, 1883—1969年）（图6-1）[①]1883年5月18日生于德国柏林，被誉为集建筑、教育、学派建立为一体的德国现代大师，也是"世界设计学院"——公立包豪斯（Bauhaus）[②]的创始人。1903—1907年，格罗皮乌斯先后于柏林夏洛藤堡（Charlottenburg）工学院和慕尼黑工学院求学，并接受了系统的建筑学理念，为毕业成为一名优秀的建筑师打下了坚实的基础。1904年求学期间，格罗皮乌斯游历西班牙，被当地民俗艺术所吸引，并在当地

图6-1 沃尔特·格罗皮乌斯，德裔建筑师、设计师和教师

陶器工厂工作。一年后，格罗皮乌斯离开西班牙返回德国，成为骑兵团志愿兵，开始了为期两年的军旅生涯，这两次经历大大丰富了他的人生阅历。结束军旅生活之后，格罗皮乌斯返回学校，利用短短五个学期，完成建筑学教育课程，随后加入贝伦斯事务所，开始他与现代主义建筑的第一次"触电"。

贝伦斯事务所，是整个德国最能紧密联系工业生产的建筑革新基地，吸引、培养了大批年轻有为的设计师，使他们有机会在第一线接触到社会生产所带来的变革，进而引发他们对新建筑的进一步思考。格罗皮乌斯就是这批怀揣设计梦想秉承现代设计理念中的一员，凭借自身突出的才华和优秀的个人能力，格罗皮乌斯很快升任为贝伦斯的首席助理。在贝伦斯事务所的日子里，格罗皮乌斯第一次接触到现代工业，从工厂建筑到工业产品的各个设计领域他都有所涉及。三年后格罗皮乌斯离开贝伦斯事务所，于1910年与阿道夫·梅耶（Adolf Meyer）合作，创办了属于自己的事务所，开始人生中新的篇章。

尽管此时格罗皮乌斯只是一名初出茅庐的年轻设计师，但在业界格罗皮乌

[①] Bauhaus Dessau：Walter Gropius（Architecture in Detail），Phaidon Press Ltd；New edition.

[②] 德国魏玛市的"公立包豪斯学校"（Staatliches Bauhaus）的简称，后改称"设计学院"（Hochschule fur Gestaltung），习惯上仍沿称"包豪斯"。

斯已经具有相当地口碑和卓越的成就。他设计的法古斯工厂（Fagus Factory）和"德意志制造联盟"科隆展办公楼，凭借着清晰的设计，严谨的结构和简洁的立面，引起了广泛的反响。

随着第一次世界大战的爆发，格罗皮乌斯的设计生活被打断。他亲眼目睹战争的残酷，机械的冷漠，人类的毁灭，这使他对机器时代的建筑有了更为全面的认识，迫切渴望改造这一切，建立新的设计秩序。很快这个梦想得到付诸实践的机会，1915 年，格罗皮乌斯进入魏玛（Weimar）工艺美术学校任教，开始第一阶段的教育生涯。而真正自我价值的体现是在 1919 年，这一年格罗皮乌斯正式成为包豪斯学校的校长。格罗皮乌斯提出"艺术与技术新统一"的理念，在教学上打破束缚，广纳贤能，聘任艺术家与手工匠师授课；建立开放式教育，加强师生交流与实践，营造轻松教学氛围；并将魏玛工艺美术学校与魏玛美术学院合并，借助传统艺术院校的优势辅助现代艺术教育，成为一所专门研究现代建筑和工业日用品的设计学院，实现艺术与工艺美术的完美结合。格罗皮乌斯在递交报告中指出：学校教育不应该只停留在传统艺术孤立发展的状态下，要注重工业生产、手工艺及建筑学在内的各类艺术的结合。此时正是德国战败万物百废待兴，政府很快给予批复，并全力贯彻。

1925 年，包豪斯受到右派势力的迫害，位于魏玛的校址关闭，全校迁往德绍（Dessau）。在德绍期间，包豪斯有了进一步发展，格罗皮乌斯破格聘用一批本校毕业生任教，制定新的教学计划，这一时期教育体系与课程设置都趋于完善。值得注意的是，由格罗皮乌斯亲自设计的新校舍在 1925 年秋天动工。新校舍的建筑设计有分有合，关系明确，方便实用，严格按照包豪斯精神所作。在学校逐渐步入顶峰之时，迫于种种压力，格罗皮乌斯被迫辞职离开包豪斯，开始成为全职的建筑师。1933 年德国法西斯势力上台，格罗皮乌斯由于不满希特勒专政，再次遭到迫害，趁 1934 年赴意大利参加学术会议之时，远离祖国前往英国。

1937 年，格罗皮乌斯应哈佛大学的邀请，开始第二段的教育生涯，把"包豪斯"理念和教育模式带入美国，哈佛大学一夜之间成为世界建筑学的中心。1952 年退休后，格罗皮乌斯再次回归建筑，又一次成为全职建筑师，从事世界范围内的工程项目设计。长期以来，格罗皮乌斯虽饱受美国本土保守主义的猛烈抨击，但随着现代主义建筑的推广，也获得世界范围内的普遍认可，享誉国际盛名。

1969 年，86 岁的格罗皮乌斯在经历过探索、斗争、失败、赞誉后，长眠于美国波士顿地下，留下的除了他不朽的作品和"包豪斯"教育模式以外，还有全世界对他的赞誉。

正如格罗皮乌斯一生所追求的——门类间的融会贯通，他的一生也同样融合了三个角色：教育家、建筑师和社会批判者。在这三个相互关联而又各自独立的领域中，格罗皮乌斯交上了人生满意的答卷。

代表作品评析：

1. 法古斯工厂（Fagus Factory）

时间：1910—1911 年

地点：德国奥菲尔德郊区（Alfeld-an-der-Leine）

建筑大师阿尔瓦罗·西扎（Alvaro Siza）曾经这样说过：建筑师什么也没有发明，他只是改造了现实。没错，建筑师什么也没有发明，但却改造了世界。法古斯工厂便代表了一种对现代设计的诠释，它摒弃一切样式化因素，在技术条件允许下尽可能的将简洁和纯粹做到极致。

法古斯工厂建于 1910 年，是格罗皮乌斯事务所初期的重要作品。它是由 10 座建筑物组合成的建筑群，整座建筑采用当时的新材料和新技术——建筑的外立面由砖和金属组建而成，从而奠定了黄、黑相间的构图基调（图 6-2）[1]。设计师在建筑立面上采用大片开窗，并一直延续到转角，通过舍弃外角柱，且运用建筑立面产生了与众不同的通透效果，实现室内开阔，光线充足的视觉效果（图 6-3）[2]。厂房布局的建筑严格按照制鞋工业功能的需求，设计各级生产区、储藏区以及鞋楦发送区，直至今日，这些功能区依然可以正常运转。虽然此建筑在细节的处理上延续了贝伦斯风格，但它与同时代的革新建筑仍有本质上的区别，它是新建筑与旧建筑的彻底决裂。在设计的过程中，格罗皮乌斯把风格

图 6-2 法古斯工厂（Fagus Factory）是一座由 10 座建筑物组成的建筑群，是现代建筑与工业设计发展中的里程碑

---

① http://www.unesco.org/new/fileadmin/MULTIMEDIA/HQ/WHC/germany_fagus71.jpg

② Bauhaus Dessau：Walter Gropius（Architecture in Detail），Phaidon Press Ltd；New edition edition

图 6-3 法古斯工厂室内
光线效果（左）
图 6-4 法古斯工厂外立
面（局部）（右）

因素减到最低，从而形成了建筑光洁简单的外观。（图 6-4）①法古斯工厂的设计
是格罗皮乌斯早期的一个重要成就，同时也是第一次世界大战之前最先进的建
筑，在世界建筑史上占有着重要席位。

2. 德意志制造联盟科隆展办公楼（the office and factory building for the Werkbund Exhibition in Cologne）

时间：1914 年

1914 年第一次世界大战爆发前夕，德意志制造联盟在科隆达到历史顶峰，
格罗皮乌斯被委任设计这所"中等大小的工业化工厂"（图 6-5）②。1913 年 9 月，
格罗皮乌斯完成办公楼的平面设计，建筑位置的环境和外部形态初步形成。整
个建筑群采用轴向对称构图，稳定的平衡在边角被一座八角亭打破，办公楼与
机械展厅之间定出绿化庭院，从而形成了基本的平面布局（图 6-6~ 图 6-8）③。

德意志制造联盟科隆展览会的办公楼，再次采用了大面积透明玻璃外墙。
通过通透的玻璃，可以看到室内钢筋混凝土的楼梯旋转而上，形成建筑独特的
外立面。建筑内院连接办公楼及机械展厅，厅院侧面的汽车库由折角工字梁作
为支撑。机械展厅总长 97.5 米，共分 3 个跨度，两侧部分跨度各为 5 米，中
间跨度 20 米，由 14 根实心的双节龙骨拱以 6.4 米的间距组成，展厅采光主要
通过两侧 1.5 米的高窗户。院落边角的八角形发动机展厅总高 18 米，平面呈
正方形，建在 6 米的高基座之上，这座独具风格的建筑为整个建筑群增色不少。

---

① http：//www.hudong.com/versionview/uba%2Cghu%2Cunyulffwvgfdg5qrw

② http：//www.engramma.it/eOS/image/81/Anderson_81_5 'GropDWB' 14Nerd41%20copy.jpg

③《大师》编辑部 . 沃尔特·格罗皮乌斯 [M]. 武汉：华中科技大学出版社，2007.

图 6-5　德意志制造联盟
科隆展办公楼正面

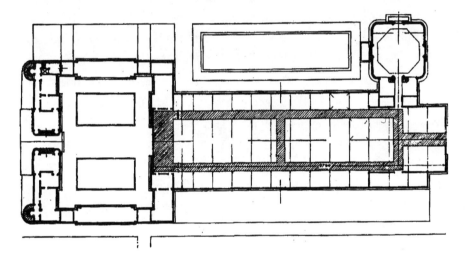

图 6-6　德意志制造联盟
科隆展办公楼总平面图

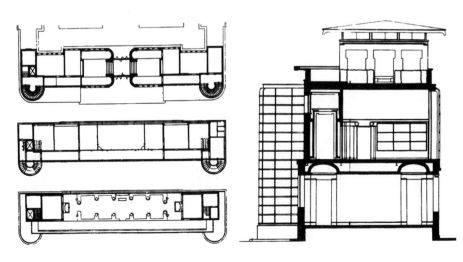

图 6-7　德意志制造联盟科
隆展办公楼各层平面图（左）
图 6-8　德意志制造联盟科
隆展办公楼侧立面图（右）

在与之相邻的建筑内部，房间墙壁贴上瓷砖，布置以壁画、浮雕和自由雕塑。整个建筑凭借外表清晰，结构严谨，引起外界的广泛赞誉，虽在第一次世界大战期间被部队征用，仅实现几天原有的建筑功能，但仍被视为现代建筑标志性设计之一。

3. 德绍包豪斯学校建筑群（Bauhaus，Dessau）

时间：1925—1926 年

地点：德国德绍

德绍包豪斯校舍，是由格罗皮乌斯亲自设计建筑，于 1925 年秋天动工，次年投入使用，整个学院平面由两个倒插"L"形组成，主要设定三大功能区：教学用房、生活用房以及职业学校用房（图 6-9）[1]。

包豪斯校舍的设计有如下特点：首先，校舍的形体和空间布局自由，按功能分区，兼注重使用关系的相互连接，是一座多方向、多立面、多体量、多轴线、多入口的建筑物。为了使基地不被建筑隔断，公共活动部分和行政办公用房底层透空，可通行车辆、行人。其次，按各部分不同的功能选择不同的结构形式，赋予不同的形象。实验工厂是一大通间，采用钢筋混凝土框架和悬挑楼板。外墙采用成片且贯通 3 层的玻璃幕墙，既利于采光，也显现与众不同的设计理念。教室楼同样采用框架结构，间距不大，构造较轻巧。水平的带形窗和白墙相间是它的外形特征。宿舍采用钢筋混凝土楼板和承重砖墙的混合结构，墙面较多，窗较小，各房间外面有各自的小阳台，形成了宁静和互不干扰的居住气氛。食堂兼礼堂是集体使用的大空间（图 6-10）[2]，屋顶均采用平顶，空心楼板设保温层，采用油毡和预制沥青板构成，学生可以在屋顶上自由地活动交流。整个铸铁落水管隐藏在墙内，外形整洁大方。最后，造型上采用非对称、不规则的构图和对比统一的手法。建筑物采用立方体设计，体量组合得当，大小、长短、高低错落有致；校舍墙身虽无壁柱、雕刻、花饰，但通过实墙与透明玻璃的虚实相衬，白粉墙与深窗框的黑白分明，更显简洁大方。包豪斯校舍整座建筑造价低

图 6-9 德绍包豪斯主楼外观

---

[1] http：//upload.wikimedia.org/wikipedia/commons/0/06/Bauhaus_Dessau%2CGropiusallee.jpg

[2] Bauhaus Dessau：Walter Gropius（Architecture in Detail），Phaidon Press Ltd；New edition.

图6-10 德绍包豪斯食堂兼礼堂内部

廉，建造工期短暂，成为现代主义建筑的先声和典范，更是现代建筑史上的里程碑，20世纪70年代被联合国教科文组织列为世界文化遗产保护下来。

参考文献

[1] Winfried Nerdinger.*Walter Gropius：1883-1969*[M].Mondadori Electa，2005.

[2] 《大师》编辑部.沃尔特·格罗皮乌斯[M].武汉：华中科技大学出版社，2007.

[3] 罗小未.外国近现代建筑史[M].北京：中国建筑工业出版社，2009.

[4] （英）弗兰克.惠特福德.包豪斯[M].重庆：四川美术出版社，2009.

[5] （美）威廉·斯莫克.包豪斯理想[M].济南：山东画报出版社，2010.

网络资源

[1] http：//baike.baidu.com/view/7717.htm

[2] http：//baike.baidu.com/view/1319387.htm

（丁雅茹、吴静静）

7 密斯·凡·德·罗（Mies van der Rohe）

图7-1 密斯·凡·德·罗

"我们反对一切审美方面的虚夸、教条和形式主义。"①这是路德维希·密斯·凡·德·罗（图7-1）②（Ludwig Mies van der Rohe，1886—1969年）毕生奋斗目标的最佳诠释。

1886年3月27日，这位20世纪著名的现代主义建筑大师出生于德国亚琛（Aachen），原名为玛丽亚·路德维希·米歇尔·密斯（Maria Ludwig Michael Mies）。早年，密斯在父亲经营的家庭作坊里做一名石匠，从中他学会了如何选材、编织等传统技艺，同时在亚琛职业学校掌握了建筑绘图能力。16岁来到柏林，在布鲁诺·保罗（Bruno Paul）事务所学习有关建筑方面的知识，20岁的密斯第一次独立完成里尔住宅（Riehl House）的设计，并以此获得进入著名建筑师彼得·贝伦斯事务所的机会，在这里密斯学习了19世纪普鲁士新古典风格的建筑师卡尔·弗里德里希·辛克尔（Karl Friedrich Schinkel）的建筑理念。4年后，密斯离开贝伦斯事务所并建立自己的事务所，随后与阿达·布鲁恩（Ada Bruhn）成婚。第一次世界大战之后，密斯开始研究现代建筑手法，采用勒·柯布西耶（Le Corbusier）与格罗皮乌斯大力推动的新现代建筑结构，即以实用功能为主，剔除繁复和矫揉造作的古典装饰，运用新材料诸如钢、混凝土、玻璃等重新塑造建筑的新形象。他大胆提出一个全玻璃帷幕大楼的建筑方案——透明的腓特烈大街（Friedrichstrasse）摩天大楼，尽管该方案未被采用，却让他赢得了国际关注。此时，密斯发现了自己的设计天分。而颇具戏剧性的是，1921年密斯决定与妻子和3个女儿分离，改名为路德维希·密斯·凡·德·罗，正式开始其设计事业。

1925年，密斯担任德意志制造联盟的第一副主席，他在职期间各领域艺

① 《大师》编辑部. 密斯·凡·德·罗 Mies Van der Rohe[M]. 武汉：华中科技大学出版社，2007：1.

② http：//histcrownhall.blogspot.com/2009_11_01_archive.html

术家积极交流合作，并掀起了现代艺术和建筑运动。1928 年，密斯设计了著名的 1929 年西班牙巴塞罗那世博会中的德国馆，"这个创新性设计使密斯进一步认识到可以与室外空间交融的生动活泼的内部空间，给现代建筑的发展留下了不可磨灭的深远影响。"① 1930 年密斯担任包豪斯学校的校长，并在捷克的布尔诺（Brno）设计吐根哈特别墅（Tugendhat House），达到他设计生涯的高峰。第二次世界大战爆发后，他辗转至美国继续教学生涯。1944 年正式加入美国国籍，进一步促使他的作品和设计理念得到更多认可。1969 年，密斯在美国芝加哥去世。

密斯·凡·德·罗是一位建筑大师，一生致力于"对钢结构和玻璃在建筑中应用的探索，发展出一种具有古典式均衡而又极端简洁的风格。"②同时，他也是一位建筑设计教育家和理论家，如今耳熟能详的"少即是多"、"流通空间"等设计概念就是他留给后继者的灵感宝藏。1986 年，欧盟和密斯·凡·德·罗基金会共同设立"密斯·凡·德·罗欧洲当代建筑奖"，每 2 年评一次，用以奖励欧洲优秀高品质的当代建筑作品，更是为纪念这位 20 世纪为现代建筑作出巨大贡献的大师。

"对于密斯而言，他的那些信条都起源于两个假设的相互作用。首先，建筑是因人而建的，而最终它也将成为对人特质的表达形式；其次，建筑在物理上的实现是通过运用清晰的结构来完成的。"③

基于以上两个假设，密斯在整个建筑设计生涯中一直在思考建筑的品质，他不愿意屈从于在以往的作品中寻找"教条"和"形式主义"，而是全力投身于在实践的探索中求得严肃的真理。

1）上帝存在于细节

当作为 20 世纪世界最伟大的建筑大师之一的密斯·凡·德·罗再被要求用一句话来描述他成功的原因时，他归结为"上帝存在于细节之中"（God is in the details），这已然透露出德国人的理性，的确"德国人的精神是积极的、丰富的、多样的，它在方方面面发掘自身并享受其财富，它被导向理解和知识的幸福。"④密斯强调建筑师要像手工艺者那般沉迷于精确地打造，只有敏锐地理解建筑材料，再配合对精神本质的关注，从而获得设计的创作愉悦，最终才能达到建筑设计的必然结果。时至今日，面对科技日新月异的发展，机器大工业生产的批量同质产品成为人类日常生活必不可少的组成部分，密斯对细节执著关注的理念仍然启示我们冷静下来思考建筑的本质。

2）少即是多

密斯最著名的现代建筑宣言莫过于"少即是多"（Less is more），20 世纪风靡世界的"玻璃盒子"就源于该理念。密斯的建筑艺术依赖于结构，并以实

---

①《大师》编辑部．密斯·凡·德·罗 Mies Van der Rohe[M]．武汉：华中科技大学出版社，2007：4．

②《大师》编辑部．密斯·凡·德·罗 Mies Van der Rohe[M]．武汉：华中科技大学出版社，2007．

③《大师》编辑部．密斯·凡·德·罗 Mies Van der Rohe[M]．武汉：华中科技大学出版社，2007：13．

④（瑞士）雅各布·布克哈特，刘北成，刘研．历史讲稿 [M]．北京：生活·读书·新知三联书店，2009．

用性和功能性为目的，少是指精简，多指的是完美。"少就是多"可以理解为用精简的手段达到完美的效果。因此在密斯的作品中从未给建筑本身附加任何多余的装饰，或者任何奇形怪状的形态，有的仅是对建筑本身和连续的空间的创造。

其实，密斯"少即是多"的理念似乎与中国画中"留白"的技巧有异曲同工之妙。中国画中的留白是书画艺术中为使作品更为协调、精美而有意留下的空白，以此为观者留有想像空间，目的是给人们更多地思考。密斯在建筑中尽可能精简设计，为人们留下更多宽敞的空间，目的是为人们带来实用性的功能。虽然，前者是从主观意识角度来考量，后者从客观实用角度来设计，但两者都是为了营造更高的境界，更好地为人类提供美的享受。密斯一生始终坚持"少即是多"的原则，他的设计在单纯中含着"秩序的有机原则"和完美的比例，留下了许多现代主义建筑的经典作品。

3）流通空间

不同于传统的封闭或开放空间，"流通空间"是一个创新性的概念，强调的是一种流动的、贯通的、隔而不离的空间。一方面，建筑存在于开阔的空间中。另一方面，建筑是独立的个体，本身即是一个封闭的空间。因此，便产生了如何处理好外部空间与内部空间的问题，其中包括了两种空间之间互相不联系，或是用不同的方法把它们联系起来，使外部空间与内部空间融为一体，互相流通。在 1923 年密斯设计的砖结构乡村住宅方案中，他就采用了内外空间互相流通的手法。此时墙被当作独立承重的实体，在住宅内以半重叠的方式放置着，这些长而矮的墙从建筑物内部延伸到外部开敞的空间中，又把外部开敞的空间通过开口的外墙带回到建筑内部，同时房屋内部的分隔也都是开敞式的，因此，房屋内部与外部空间的定义就不明显了，从而产生了流通空间的效果。

代表作品评析：

1. 吐根哈特别墅（Tugendhat House）

时间：1928—1930 年

地点：捷克布尔诺

吐根哈特别墅（图 7-2）[①]是密斯在捷克第二大城市布尔诺为一位银行家建造的私人别墅。住宅地处斜坡，落位有一点困难，因此将主入口以及车库均放在临街的 2 楼，入口隐藏于墙壁和主楼梯的玻璃围栏之间，每当人们进出或穿越住宅时会体验到一种有趣的层次感，这是地形造成的，密斯也正是利用了这点让建筑空间不只停留在平面上。通过楼梯下到一楼，一楼则因其地形营造了一个通透的空间，平台和踏步可以直接通向花园，使室外与室内相互连通。

---

① 《大师》编辑部 . 密斯·凡·德·罗 Mies Van der Rohe[M]. 武汉：华中科技大学出版社，2007：128.

图 7-2 吐根哈特别墅

　　建筑主体共有 2 层（图 7-3）[①]。一层是平面的流动空间，运用一些出挑的墙壁和弧形的隔墙，给人一种空间导向，符合规则完整的开放空间形式。二层为私密空间，强调功能的实用，于平面上分隔出 3 个住宿空间，其余部分为宽敞的看台，这样不仅给住宿环境增加更多的活动空间，而且使私密视角减少了很多，很大程度上保障了银行家吐根哈特的隐私，这是密斯设计中富有理性的一面。

　　从平面图中分析吐根哈特别墅，它"很大程度上受陶爱斯堡名作'俄罗斯舞蹈的韵律'（图 7-4）[②]绘画作品的影响。该画完成于 1918 年，在画面中横竖的彩色色条，以宽度，长度与色彩不同，组成一幅不对称的动态构图，这表现在画面的空间中，以错综的构图形式凸显了它们在不停地流动。"[③]密斯正是借助这一构成主义的图画效果，在整栋住宅的设计中既不封闭房间，也不暗示房间的面积，而只是在空间中指示动态，使室内转变为动态的空间统一体，创造出一种室内外相融合的效果。可以说，吐根哈特别墅传承并继续发展了密斯提出的"流动空间"概念。

　　从立面图中分析吐根哈特别墅，它对地形的处理也同样精彩（图 7-5~ 图 7-6）[④]。它的上层，有着直通公路的出入口，沿公路方向看它像是"底层"；它的下层，高居于半地下室的基座上，有着一个比上层入口更为庄重气派的大台阶降向山坡，造成一种"在上层"的错觉，从而让人们感到"上实下虚"。于是密斯使用厚重的半地下室空间构成"台基"使建筑嵌入山坡，加强了整个建筑在视觉上的稳定性，同时配有住宅功能所需要的辅助和设备空间，此时台基成为了调节建筑与坡地关系的重要过渡。

　　吐根哈特别墅采用的都是最高质量的建筑材料（图 7-7）[⑤]。通过用金色与白

① 刘先觉. 密斯·凡德罗 [M]. 北京：中国建筑工业出版社，1992：148.
② 刘先觉. 密斯·凡德罗 [M]. 北京：中国建筑工业出版社，1992：16.
③ 姜利勇，赖成发，高广华. 密斯砖宅另解之符号因子的拓扑解码 [J]. 华中建筑，2008，3.
④ 王小红. 大师作品分析——解读建筑（第二版）[M]. 北京：中国建筑工业出版社，2008：65.
⑤ 王小红. 大师作品分析——解读建筑（第二版）[M]. 北京：中国建筑工业出版社，2008：68.

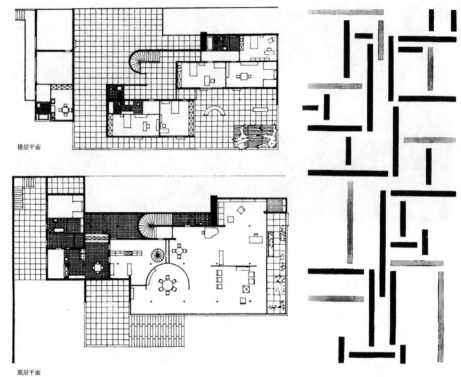

楼层平面

底层平面

图 7-3　别墅平面布置图
（左）

图 7-4　俄罗斯舞蹈韵律
（右）

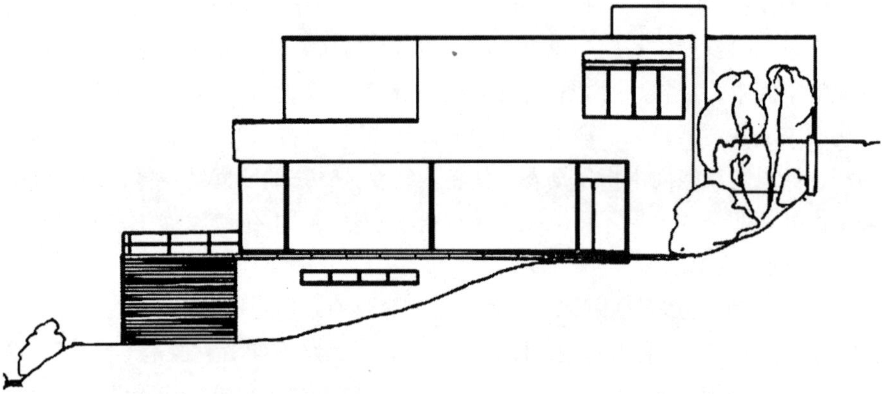

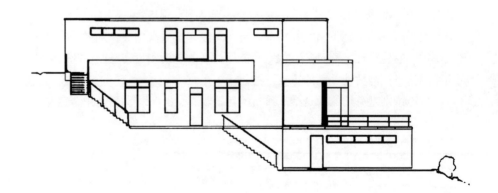

图 7-5　别墅南立面

图 7-6　别墅西立面

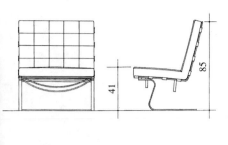

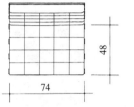

图7-7　吐根哈特别墅室内建筑材料（左）
图7-8　吐根哈特椅三视图（右）

色的彩纹玛瑙和乌黑发亮的黑檀木做室内隔墙，起居室和餐厅的装饰是其中的典型。房间内部使用的材料是玻璃，擦亮的石头，贵重的木材和镀铬的钢铁。大多数家具都是为别墅特别设置的，它们的原料也大多用房间内部采用的材料。此外，密斯亲自设计了吐根哈特别墅中的家具，包括经典的巴塞罗那椅，专门为吐根哈特设计的吐根哈特（Tugendhat）椅（图7-8）①、布尔诺（Brno）椅及金属藤椅。如果没有密斯·凡·德·罗设计的家具作为装饰，这一别墅的设计就逊色一半，他是用一种创新的方法将建筑与家具统一成为一个整体。

2. 范斯沃斯住宅（Farnsworth House）

时间：1945—1950 年

地点：美国伊利诺伊州普莱诺（Plano，Illinois，USA）

范斯沃斯住宅是密斯 1945 年为美国单身女医师范斯沃斯（Farnsworth）设计的一栋住宅，1950 年落成。住宅坐落于美国伊利诺伊州普莱诺城的福克斯河（Fox River）彼岸的一个自然风景区，那是一个拥有原始草甸和森林的美丽地方（图7-9）②。

房子四周都是尚未开发的自然植被，在一片平坦牧野中夹杂着丛生茂密的树林。南侧有一棵大枫树，承担起"保护者"的角色，在大理石露台上方舒展着重重的枝桠。福克斯河在旁流过，每当河水上涨时，范斯沃斯住宅就形成犹如悬浮于河水之上的天然景观。

范斯沃斯住宅是一个玻璃立方体，8 根 6.7 米高的白色工形支柱钢架支撑着一个类似于 4 边透明的玻璃盒子，其平面由 2 个基本矩形构成（图7-10）③，南北立面由 3 个基本矩形构成（图7-11）④，造型简洁明净，高雅别致。在住宅

---

① 《大师》编辑部. 密斯·凡·德·罗 Mies van der Rohe[M]. 武汉：华中科技大学出版社，2007：212.

② http：//blog.focus.cn/upload/photo/blog322/3220924.jpg

③ 刘先觉. 密斯·凡德罗 [M]. 北京：中国建筑工业出版社，1992：173.

④ （美）罗杰·H·克拉克，迈克尔·波斯. 世界建筑大师名作图析 [M]. 北京：中国建筑工业出版社，2006：198.

图7-9 范斯沃斯住宅及周围环境

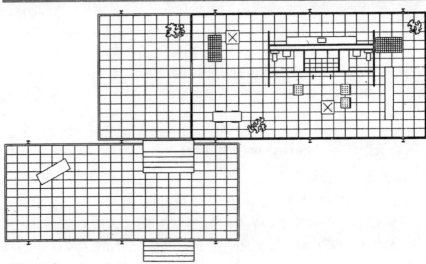

图7-10 住宅平面图

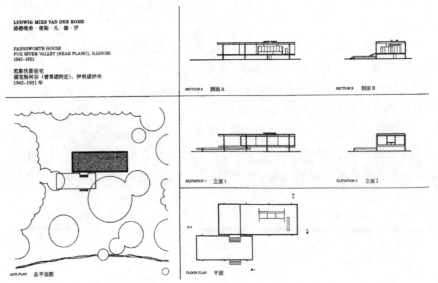

图7-11 住宅立面、剖面图

图 7-12　住宅结构图

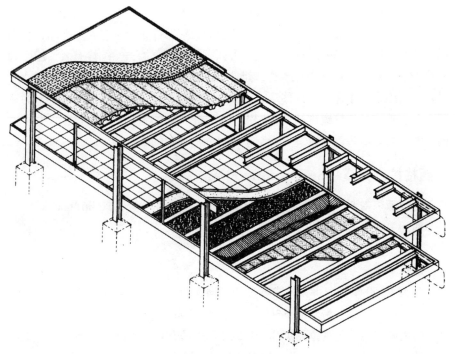

地平与草地和福克斯河岸之间，还设置了 2 层漂浮的平行露台，均以石灰华来嵌板饰面。其中一层是无遮拦的宽阔露台，作为住宅的入口平台；另一层则是有着开敞与封闭居住空间的室内以及功能核心区（图 7-12）[①]。

范斯沃斯住宅所表现出来的外部材料很少。袒露在外部的钢结构均被漆成白色，与周围的树木、草坪相映成趣。大面积透明的玻璃幕墙，隔而不离，透而不通，将室外的自然物引入建筑师在室内创造的自然中去，空间的构成与周围的风景环境一气呵成，完美地体现出建筑师"流动空间"、"匀质空间"的理念。同时，住宅采用坚实的钢结构做支撑，这种混搭着钢结构的坚实感与玻璃材料通透感的建筑美学被发挥到极致。另外，大理石的铺装以及在厨房和排气口之间的不透明功能主要是使用的白桃花木墙等诸多简约纯粹的造型语言，充分展示出密斯"少即是多"的建筑格言。当 1951 年范斯沃斯住宅完工时，美国评论家亚瑟·卓克斯勒（Arthur Drexler）评述道："范斯沃斯住宅是由三个水平的元素构成的：一片地面，一片地板，一个屋顶。在每一片元素的边缘都是由焊接的钢柱来支撑，这使它们仿佛悬浮在半空中。"

作为单身女医师的房子，其中单人房尺寸仅为 16.8 米 ×8.5 米，看来它似乎并不愿意容纳更多客人。倘若作为短期休憩的场所，房屋内也可以容纳 3 个人左右，室内家具的布置也是独具匠心。其中密斯设计了典型的钢椅，椅身宽阔，却较矮，没有刻意的装饰，曲线型外观放置在宽阔的室内中，与空间内的

---

① 《大师》编辑部 . 密斯·凡·德·罗 Mies Van der Rohe[M]. 武汉：华中科技大学出版社，2007：67.

直角对照，产生出活跃、多样的设计效果。

范斯沃斯住宅是一个向四面敞开的空间，它悬浮于天堂与大地之间，就如同一栋水晶住宅，格外通透。不过，大面积的玻璃幕墙虽然绚烂有余，然而却隔热不足。夏天酷热，冬日严寒，而且安全性也较差，令居住者缺乏隐私。同时，密斯还设计了许多不可移动的家具，给使用者带来不便。尽管有一定的缺陷，却也破除了传统建筑结构的形式，创造出空间的美感。毋庸置疑，它拒绝向传统和繁复低头，为建筑史谱写了一页简洁纯粹的篇章。

3. 西格拉姆大厦（Seagram Building）

设计师：密斯·凡·德·罗与（美）菲利普·约翰逊（Philip Johnson）

时间：1954—1958 年

地点：美国纽约曼哈顿

建筑类型：办公楼

20 世纪 50 年代，讲究技术精美的倾向在西方建筑界占据主流，而密斯倡导的纯净透明和施工精确的钢铁玻璃盒子正好顺应了这一潮流，此间落成的西格拉姆大厦"体现了这位建筑师一贯的主张——用简化的结构体系，精简的结构构件，讲究的结构逻辑表现，使之产生没有屏障可供自由划分的大空间，'少即是多'的建筑原理，开创了人类用玻璃作幕墙的先例。"[①]

西格拉姆大厦（图 7-13）[②]是一家位于纽约曼哈顿区酿酒公司的行政办公楼，主楼共 38 层，高 520 英尺，正面朝西，整座建筑是被放在一个粉红色花岗石砌成的大平台上。大厦主体为竖立的长方体（图 7-14）[③]，除底层外，大楼的幕墙墙面直上直下，整齐划一，没有变化。窗框用铜材制成，墙面上还凸出一条工字形断面的铜条，增加墙面的凹凸感和垂直向上的气势。在大厦前面留有一个小广场，广场西端各有一个大水池，侧面还有一些花木配置，体现出浓郁的古典主义气息。同时，这些配置不仅衬托了大厦的庄严雄伟，而且也成为街道行人良好的活动场所，广场两边采用了大块的意大利绿色大理石作为长条的矮墙，既可用作栏杆围护，也可供人们休息小坐，是非常实用的处理（图 7-15）[④]。另外，由于当时建造经费的充足（当时造价 4300 万美元），其用料极为考究，外墙上的框架面饰与窗棂均用古铜色的铜精细制成，大片粉红色的隔热玻璃幕墙闪烁着柔和的反光，充分体现了密斯的早期预言："我发现玻璃建筑最重要的在于反射，不像普通建筑那样在于光和影。"西格拉姆大厦无疑是纽约最豪华、最精致的摩天楼之一，也是密斯设计高层建筑的优秀代表作之一。

每当人们仰望西格拉姆大厦，"少即是多"的建筑格言总会萦绕在心头。

---

① 《大师》编辑部. 密斯·凡·德·罗 Mies Van der Rohe[M]. 武汉：华中科技大学出版社，2007：93.

② 《大师》编辑部. 密斯·凡·德·罗 Mies Van der Rohe[M]. 武汉：华中科技大学出版社，2007：94.

③ 刘先觉. 密斯·凡德罗 [M]. 北京：中国建筑工业出版社，1992：192.

④ http://www.telaijz.com/news_text.asp?id=1631

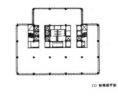
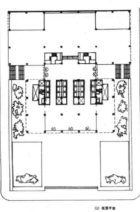

纵然斯人已逝，但密斯在设计中讲求技术精湛和对玻璃的热衷，极大地丰富了建筑艺术，也令西格拉姆大厦成了他本人最好的纪念碑。

图 7-13 西格拉姆大厦（左）
图 7-14 西格拉姆大厦平面（中）
图 7-15 绿色大理石长条矮墙（右）

参考文献

[1] 刘先觉. 密斯·凡·德·罗 [M]. 北京：中国建筑工业出版社，1992.

[2] 《大师》编辑部. 密斯·凡·德·罗 Mies Van der Rohe[M]. 武汉：华中科技大学出版社，2007.

[3] （瑞士）维尔纳·布雷泽，王又佳，金秋野. 范斯沃斯住宅 [M]. 北京：中国建筑工业出版社，2006.

[4] 王小红. 大师作品分析——解读建筑 [M]. 北京：中国建筑工业出版社，2008.

[5] 王小红，黄居正，刘崇霄. 大师作品分析 2——美国现代主义独体住宅 [M]. 北京：中国建筑工业出版社，2007.

[6] （美）罗杰·H·克拉克，迈克尔·波斯. 世界建筑大师名作图析 [M]. 北京：中国建筑工业出版社，2006.

[7] 艾红华. 西方设计史 [M]. 北京：中国建筑工业出版社，2010.

[8] 罗小未. 外国近现代建筑史 [M]. 北京：中国建筑工业出版社，2004.

[9] 《建筑师》编辑部. 国外建筑大师思想肖像（上）[M]. 北京：中国建筑工业出版社，2008.

（王腾飞、丁文杰）

8 勒·柯布西耶（Le Corbusier）

> 在工业的所有领域里，人们提出了一些新问题，也创造了
> 解决它们的整套工具。如果我们把这事实跟过去对照一下，这
> 就是革命。[①]
>
> ——勒·柯布西耶

图8-1 勒·柯布西耶

勒·柯布西耶（图8-1）[②]，原名查尔斯·爱德华·珍尼特（Charles Edouard Jeannert），他是20世纪最多才多艺的瑞士大师：建筑师、城市规划师、家具设计师、现代派画家、雕塑家、挂毯设计师，多产的作家等。他是现代建筑运动的激进分子和主将，被称为"现代建筑的旗手"，他和沃尔特·格罗皮乌斯、密斯·凡·德·罗以及弗兰克·赖特并称为四大现代建筑大师。

勒·柯布西耶在1887年10月6日出生于瑞士西北靠近法国边界的小镇。他从小对美术感兴趣，年少时曾在故乡的钟表技术学校学习，期间遇到一位对他影响至深的老师，即查尔斯·拉波拉特尼（Charles L' Eplattenier），就是这位老师鼓励勒·柯布西耶放弃家业，学习建筑。1907年先后到布达佩斯和巴黎学习建筑，在巴黎跟随以运用钢筋混凝土而著名的建筑师奥古斯特·贝瑞（Auguste Perret）学习后，又到德国以尝试用新的建筑处理手法设计新颖的工业建筑而闻名的彼得·贝伦斯的事务所工作，在那里他遇到了同时在那里工作的格罗皮乌斯和密斯·凡·德·罗，他们之间互相影响，一起开创了现代建筑的洪流。1911年他又去希腊和土耳其周游，参观探访了大量的古代建筑和民间建筑。

勒·柯布西耶于1917年定居巴黎，在那里他结识了画家阿米蒂·奥泽方（Amedee Ozenfant），并于1918年共同撰写并发表了文章《在立体派以后》（Purist

① 勒·柯布西耶，走向新建筑 [M]. 西安：陕西师范大学出版社，2004：6.

② Peter Gössel.The A-Z of Modern Architecture Volume 2：L-Z[M].TASCHEN Gmbh，2007：574.

manifesto，After Cubism）——主张摈弃复杂抽象的立体主义，回归到纯粹的几何形式。其后 2 年与诗人保罗·德尔梅（Paul Derme）合编杂志《新精神》（Esprit Nouveau），提倡"功能主义"且颂扬"机械美学"，勒·柯布西耶在此杂志上所写的文章在 1923 年被汇编成《走向新建筑》并出版。1926 年勒·柯布西耶就自己的住宅设计提出著名的"新建筑五点"，在第二次世界大战前勒·柯布西耶的设计作品都受这些观念的影响。

在第二次世界大战后，他的建筑设计风格明显起了变化，从注重功能转向注重形式；从重视现代工业技术转向重视民间建筑经验；从追求平整光洁转向追求粗糙苍老甚至有时是原始的趣味。在 1948 年发表了文章《模度》（The Modulor）对他自身和其他设计师都带来很大的影响。

1965 年 8 月 27 日，勒·柯布西耶在地中海游泳时因心脏病发作而与世长辞。他的一生中获得过繁多的荣誉与奖章，例如 1959 年获得伊丽莎白奖章和英国皇家建筑师学会金质奖章，1963 年被授予法国的最高荣誉——"Grand Officier"等。他所著写的作品和充满激情的建筑哲学深刻地影响了 20 世纪的城市面貌和人们的生活方式，勒·柯布西耶是现代建筑界一座无法逾越的高峰，一个取之不尽建筑思想的源泉。

勒·柯布西耶是一名想象力丰富的建筑师，他有其所信奉的教条，即纯粹主义、功能主义和自然主义，而且他能将纯粹主义美学、功能主义思想和自然主义手法进行完美的结合。

首先，回归到纯粹主义美学，以摈弃复杂抽象的立体主义。勒·柯布西耶对建筑设计强调的是原始的形体是最美的形体，他极力赞美简单的几何形体。他说："我们使用纯粹主义这个词是为了表达现代精神的特点，寻求所有的功效，即拥有精确进步中的科学，现在这种精神表现为精确、严谨、最佳使用能源和材料、最少浪费，一句话，倾向于纯粹。"[1]对于勒·柯布西耶来说，一个建筑能够符合机械时代的唯一基础就是几何学，他用格子、立方体进行设计，还经常用简单的几何图形、方形、圆形以及三角形等图形建成看似简单的模式。他认为建筑的观念和韵律应该和数学一样遵守平衡，这在有着功能主义与禁欲主义的外观和严格遵循几何样式的拉罗歇 - 让纳雷别墅中（Villa La Raoche-Jeanneret，1923 年）可窥一斑。

其次，越过文化需求和政治需求的碾压而发挥功能需求的最大效用。勒·柯布西耶认为在欧洲的古典建筑中，建筑往往是为统治阶级的政治文化服务的，古典建筑并不解决实际生活问题。为突破古典建筑中虚假的光环，他果敢的提出自己的见解。勒·柯布西耶认为：住宅是供人居住的机器（house is the machine of living）。他强调机械的美，认为住宅应该像这些机械产品那样，外形设计不受任何传统式样的束缚，完全是按照新的功能要求而设计。其后又提出"新建筑五点"，即独立支柱（Piloti）、自由平面（Free Plan）、自由立面

---

[1] 斯蒂芬尼亚·萨玛，勒·柯布西耶 [M]. 大连：大连理工大学出版社，2011：23.

（Free Façade）、横向长窗（Long Horizontal Sliding Window）和屋顶花园（Roof Garden），这是对功能性作诗学上的寻求以实现他"我寻求新的技术可能性的诗意表达，我努力把新的技术及全新的住宅元素带给居住者"的梦想[1]。而"模度"的提出，则是对建筑的功能性提供准确、和谐的保证，体现工业产品的机械美和人体美、数字与人文结合的和谐统一。

最后，追求自然的清新优美来建立适合机械时代的风格。在遵循他的纯粹主义与功能主义之路的同时，勒·柯布西耶对自然界的领悟使其风格逐渐发生了变化。自然中新鲜的空气、明媚的阳光，还有来自大自然的清新和美丽都使勒·柯布西耶感觉到需要建立一种全新的风格去适应当今机器发展的时代。他的目标是：在机器社会里，应该根据自然资源和土地情况重新进行规划和建设，其中要考虑到阳光、空间和绿色植被等问题。勒·柯布西耶一生建筑理想的结晶——"光辉之城"（Ville Radieuse）城市规划的理论——正能反映他的这种回归自然的理念，这个计划为自然风光保留了一席之地。在这个"光辉之城"的规划里，日光和循环空气也被当成是设计的一部分，大楼建造在离地5米的立柱上以便留有更多的空间给自然环境，公寓住宅的楼顶设计的是一个花园。在这里所有窗户都布满阳光，所有空气都自由流通，所有绿地都连绵不绝，因而勒·柯布西耶称"光辉之城"为垂直的花园城市。

勒·柯布西耶具有非凡的才能和创造力，他关于建筑上的观点是具有划时代的和指导性的意义，他的设计理念是对传统的典型建筑风格的挑衅而为现代主义风格增添风采的伟大的建筑师。

勒·柯布西耶的代表作有纯粹主义风格的弗莱别墅（Villa Fallet，1905年）和库克别墅（Villa Cook，1926年）、莫斯科中央消费合作联盟中心（Centrosoyuz Building，1928—1935年）、巴黎大学城瑞士馆（Pavillion Suisse A La Cite Universitaire A Paris，1929—1933年）、法国的鲁日塞-库利大楼（Nungesser-et-Coli Building，1931—1934年）、印度的昌迪加尔议会大楼（Chandigarh Parliament，1950—1955年）和苏黎世的勒·柯布西耶中心（Le Corbusier Center，1964年）等。

代表作品评析：

1. 萨伏伊别墅（Villa Savoye）

建筑师：勒·柯布西耶、皮埃尔·让纳雷（法国）
时间：1928—1931年
地点：法国波瓦西（Poissy）

---

[1]《大师》编辑部. 建筑大师 MOOK 丛书——勒·柯布西耶 [M]. 武汉：华中科技大学出版社，2007：20.

图 8-2　萨伏伊别墅东向
透视图

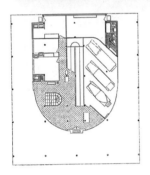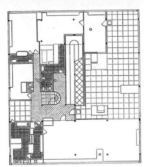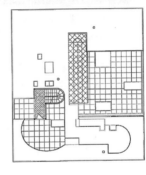

图 8-3　萨伏伊别墅平面
图——首层平面（左），二
层平面（中），三层平面（右）

　　萨伏伊别墅（图 8-2）[①]位于巴黎的近郊，是一个完满的体现功能主义和纯粹主义的杰作。它是勒·柯布西耶白色"纯粹主义别墅"系列终结的标志，是一个具有形式激进主义与革新风格的建筑艺术形态。

　　萨伏伊别墅主要以混凝土及玻璃为主要材料，宅基为矩形，长约 22.5 米，宽为 20 米，共 3 层（图 8-3）[②]。底层为架空层，是住宅的入口也是车库，且大门的进口处还有一小门房的设计，底层的半圆形墙尺度是经过计算用来引导车子行走路线，而且别墅中存在着许多模数化的设置。而二层是像是一个白色的方盒子被细柱支起，带状的水平长窗以独立的排列方式镶嵌其中。别墅的第二层包括有厨房、浴室、起居室、餐厅和主卧室等重要的生活空间。顶层是极具特色的屋顶花园（图 8-4）[③]，他认为屋顶花园的设置是对自然的一种回归方式。

① 薛恩伦.柯布西耶——现代建筑名作访评 [M].北京：中国建筑工业出版社，2011：49.
② Klaus-Peter Gast.*Le Corbusier*，*Paris-Chandigarh*[M].Birkhäuser，2000：67.
③ 薛恩伦.柯布西耶——现代建筑名作访评 [M].北京：中国建筑工业出版社，2011：55.

图8-4 透过萨伏伊别墅
起居室的推拉门望内院式
屋顶花园（左）

图8-5 从浴室望萨伏伊
别墅主卧，人体曲线形的
浴缸边缘（右）

在设计上萨伏伊别墅是与以往的欧洲住宅大异其趣的，萨伏伊别墅是勒·柯布西耶所提出"新建筑五点"的最佳范例。

别墅虽然外形简单，但内部空间复杂且光影变化丰富，使用螺旋形的楼梯和斜坡来组织空间，斜坡是设置在底层入口的中央轴上且延续到二层就成为花园平台和顶层日光浴室之间开敞的室外散步空间，"建筑的艺术元素是光和影，墙和空间"[①]。在建筑材料运用与细部处理上也别具一格：萨伏伊别墅几乎没有任何多余的装饰——仅用了他所认为的纯粹、简单和健康的白色粉刷墙面。开放式的室内也没有多余的装饰物，我们看到细部所作的富有人性化、个性化的处理，以及专门对家具进行的设计和制作，比如卫生间里的浴缸边缘做成具有人体曲线的宽边（图8-5）[②]。

萨伏伊别墅中的模数化设计、纯粹的用色、开放式的空间设计、专门对家具进行设计和制作、动态与非传统的空间组织形式、屋顶花园的设计、车库的设计和雕塑化的设计等对建立和宣传现代主义建筑风格影响很大，是一个巧妙地融合建筑特征、居住功能性以及自然品情等建筑意识形态的优秀代表作。

2. 马赛公寓（Unité d' Habitation）

时间：1947—1952 年

地点：法国马赛

马赛公寓是（图 8-6~ 图 8-7）[③]建于马赛市郊的一座大型公寓大楼以缓解第二次世界大战之后住宅短缺问题的建筑，被设计者称之为"居住单元盒子"。

---

① 勒·柯布西耶. 走向新建筑 [M]. 西安：陕西师范大学出版社，2004：151.

② 薛恩伦. 柯布西耶——现代建筑名作访评 [M]. 北京：中国建筑工业出版社，2011：58.

③ 薛恩伦. 柯布西耶——现代建筑名作访评 [M]. 北京：中国建筑工业出版社，2011：102.

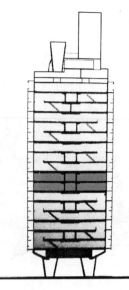

图 8-6 马赛公寓东侧透
视图（左）
图 8-7 马赛公寓剖面图，
黄色为居住，红色为商业，
蓝色为设备层（右）

　　马赛公寓按当时的尺度标准是巨大的，长 165 米，宽 24 米，高 56 米，通过底层架空柱支撑着 1 万 ~1.4 万平方米的花园，这种做法是受一种古代瑞士住宅——小棚屋通过支柱落在水上的启发，架空层可以建造花园，用来停车和通风，而且还设有入口、电梯厅和管理员房间。大楼共有 18 层，有 23 种不同的居住单元，共 337 户不同户型的房间：小规模的社交餐饮场所、大家族的工作室和公寓、学校、幼儿园、小商店、影院，楼顶处还设有屋顶花园和游泳池等（图 8-8）①，所有一切与周围环境融为一体，相得益彰。

　　马赛公寓的出现进一步体现了勒·柯布西耶的"新建筑的五点"，未经过加工的混凝土外观，展现了"野兽派"艺术（Brutalism）的建筑风格，它与勒·柯布西耶所处时代所使用的最主要的技术手段、外观形式形成鲜明对比，这就是

图 8-8 马赛公寓屋顶上
的儿童活动中心和游泳池

勒·柯布西耶刻意要追求的效果——让粗糙的外观（图 8-9）②与精细的内里（图 8-10）③并置起来，赋予空间以复杂性和对立性，激发起建筑中"凌乱的生命力"④。室内是立面的风格，略为凸起的卵石饰面，拉毛材料的顶棚，粗面混凝土装饰的立柱、色彩大胆强烈的家具。在一层门厅处墙面上挂着勒·柯布西耶的几幅设计作品，包括著名的萨伏伊别墅等，现在的马赛公寓不仅是一个密集型住宅，更是一个缅怀、纪念大师的场所。而且住宅单元内部的每一个尺寸都是

① 薛恩伦. 柯布西耶——现代建筑名作访评 [M]. 北京：中国建筑工业出版社，2011：108.
② 薛恩伦. 柯布西耶——现代建筑名作访评 [M]. 北京：中国建筑工业出版社，2011：109.
③ 薛恩伦. 柯布西耶——现代建筑名作访评 [M]. 北京：中国建筑工业出版社，2011：116.
④ Robert Venturi.*Complexity and Contradiction in Architecture*[M].The Museum of Modern Art Papers on Architecture，1992：16.

图 8-9 马赛公寓屋顶通
向儿童活动中心的坡道,
粗犷的外观（左）
图 8-10 马赛公寓居住单
元的儿童卧室, 精细的内
里（右）

根据"模度"来确定的。在这里勒·柯布西耶尊重了传统，将厨房视同传统住宅中与壁炉一样的核心地位，厨房与起居区之间以半隔断式区分而充分地与起居区交流，暗含着"居住机器"的理念。

马赛公寓是结合了勒·柯布西耶对现代建筑的各种思想与其对单元住宅和公共住居问题的考量得来的产物。公寓的底层架空与地面上的城市绿化及公共活动场所相融，让居民尽可能接触到社会和自然，且能够增进居民之间的相互交往。他还把住宅小区中的公共设施沿引到公寓内部，使公寓成为满足居民心理需求的小圈子，而这些都值得当代的建筑师学习和借鉴。

3. 朗香教堂（Ronchamp Chapel）

时间：1950—1955 年

地点：法国朗香

朗香教堂（图 8-11）[①]，又译为洪尚教堂，是勒·柯布西耶设计的第一个宗教建筑，其设计对现代建筑的发展产生了重要影响，被誉为 20 世纪最为震撼、最具表现力的建筑。

朗香教堂的白色幻象盘旋在圣母朗香村之上，给人的直接印象是"自然要素的非自然展示的一次出其不意的见面"[②]。教堂规模不大，仅能容纳 200 余人，教堂前有一个可容万人的场地，供宗教节日时来此朝拜的教徒使用。在朗香教堂的设计中，勒·柯布西耶把重点放在建筑造型和建筑形体给人的感受上，他摒弃了传统教堂的模式和现代建筑的一般手法，把它当作一件混凝土雕塑作品加以塑造。

朗香教堂的屋顶东南高、西北低，显出东南挺拔奔昂的气势，这个坡度的屋顶有收集雨水的功能，屋顶的雨水全部流向西北水口，经过一个伸出的泄水

---

① 薛恩伦.柯布西耶——现代建筑名作访评 [M]. 北京：中国建筑工业出版社，2011：119.

② 詹姆斯·斯特林.朗香教堂——勒·柯布西耶和理性主义的危机 [M].Architectural Review，1956：155-161.

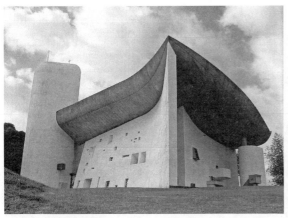

图8-11 朗香教堂透视图

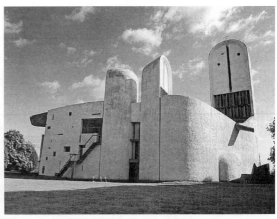

图8-12 朗香教堂北立面，奇异的造型

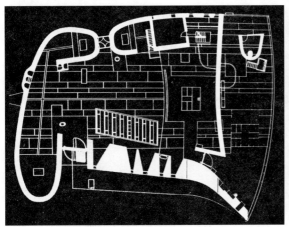

图8-13 朗香教堂平面图，呈不规则形状

图8-14 朗香教堂室内祭坛，大大小小的彩色玻璃窗洞

管注入地面的水池。教堂粗涂灰泥的墙壁和天然水泥的顶部在材质上的差异升华出一种极大的空灵感。教堂的三个竖塔上开有侧高窗。它以一种奇特歪曲的造型隐喻超高的精神（图8-12）[1]。教堂的造型奇异，呈不规则平面状（图8-13）[2]，墙体几乎全是弯曲的，有的还倾斜。塔楼式的祈祷室外形像一座粮仓，沉重的屋顶向上翻卷着，它与墙体之间留有一条40厘米高地带形空隙，粗糙的白色墙面上开着大大小小的方形或矩形的窗洞，上面嵌着彩色玻璃。入口在卷曲墙面与塔楼的交接的夹缝处，室内主要空间也呈不规则状，墙面呈弧线形，光线透过屋顶与墙面之间的缝隙和镶着彩色玻璃的大大小小的窗洞投射下来，使室内产生了一种特殊的气氛（图8-14）[3]。在朗香教堂的设计中，勒·柯布西耶的创作风格开始脱离了理性主义，而转向浪漫主义和神秘主义。

① 薛恩伦. 柯布西耶——现代建筑名作访评 [M]. 北京：中国建筑工业出版社，2011：121.
② 吉阪隆正. 世界建筑：廊香圣母教堂 [M]. 台湾：胡氏图书出版社，1983.
③ 吉阪隆正. 世界建筑：廊香圣母教堂 [M]. 台湾：胡氏图书出版社，1983.

朗香教堂是现代主义建筑中最具影响力的作品之一，也是勒·柯布西耶的里程碑式的作品。由于高度隐喻性、组装语言和独特的建筑法则，美国评论家查尔斯·詹克斯（Charles Jencks）把朗香教堂称为"后现代主义的传令官"①。

参考文献

[1] David Raizman.*History of Modern Design*[M].Prentice Hall Inc，2004.

[2] Robert Venturi.*Complexity and Contradiction in Architecture*[M].The Museum of Modern Art Papers on Architecture，1992.

[3] Peter Gössel.*The A-Z of Modern Architecture Volume 2：L-Z*[M].TASCHEN Gmbh，2007.

[4] Jean-Louis Cohen.*The Lyricism of Architecture in the Machine Age*[M].TASCHEN，2009.

[5] Paul Zucker.*When the Cathedrals Were White.A Journey to the Country of Timid People*[DB/OL].The Journal of Aesthetics and Art Criticism，1948，2：287-288.

[6] John Alford.*Creativity and Intelligibility in Le Corbusier's Chapel at Ronchamp*[DB/OL].The Journal of Aesthetics and Art Criticism，1958，2：293-305.

[7] Duncan E.Stewart，*Towards a New Architecture by Le Corbusier*[DB/OL].Art Education，1971，2：30.

[8] （日）吉阪隆正，赖芳英.世界建筑：廊香圣母教堂 [M].台北：胡氏图书出版社，1983.

[9] （法）勒·柯布西耶，陈志华.走向新建筑 [M].西安：陕西师范大学出版社，2004.

[10]《大师》编辑部.建筑大师 MOOK 丛书——勒·柯布西耶 [M].武汉：华中科技大学出版社，2007.

[11] 王受之.世界现代设计史 [M].北京：中国青年出版社，2002.

[12]（英）罗斯玛丽·兰伯特，钱乘旦.剑桥艺术史系列之20世纪艺术 [M].南京：译林出版社，2010.

[13]（法）雅克·斯布里利欧，王力力，赵晶晶.勒·柯布西耶导读系列·马赛公寓 [M].北京：中国建筑工业出版社，2006.

[14]（法）丹尼尔·保利，张宇.勒·柯布西耶导读系列·朗香教堂 [M].北京：中国建筑工业出版社，2006.

[15]（法）雅克·斯布里利欧，迟春华.勒·柯布西耶导读系列·萨伏伊别墅 [M].北京：中国建筑工业出版社，2007.

[16]（法）让热，周媛.勒·柯布西耶：为了感动的建筑 [M].上海：上海人民出版社，2006.

---

① 斯蒂芬尼亚·萨玛.勒·柯布西耶 [M].大连：大连理工大学出版社，2011：27.

[17]（意）斯蒂芬尼亚·萨玛，王宝泉.勒·柯布西耶[M].大连：大连理工大学出版社，
2011.

[18]薛恩伦.柯布西耶——现代建筑名作访评[M].北京：中国建筑工业出版社，2011.

网络资源

[1] http：//wenku.baidu.com/view/0d8d1dfc910ef12d2af9e717.html?from=rec&pos=0&wei
ght=52&lastweight=12&count=5

[2] http：//wenku.baidu.com/view/824094fd910ef12d2af9e7c3.html?from=related&hasrec=1

[3] http：//wenku.baidu.com/view/0aebe38b680203d8ce2f240b.html?from=related&hasrec=1

[4] http：//wenku.baidu.com/view/f6cd54c78bd63186bcebbc0e.html?from=related&hasrec=1

（肖允玲、刘筱）

9 艾琳·格雷（Eileen Gray）

图 9-1 艾琳·格雷，20世纪上半叶最为重要的女性工艺设计师及建筑师，生于爱尔兰，逝于法国

艾琳·格雷（Eileen Gray，1878—1976 年）（图 9-1）[1]在 1878 年 8 月 9 日出生于爱尔兰，她的全名为凯瑟琳·艾琳·莫拉伊（Kathleen Eileen Moray）。艾琳的祖母简·斯图尔特夫人（Lady Jane Stewart）是苏格兰莫里郡（Moray）第 10 伯爵的女儿，她后来成为郡首耶利米·朗斯代尔（Jeremiah Lonsdale Pounden）的妻子，生下艾琳的母亲伊芙琳（Eveleen）。在艾琳 15 岁时，伊芙琳继承了苏格兰女贵族格雷男爵夫人（Baroness Gray）的名号，艾琳的父亲詹姆斯·麦克拉伦·史密斯（James Maclaren Smith）随即被皇室授名为史密斯-格雷（Smith-Gray），艾琳便更名为格雷。[2]

艾琳的家世可溯源至 15 世纪的英国贵族格雷勋爵（Lord Gray）那里。她自小就像其他有贵族背景的小孩一样，有私人家庭教师帮助他们读书识字。但是在那个时代，接受教育的上流社会女性一个重要的目的是找到一位门当户对的绅士共结连理，并借此以维持他们家族的声望和地位。不过艾琳似乎自小便与众不同，她性格倔强而固执、独立而成熟。约在 1895 年，渴望自由的艾琳已长得亭亭玉立。可能是继承了其画家父亲的艺术天分，艾琳对艺术的兴趣促使她以学习艺术为由离家求学。学习艺术在当时被认为是适婚女性在结婚前的最好消遣，艾琳得到母亲的应允后，来到伦敦的斯莱德美术学院（Slade School of Fine Art）。

斯莱德是当时著名的招收女学生的学校。艾琳在斯莱德的学习成绩很好，不过艾琳似乎对传统绘画的兴趣一般，对当时深受拉斯金（Ruskin）或拉斐尔前派（Pre-Raphaelites）熏染的绘画教课老师印象一般。她最喜欢到博物馆和美术馆画画速写，她最喜欢逛南肯辛顿博物馆（South Kensington Museum），

---

① Charlotte & Peter Fiell.Design of the 20th Century[M].Taschen，2005：297.

② Bryant，Jill.Dazzling Women Designers[M].Toronto：Second Story Press，2010：5-6.

那是后来非常闻名的工艺美术博物馆——维多利亚与阿尔伯特博物馆（Vitoria & Albert Museum）的前身。那儿不但离艾琳的住处较近，而且充满了来自世界各地的各种各样稀奇展品，令艾琳乐而忘返。

1900年，万国博览会（Universal Exhibition）在巴黎举办，艾琳随同母亲一同前往。艾琳被摆放在玻璃与钢筋混凝土结构展厅中琳琅满目的新发明所吸引，尤其是电影、照明、照相等新奇玩意，还有巴黎地铁站1号线以及刚刚建成的埃菲尔铁塔（Eiffel Tower）。这是艾琳首次到巴黎，这次新奇之旅改变了艾琳的一生，她默默下定决心将来一定要重回巴黎。1902年，她终于得到家人的允许，和好友凯瑟琳·布鲁斯（Kathleen Bruce）及杰西·加文（Jessie Gavin）结伴来到巴黎。刚到达时，她们开始在颇受当时外国学生欢迎的科拉荷西学院（Académie Colarossi）学习，艾琳在那里主要学习素描。不过很快，她们便转到朱利安学院（Académie Julian）学习。但是艾琳似乎对课程也不太感兴趣，那时没有多少她的作品留下，不知是她有意销毁还是在第二次世界大战时遗失了。

父亲的过世让艾琳最终决定从此定居巴黎。她在巴黎重遇了在伦敦时认识的一些朋友，包括年轻的画家杰拉尔德·凯利（Gerald Kelly）、温德姆·刘易斯（Wyndham Lewis）、斯宾塞·高尔（Spencer Gore），还有陶艺家伯纳德·利奇（Bernard Leach），他们在日后皆名声大噪。1905年的一天，艾琳在伦敦认识到古董修复商查尔斯（D.Charles），在此后的25年里，他们一直保持着联系，艾琳在巴黎得到查尔斯所提供的各种漆艺制作材料和许多的实验意见。艾琳后来又在巴黎认识到来自日本的漆工菅原精造（Seizo Sugawara，1884—1937年），她与菅原的合作经历令艾琳最终成为在艺术装饰（Art Déco）运动时期最有名的欧洲漆艺家之一。①

20世纪30年代包豪斯登陆巴黎，当艾琳看到赫伯特·拜耶（Herbert Bayer）所设计的满房子金属椅子时，她的偏好已经改变，她在家具设计中对金属材料的采用变得越来越多。艾琳于1927年所设计的E1207可调边几（Adjustable Table E1027），便以极为纯巧的现代主义风格，使得这个茶几成为20世纪最具代表性的经典设计之一。事实上，艾琳的设计创作一向比较多元化，除了漆木家具，她还对编织和染色技术感兴趣，她还曾为此跟居住在北非的阿拉伯妇女学习过它们的染色技术，后来更因得到朋友的鼓励转向建筑设计领域，并以其独树一帜的风格而立足于现代建筑设计史的大师之列。②

在艾琳写给她的挚友让·波多维希（Jean Badovici）的一封信中曾经说道："受知识所纯化的感情被思想所丰富，而且不应受限于科学收获的知识与愉悦。艺术家并不是必须要成为同时代的芸芸众生的。艾琳本身就是个极喜探险与试验的设计艺术家，她所追逐的是那种创新的、清新的，并且能够适用于现代生

① Duncan，Alastair.L' Art Déco[M].Citadelles & Mazenod，2010：6-11.

② Rowlands，Penelope，Bartolucci，Marisa，Cabra，Raul.Eileen Gray[M].Chronicle Books，2002：11.

活的设计。"20 世纪 30 年代之初，艾琳便受邀加入到现代艺术家联盟（Union des Artistes Modernes），此时她还在芒通（Menton）设计了自己的宅邸（Tempe à Pailla），这是另一个具有典型意义的现代主义建筑设计杰作。1937 年，艾琳还受邀参与了巴黎世博会（Paris Exposition），在勒・柯布西耶（Le Corbusier）所设计的新精神宫（Espirit Nouveau）中展出她的设计作品。[①]第二次世界大战以后，艾琳仍继续在巴黎从事相关的艺术设计工作，但并不做批量生产的项目。在 80 岁之后，艾琳视力逐渐衰退，已完全停止了工作。1976 年 10 月，这位在 20 世纪设计界名重一时的女设计师撒手人寰，终年 98 岁。

代表作品评析：

1. E1207 可调边几

时间：1924 年

艾琳的这件可调边几主要的结构为镀铬钢管，圆形桌面则是采用透明或有色玻璃，精准绝美的比例与特殊的结构造型。利用简单的机械结构可调整桌面的高度，由 61 厘米—101 厘米（图 9-2）[②]，现代主义风格的简约线条，兼具美感与实用的设计，使得 E1207 一经推出，便好评如潮。[③]对于"亲密接触"过新艺术运动（Art Nouveau）、风格派（De Stijl）及俄国结构主义（Russian Constructivism）的艾琳来说，她变得非常反感那些过于个人化的艺术作品。这个被命名为 E1207 可调边几便是艾琳受结构主义影响，积极着力于将艺术引入生活当中的尝试。E1207 的命名也十分特别，E 即是艾琳，10 与 2 分别代表英文字母中第 10 与第 2 个字母 J 和 B，这正是她的好友让・波多维希名字的首字母，7 代表的则是格雷名字 G。

艾琳设计这件作品之时正逢制造联盟（Deutscher Werkbund）的设计在斯图加特举办的陈列展上展出，其中马歇尔・布劳耶（Marcel Breuer）、密斯・凡・德・罗、马尔特・斯达恩（Mart Starn）、赛博德・凡・拉夫斯滕（Sybold van Ravesteyn）等人所设计的钢管家具纷纷亮相。在法国，勒内・艾伯斯特（René Herbst）、勒・柯布西耶及夏洛特・皮埃尔（Chartlotte Perriand）也在 1928 年的装饰艺术沙龙上展示出他们的金属家具设计。艾琳的这件镀铬钢管可调边几表明她的设计洞察力之敏锐，观念之创新，极为与时俱进（图 9-3）[④]。E1027 可调节高度的设计更突出了艾琳灵活多变、开放实用的多元设计理想。这种特色基本上贯穿于艾琳所有的家具设计当中，她也因而被誉为最具独特个性的家具设计师。

① Charlotte & Peter Fiell.Design of the 20th Century[M].Taschen，2005：297-299.

② Miller，Judith.20th Century Design[M].Octopus Publishing Group，Ltd.，2009：75.

③ Miller，Judith.20th Century Design[M].Octopus Publishing Group，Ltd.，2009：74-75.

④ Adam，Peter.Eileen Gray：Her Life and Work[M].Thames & Hudson，2009：309.

2. 必比登沙发椅

时间：1917—1921 年

必比登沙发椅（Bibendum Chair）是艾琳的重要作品，也是 20 世纪现代家具设计史上具有划时代意义的一款椅子。（图 9-4）[①]这款椅子在社交休闲场所受到热捧。沙发椅的靠背和扶手部分由两个半圆形的软皮枕管所构成，非常柔软舒适。艾琳将之命名为"必比登"，其灵感来源米其林（Michelin）公司所售卖的轮胎形状。

这把椅子是艾琳特别为帽商玛修·列维（Mathieu Lévy）所设计。玛修委托艾琳重新设计她在巴黎的公寓楼。她还特别要求艾琳要尽量设计得具有新颖性及原创性。这个设计项目从 1917—1921 年一直进行了 4 年之久。在此期间，艾琳设计出了必比登椅子，与玛修公寓内的其他家具、墙纸、地毯及灯饰等室内装潢物件相互配搭。

必比登椅子的结构清晰而外露，椅脚由光滑的镀铬钢管所构成。椅子的内部骨架则是以榉木所制作，然后以橡胶包裹，坐垫、靠背、扶手则是填充了软料，缝上皮革（图 9-5）[②]。艾琳的这款椅子用色是一大亮点，与她当时所设计的

图 9-2　E1207 可调边几（伸缩效果对比），全体由镀铬钢管所构成的这款边几，其桌面由透明玻璃制作。通过调节边几支架的长短可以调整桌面的高度（左）

图 9-3　E1207 可调边几（搭配有色玻璃桌面），是艾琳受当时的钢管家具潮流所带动的新颖设计，糅合了功能主义与结构主义的精神与美学于一身（右）

---

① Miller，Judith.20th Century Design[M].Octopus Publishing Group，Ltd.，2009：74.

② Adam，Peter.Eileen Gray：Her Life and Work[M].Thames & Hudson，2009：291.

图9-4　必比登沙发椅（侧面），是艾琳在为帽商玛修·列维设计她在巴黎的公寓楼期间所设计的家具之一（左）

图9-5　必比登沙发椅（正面），其设计灵感源自米其林轮胎。沙发椅的靠背和扶手由两个半圆形的软皮枕管所构成，相当舒适柔软（右）

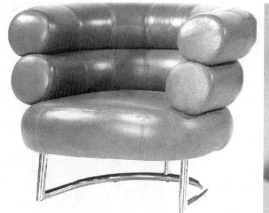
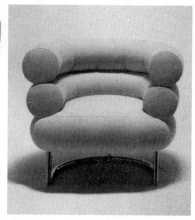

一系列椅子及相互搭配的床铺等家具一样，非常优雅。这把必比登沙发椅子放在玛修的公寓里不但非常和谐匹配，而且也十分舒适实用。

必比登椅子是艾琳为体现玛修精明而极具个性的生活态度而专门设计的，其造型如此特别、前所未见，以致当时的设计界为之惊艳。[①]这个椅子的造型也与艾琳早年偏于传统趣味的设计完全不同。当时的报纸杂志对这款椅子的报道盛赞不已，甚至美其名曰是现代生活的凯旋之作。正是由于这个椅子将艾琳抬上现代设计史的名册中，她也随之决定开设属于自己的艺廊。玛修的委托使得艾琳大赚了一笔，艾琳也因此终止了格雷家族对她长期的经济资助，她的职业和生活更为独立。

3.Tempe à Pailla 住宅

时间：1920s—1930s

19 世纪 20—30 年代，艾琳为自己设计和装潢了一个新家（Tempe à Pailla），就在巴黎市的芒通附近（图 9-6）[②]。艾琳曾说："更喜欢建筑设计。(I always loved architecture more than anything else.)"[③]。她认为："房子是人的躯壳，人的延续，人的扩散，人的精神化身。(A house is man's shell, his continuation, his spreading out, his spiritual emanation.)"[④]。艾琳这座房子的建造目的是要营造一个既能安居又方便工作的空间，一个可以兼顾工作与生活的居所，而且为了配合这个房子的功能，艾琳还设计了多款功能多元而且方便实用的家具[⑤]（图 9-7）[⑥]。

艾琳喜欢冒险又勇于尝试，这从她对住宅的选址和建设住宅的创意中便

---

① Adam，Peter.Eileen Gray：A Biography[M].Harry N.Abrams，2000：102.

② Adam，Peter.Eileen Gray：Her Life and Work[M].Thames & Hudson，2009：219.

③ Weisman，Leslie.Discrimination by Design：A Feminist Critique of the Man-Made Environment[M].The University of Illinois，1994：31.

④ Ballantyne，Andrew.Deleuze and Guattari for Architects[M].Routledge，2007：37.

⑤ Hecke，Eileen Gray：Works and Projects[M].Gustavo Gill，1993：60-62.

⑥ Adam，Peter.Eileen Gray：Her Life and Work[M].Thames & Hudson，2009：237.

图 9-6　Tempe à Pailla 住宅（正门），这所房子的结构被艾琳设计成宛如一个船舱一样既窄又长，并带有巨大的阳台（左）

图 9-7　Tempe à Pailla 住宅（内景），艾琳在此的目的是要营造一个既能安居又方便工作的空间，为了配合这个房子的功能，艾琳还设计了多款功能多元的家具（右）

图 9-8　Tempe à Pailla 住宅（内景），艾琳非常注意私人空间的设计安排，私人活动空间以及园子被安排在建筑的后面，私人与开放的世界被完美地结合在一起（左）

图 9-9　Tempe à Pailla 住宅（外景），艾琳善于社交，所以在房子的开放空间安排上，她设计出阳台及大玻璃窗，可以观望到周围的景致（右）

可想而知。她在原址已有的基础上将房子结构设计成像一个船舱一样既窄又长，并设计出瞭望风景的平台。艾琳善于社交，所以在房子的客厅部分她设计出阳台及大玻璃窗，可以观望到周围的景致。从房子的设计图对房间的安排中可以看出艾琳非常注意私人空间的设计安排，睡房、洗手间及园子被安排在建筑的后面，可瞭望远山（图 9-8）[①]。前后对比就是两个世界，一个私人、一个开放，在这所建筑中完美地结合在一起（图 9-9）[②]。而最为令人津津乐道的是这内、外两个世界所采用的材料及工程构造手段是一模一样的。另外，艾琳喜欢阳光明媚的气氛，犹如非洲草原上晨暮的阳光挥洒在屋内。事实上，她设计的每个房间都考虑到对自然光线的借用，想尽办法让每个房间尽可能地接受到最长时间的自然光。

　　第二次世界大战爆发后，艾琳仍留在这所宅邸差不多 1 年时间，最后被形势所逼前往内陆。战争结束后，这个寓所已被洗劫一空，于是她搬回波拿巴大道（rue Bonaparte）的住处，从此过着非常平淡的生活，并且很少与从前的圈内人士来往了。

① Adam，Peter.Eileen Gray：Her Life and Work[M].Thames & Hudson，2009：236.
② Adam，Peter.Eileen Gray：Her Life and Work[M].Thames & Hudson，2009：221.

参考文献

[1] Adam，Peter.Eileen Gray：Architect/Designer[M].Harry N.Abrams，2000.

[2] Constant，Caroline.Eileen Gray[M].Phaidon Press，2000.

[3] Constant，Caroline，Wilfried Wang，ed.Eileen Gray：An Architecture For All Senses[M].Ernst Wasmuth，1996.

[4] Rowlands，Penelope.Eileen Gray—Compact Design Portfolio[M].Chronicle Books，2002.

[5] Johnson，J.Stewart.Eileen Gray：Designer[M].New York Museum of Modern Art，1980.

[6] Hecker.Eileen Gray：Works and Projects[M].Gustavo Gill，1993.

[7] Garner，Philippe.Eileen Gray：Designer and Architect 1878-1976[M].Benedikt Taschen，1994.

（何振纪）

10 吉瑞特·里特维德（Gerrit Rietveld）

吉瑞特·托马斯·里特维德（Gerrit Thomas Rietveld，1888—1964 年）（图 10-1）[①]是来自荷兰著名的极少主义（Minimalism）建筑师、设计师，于 1888 年 6 月生于乌德勒克（Utrecht），殁于 1964 年 6 月。他 11 岁开始边念夜校边当学徒，1906 年开始为乌德勒克的珠宝商绘图，直到 1911 年。1917 年，他创办了自己的家具店，从绘图、修饰到制模一手包办。从此，里特维德开始步入家具设计师的行列。[②]

图 10-1 吉瑞特·里特维德，在现代设计运动中，一直被誉为最具有创新性的荷兰设计大师

里特维德在家具设计方面的代表作红蓝椅子（Red and Blue Chair）设计于 1917 年。为了令自己的家具设计能投入到大量生产当中，里特维德有意地简化其设计家具的结构。1918 年，他建立了自己的家具工厂，并且因为受到风格派（De Stijl）运动的影响，将椅子的颜色作了更改。1919 年，他成为风格派的一员，并开始涉足建筑设计领域。正因为风格派在国际上的影响日益渐盛，里特维德的设计也由此而进入国际视野。1923 年，沃尔特·格罗皮乌斯邀请里特维德参与包豪斯的展览。1924 年，他与图拉斯·施罗德-施拉德（Truus Schröder—Schräder）合作设计了施罗德住宅（Rietveld Schröder House），这是里特维德的第一个建筑设计作品。这个房子坐落在乌德勒克，底层的设计中规中矩，但楼上却非常特别，没有固定的墙壁，通过滑动旋转的面板使整个生活空间变得相当开阔。整个设计甚至有点像蒙德里安（Piet Mondrian）绘画的三维表达。自 2000 年始，这所房子被列为联合国教科文组织世界文化遗产。

1928 年，里特维德加入国际现代建筑协会（CIAM），开始在原来的荷兰风格派的路线上寻找突破，他认为："倘若我们带着特定的目的，分离、约束并且进入到人的尺度——无限空间的一个部分，（如果一切顺利的话）它会

---

① Miller，Judith.20th Century Design[M].Octopus Publishing Group，Ltd.，2009：62.

② Fleming，John.The Penguin Dictionary of Architecture[M].Harmondsworth：Penguin，1972：237-238.

成为生活里一阕真实的空间。如此一来，一个特别的空间片段就会被我们人类系统所吸收。(If, for a particular purpose, we separate, limit, and bring into a human scale a part of unlimited space, it is (if all goes well) a piece of space brought into life as a reality.In this way, a special segment of space has been absorbed into our human system.)"[①]。里特维德由此而创造出名闻于世的新客观主义（Nieuwe Zakelijkheid）建筑，也往更为纯粹的功能主义风格上渐渐迈进。19世纪20年代后期，里特维德专注于社会住房设计，研发低廉的生产方式、新材料、零件化及标准化建设。1927年，他已经试验出可预制的混凝土板件，这在当时还不是普通的材料。在19世纪20年代至30年代，他基本上只是受雇于私人订制，到了19世纪50年代，里特维德对社会住房的思考开始进入实践领域，在乌德勒克和雷维克（Reeuwijk）的推荐下接到了不少项目。

1934年，当里特维德设计齐格扎格椅子（Zig-Zag chair）的时候，同时也开始了位于阿姆斯特丹的凡·高博物馆（Van Gogh Museum）的设计，但这件作品直到他离世之时还未完成。1960年，凡·高基金会（Vincent van Gogh Foundation）成立，1961年由阿姆斯特丹市政府提供土地，国家负担经费，凡·高美术馆才终于要成为现实。1973年，里特维德设计的这座建筑才完成并向公众开放，在1999年又加盖了由日本建筑师黑川纪章（Kisho Kurokawa，1934—2007年）设计的新侧翼，形成我们今天所见凡·高博物馆的全貌。

1951年，里特维德在阿姆斯特丹、威尼斯、纽约3地策划了一个风格派的回顾展览。他的设计因此又再一次引起人们的注意，并给他带来多个项目的委托，包括1953年威尼斯双年展（La Biennale di Venezia）的荷兰馆设计、位于阿姆斯特丹、阿纳姆的艺术学院以及联合国教科文组织在巴黎的出版署。其后他又负责设计在阿纳姆桑斯比克公园（Sonsbeek Park）举办的第三届国际雕塑大展（Third International Sculpture Exhibition）。为了处理如此多的设计项目，里特维德在1961年与建筑师约翰·凡·迪伦（Johan Van Dillen）建立起合作关系，他们此后共同在乌德勒克创作了上百个建筑设计，其影响之大无法估量。

代表作品评析：

1. 齐格扎格椅子

时间：1934年

齐格扎格椅子又被译作"之"字形椅，这款椅子在视觉造型上非常简约，以4个木制部件榫（sǔn）接而成，实际上内里掩盖了非常复杂的设计原

---

① Edwards，Clive.Interior Design：A Critical Introduction[M].Berg Publishers，2001：124.

图 10-2　齐格扎格椅子（正面），即"之"字形椅，它是家具空间设计组织上的一次革命，直接在功能上解放了使用者双脚活动范围内的障碍（左）

图 10-3　齐格扎格椅子（侧面），这款椅子一般被认为是里特维德对杜斯伯格（Theo·van·Doesburg）所谓斜线构图艺术的理论呼吁在家具设计方面最绝妙的回应（右）

理（图 10-2 [①] ~ 图 10-3 [②]）。1934 年里特维德在吸收荷兰风格派艺术的灵感设计出这款椅子，"之"字形的设计既可以作为椅子，又可以当作半边的小几桌来使用。

　　里特维德的齐格扎格椅子、红蓝椅子以及他的其他椅子设计都能够非常自然和谐地与他的建筑设计相互搭配。许多人认为里特维德的齐格扎格椅子设计直接受到风格派大师凡·杜斯伯格（Theo van Doesburg）的影响，因为这把椅子的"之"字形结构在视觉感官上与杜斯伯格注重直线设计的审美意趣如出一辙，椅子的内部构造所凸显出的张力则透露出一种直率的线性魅力。

　　齐格扎格椅子的原始设计是由橡木为板料结合铜质辅件所构成，最初由阿姆斯特丹的迈斯公司（Metz Company）所生产。这款没有椅脚的椅子完全打破了椅子传统构造的模式。仅仅由木板支撑起椅子的座板部分，支架成斜角设计，椅子因而可以互相排叠，节省空间。里特维德设计这款椅子的本来目的便是为了节约室内空间。[③] 齐格扎格椅子的规格细小，十分平衡地承托起乘坐的重量，而且非常结实，甚至可以让人站立其上也不会打滑。制作这款椅子的木材最好是四季木，不易变形。白蜡木（水曲柳）和樱桃木是制作这款椅子的常选木材。最为流行的齐格扎格椅子通常是以透明清漆髹涂的原木色以及黑色款式。

① Miller，Judith.20th Century Design[M].Octopus Publishing Group，Ltd.，2009：63.

② Charlotte & Peter Fiell.Design of the 20th Century[M].Taschen，2005：607.

③ Meadmore，Clement.The Modern Chair：Classic Designs by Thonet，Breuer，Le Corbusier，Eames and Others[M].New York：Van Nostrand Reinhold，1997：92.

齐格扎格椅子被誉为里特维德对功能主义设计的重要探索，是他极少主义的杰作之一。里特维德认为家具设计不仅仅是关注生理上的舒适性，而且还应该注重"良好的存在状态与精神的舒适（well-being and comfort of the spirit）"[①]。这正是以里特维德为代表的风格派运动的诸位成员，包括凡·杜斯伯格及蒙德里安等人一直孜孜不倦、努力不懈所追求的目标。

2. 红蓝椅子

时间：1917 年

1917 年，里特维德设计出这款红蓝椅子。这款椅子是风格派艺术运动由平面往三维表达方向发展的首个非常重要的尝试。这把椅子的原始设计是以未加染色的榉木所制作，而且一开始时并没有涂上红、蓝色漆。[②]这个变化来自另一位风格派建筑师巴特·凡·德·莱克（Bart van der Leck）的意见，当他第一次看到这把没上色的椅子时便建议里特维德给它抹上鲜艳的色彩。[③]里特维德于是重新采用更为细薄的木料制作了这款椅子，然后吸收风格派绘画的用色进行涂漆。他说："艺术时常会被忽视。这意味着没有尝试将艺术作为目标，但在一些特殊的情况下，你的一些所作所为也许会或多或少在艺术的领域里偶然地销声匿迹。（Sometimes art escapes.Meaning that it makes no sense to try and make art on purpose, but that in exceptional cases some of the things you do will more or less accidentally end up in the domain of the arts.）"[④]。里特维德所选用的颜色充满了时代地域特色，与他所采用的施罗德住宅的色彩一脉相承。

木匠出身的里特维德将这把椅子完全以木料来构造，各条木件互相垂直，彼此间以螺丝紧固。里特维德经过使用单纯明亮的色彩来强化了整把椅子的结构。这样就产生了红色的靠背和蓝色的坐垫。每个构件都有其自己的形式、位置和颜色（图 10-4[⑤]～图 10-5[⑥]）。里特维德曾极有针对性地谈到自己的椅子设计："结构应配合各个部分以确保各个构件的独立与完整。以这种方式，整体就可以自由而清晰地呈现在空间之中，而且形式也就能从材料中抽象出来。（The construction is attuned to the parts to insure that no part dominates or is subordinate to the others.In this way, the whole stands freely and clearly in space, and the form stands out from the material.）"[⑦]。这把椅子与施罗德住宅一起以最为简洁的造型语言和色彩，表达了风格派深刻的设计观念，以一种实用设计的形

① Antonelli, Paola.Objects of Design from The Museum of Modern Art[M].New York：MoMA, 2003：44.

② Victoria and Albert Museum.Modern Chairs, 1918 ～ 1970：an international exhibition[M].London：Whitechapel Gallery, 1970：8.

③ Sembach, Klaus-Jürgen.Twentieth Century Furniture Design[M].Köln：Taschen, 2002：93.

④ Van Hinte, ed.Richard Hutten[M].Rotterdam：OIO Publishers, 2002：27.

⑤ Miller, Judith.20th Century Design[M].Octopus Publishing Group, Ltd., 2009：62.

⑥ J.R.Curtis.William.Modern Architecture since 1900[M].London：Phaidon Press, 1996：156.

⑦ Arnason, H.Harvard, Mansfield, Elizabeth.History of Modern Art：Painting, Sculpture, Architecture, Photography[M].Prentice Hall, 2009：296.

式生动地阐释了风格派抽象的艺术感情，成为现代主义设计运动的经典之作。[①]
位于纽约的现代艺术博物馆（MOMA）、奥特兰大艺术博物馆（High Museum
of Art）、德尔夫特理工大学（Delft University of Technology）皆将这把椅子列
为永久藏品。

图 10-4　红蓝椅子（平视），是里特维德受《风格》杂志所启发而设计。这款椅子一经亮相便立即引起同时代设计师的关注（左）

图 10-5　红蓝椅子（俯视），具有激进的纯几何形式，堪称是画家蒙德里安的名作《红黄蓝的构成》的立体化诠释（右）

3. 施罗德住宅

时间：1924 年

施罗德住宅坐落于乌德勒克，是里特维德为图拉斯·施罗德-施拉德夫人
及其三个小孩所设计，建造于 1924 年。施罗德-施拉德夫人希望设计师不要
在建筑中安排太多的墙壁，里特维德紧跟她的意思进行设计；他的设计稿更改
了多次，正是施罗德夫人要求房子的内外设计要达到通透开阔，从而促使里特
维德的设计发展成为风格派建筑的典型。施罗德夫人居住于此直至 1985 年逝
世，其后这座住宅建筑被改作一座博物馆，并成为联合国教科文组织指定的世
界遗产。

里特维德设计的施罗德住宅被称为荷兰风格派运动中最著名的建筑，有时
甚至被誉为唯一正宗的荷兰风格派建筑物。施罗德住宅的内部和外部设计都是
对其之前所有建筑设计的根本性颠覆。这个双层住宅建在一排连栋房屋末端，
但它并不试图与其相邻的建筑物相联系。其内部并没有房间的静止堆积，而
是动态的可变的开放区间。其底层设计布局尚可谓传统，排列于一个中心楼梯

---

① Linley，David，Cator，Charles，Chislett，Helen.Star Pieces：The Enduring Beauty of Spectacular
　Furniture[M].London：Thames & Hudson，2009：205.

图 10-6 施罗德住宅〔内
景〕，不仅是一座建筑，其
室内装潢布满了精心设计
的家具，组合成一个十分
实用的生活空间

图 10-7 施罗德住宅〔内
景〕，内外设计浑然一体。
建筑物二层的生活区既可
分隔又可敞开成开阔的空
间，表现出设计师对于建
筑空间与环境适配方面的
强烈关注

的是厨房和三个起居室及卧室。楼上作为生活区被设计为阁楼以满足规划的要
求，除了一个单独的卫生间和浴室之外，实际上形成了一个阔绰的开放空间（图
10-6[①]~图10-7[②]）。里特维德曾希望将上层保持原状，但是施罗德夫人觉得作为
生活空间应当显得自由而开放。在按使用功能进行分割时，生活层则可划分为

① M.Woodham，Jonathan.Twentieth-Century Design[M].London：Oxford University Press，1997：37.
② J.R.Curtis，William.Modern Architecture since 1900[M].London：Phaidon Press，1996：157.

卧室、浴室及起居室。

　　施罗德住宅的外部设计也相当特色，其立面由各个平面和线条所拼贴构成，其构件有目的地被彼此远离，看起来像相互滑过一样。①这使若干露台的设计成为可能。就像里特维德的红蓝椅一样，每个构件都有其自己的形式、位置和颜色（图 10-8② ~ 图 10-9③）。40 年后，里特维德谈及他的这件杰作时说："这个房子并没有在配合亨德里克王子大道上已存在的传统房舍方面引起混乱，我们在房子毗邻方面作了简单的处理。这是我们的拿手之作——让这个

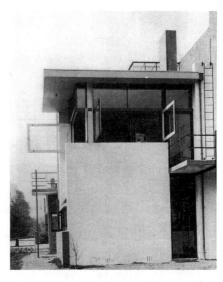

图 10-8　施罗德住宅（外景），这座双层建筑的立面设计宛如拼贴而成，并且形成多处露台，将室内的开阔空间延展至室外

房子尽可能在互相映衬之中脱颖而出。（Without bothering to adapt the house to some extent to the traditional houses on the Prins Hendriklaan，we simply attached it to the adjacent house.It was the best things we could do — to make it stand out in contrast as much as possible.）"④。里特维德用轻灵的手法表现出明晰的建筑主题，不愧是荷兰风格派艺术在建筑领域最典型的表现。虽然也有人批评他是一件摆设多于实用的建筑，但它却是现代建筑的重要参照物和先导。

图 10-9　施罗德住宅（外景），其外墙颜色有意地深化建筑外观，白色、灰色、黑色及一些颜色鲜明的线性元素相互搭配，被认为是风格派建筑设计的典范

---

① Colquhoun，Alan.Modern Architecture[M].London：Oxford University Press，2002：118-120.

② J.R.Curtis，William.Modern Architecture since 1900[M].London：Phaidon Press，1996：148.

③ J.R.Curtis，William.Modern Architecture since 1900[M].London：Phaidon Press，1996：157.

④ C.Taylor，Mark.Disfiguring：Art，Architecture，Religion[M].The University of Chicago Press，1992：118.

参考文献

[1] M.Brown，Theodore.The Work of G.Rietveld architect[M].Massachusettes：MIT Press，1958.

[2] Mulder，Bertus.The Rietveld Schroder House[M].New York：Princeton Architectural Press，2000.

[3] Overy，Paul.The Rietveld Schroder House[M].Massachusettes：MIT Press，1998.

[4] Baroni，Daniele.The Furniture of Gerrit Thomas Rietveld[M].New York：Barron's Press，1978.

[5] Voge，Peter.Gerrit Rietveld：The Complete Rietveld Furniture[M].Rotterdam：010 Publishers，1993.

[6] Struve Gallery，Dayton Art Institute.Gerrit Rietveld：a centenary exhibition：craftsman and visionary[M].New York：Barry Friedman，Ltd.，1988.

（何振纪）

11 吉奥·庞蒂 (Gio Ponti)

有这么一个人，被称作勇于尝试与自由的化身，他是一名真正的艺术家，却被列入实践和实用工业领域，也正因为如此，他成为一位不停被归类，却不可能被归类的重要人物，这个人就是吉奥·庞蒂 (Gio Ponti) (图 11-1) [①]。

图 11-1　吉奥·庞蒂

1891 年 11 月 18 日庞蒂出生在一个米兰的中产阶级家庭。作为独子，庞蒂备受家人宠爱，父母担心他能否和别的男孩相处而在他开始上学的头两年把他送到一所女校就读。庞蒂后来回忆说也许就是这种童年的自卑感，促使他不断生产、不断设计，吸引他人的关注。1918 年，庞蒂进入米兰理工大学建筑系就读，在大学的四年当中，他涉猎广泛，参与建筑、室内、家具、灯具、包装、展示及玻璃等领域的设计。在接受正统建筑设计教育的同时积累了大量丰富的设计经验。1923 年，庞蒂成为理查德·吉诺里陶瓷制造厂 (the Manifattura Ceramica Richard Ginori) 的艺术指导。在这里，他创制了一种注重装饰效果的限量发行的高级陶瓷制品，这个系列的每一件作品都具有原创性和独一无二的品质，并且已经深深地烙下了庞氏风格的印记。1928 年起，庞蒂先后创办过《多姆斯》(Domus) 和《风格》(Stile) 两本设计刊物，大力宣传现代设计的思想，并且发表依据功能结构重新塑造产品形态，摒弃传统求得 "真实形式" 的见解。除了致力于设计理论宣传，庞蒂还积极开办意大利蒙扎设计双年展和米兰设计三年展，创办堪称设计界的 "诺贝尔奖" ——"金罗盘奖" (Compasso d'Oro) 以及组织 "设计工业协会"，为新一代年轻设计师提供发展空间。1936 年起，庞蒂回到母校米兰理工大学担任建筑学教授，期间先后参与设计帕沃尼 (La Pavoni) 公司的咖啡机 (1948 年) (图 11-2) [②]、理想标准 (Ideal Standard) 公司的卫生洁具 (1954 年) 及卡西纳 (Cassina) 公司的超轻型椅子 (Superleggera Chair, 1957 年) 等。

① Gio Ponti：1891-1979，Master of Lightness Graziella Roccella

② David Raizman.*History of Modern Design*[M].Laurence King Publishing，2003：272.

图 11-2　1948 年庞蒂为帕沃尼公司设计的咖啡机（左）

图 11-3　1964—1970 年，庞蒂为上帝建造的家——塔兰托主教堂（右）

1979 年，这位设计大师生命中最后的烛光在家中悄然熄灭，享年 88 岁。

对庞蒂来说，"全才"这个词用在他身上无疑是贴切的，被称作"全才"的庞蒂，在他涉足的每一个领域都表现出强烈的好奇心和想象力，从他为卡西纳公司设计的室内家具——超轻型椅子（1957）到晚年为上帝创造的家——东部塔兰托主教堂（Taranto Cathedral）（1964—1970 年）（图 11-3）①，对同时代以致现代人来说无一不是精品。然而在与这位叛逆、多产的大师对话中，有几个关键词是必须的——菱形，或者说是钻石的形状，是庞蒂的标志性之一，在他早期作品中已经初具模型，而这种设计真正成熟的体现在庞蒂设计的米兰皮瑞利塔楼（Pirelli Tower）上，这是庞蒂与著名工程师纳尔维（Pier Luigi Nervi）及阿都罗·达努索（Arturo Danusso）共同设计的。它也是庞蒂确定首个建筑理念的产物，"建筑应该是一个闭合的形式，不能增高，也不能加大。里面不能掺和其他建筑。"他的这一理论也成为后人所遵从的标杆。

童年的自卑让庞蒂对"家"这个名词有种特殊的意味，"理想的家不是压抑的，不是被设计出来的，而应该是完全被打破的范围。在他里面有卧室、餐厅、客厅，哪怕此前这些空间没有被仔细地划分过。住家的舒适展现于某种更高的品质中，建筑给出了衡量我们真实思想的尺度"。在庞蒂的室内设计中，不再需要墙壁，墙壁已经不存在了。把墙壁厚重的元素减弱如纸张一样轻薄，并将房间的第四面墙用具有装饰性的窗户来代替，目的使其变得通透明亮，房间内外一览无余，而不是一味强调局部装饰（图 11-4）②。对他来说，这是他心目中家的反映，也是他理想社会的反应。1931—1936 年他设计的米兰系列公寓"Domuses"（图 11-5）③（又称为"风格屋"），就是典型的例子。每一栋公寓庞蒂都给予一个女人的名字，外观上看只是一些传统建筑，并无特殊之处，然而真正体现"Domuses"营造出的现代创新理念要数房间内部，房间内放置的

① Graziella Roccella.*Gio Ponti：1891-1979. Master of Lightness*[M].Taschen.

② http：//images2.corriereobjects.it/gallery/Cultura/2011/05_Maggio/gio-ponti/1/img_1/04_Appartamento-Ponti-in-via-Dezza-Milano-1957_672-458_resize.jpg

③ Gio Ponti，Ugo La Pietra，Rizzoli.

图 11-4　1957 年庞蒂在米兰设计的公寓内部（左）
图 11-5　庞蒂设计的米兰"Domuses"，又称风格屋（右）

家具形成了灵活的居住空间，它们由可拆卸的组件构成，充满了先锋设计因素。

　　"我是一位失败的建筑师，也是一个没有取得成就的画家，因为我只是把画画作为爱好而已。"对于庞蒂来说，设计只是在他的字典里占据第二位的词汇，因为他对绘画的偏爱凸现在他设计的每一件作品中。对颜色迷恋，同样源自他画家的天性，一种鲜艳的颜色，总是被庞蒂巧妙地驾驭；在颜色选择上，庞蒂通常降低两个颜色的色阶，在相似的颜色中反复斟酌，色彩前卫，却并不夸张；设计者在使用的过程中，以一千种方式逐一比较，从而很好地过渡。庞蒂为保罗·文尼尼（Paolo Venini）制作的 Murano 陶瓷玻璃制品，无疑都体现出绘画的挚爱，他大胆设计出不同风格的陶瓷玻璃制品，并且赋予鲜艳的颜色，反复寻找他所想要的，在设计与色彩中不断游戏，完成一位艺术家所要的追求。

代表作品评析：

1. 皮瑞利大厦（Pirelli Tower）

　　时间：1956 年

　　地点：米兰

　　1956 年庞蒂与著名工程师纳尔维、达努索共同设计皮瑞利大厦（图 11-6）[①]，它是庞蒂在第二次世界大战后最重要的建筑作品，也是他建筑设计成熟的标志。在庞蒂看来，建筑物两对边的延长线应当在不远处相交，遵循"有尽形式"原则。因此，在设计时庞蒂采用一种两端开口的由折线构成的梭形平面效果，将两个长边延长线的交点位于大厦所处地段的边界上，使开口处两边的折线角度较大，在其延长线的交点附近布置建筑，加强"有尽"原则。并且在檐口处隔开一段距离放置一块通长平板，在竖向上打断视线的延伸感，完善"有尽"效果。大厦两端还布置四个三角形钢筋混凝土筒，中部布置四个巨大的双肢柱，与混凝

---

① http://upload.wikimedia.org/wikipedia/en/e/e5/Pirellone_rinnovato.jpg

图 11-6　1956 年庞蒂与著名工程师纳尔维、达努索共同设计的皮瑞利大厦

土筒共同承受垂直荷载和水平力。柱子在立面暴露出来，其宽度从下往上越来越窄，符合物理结构，而两边的延长线越过屋顶大平板在其上方不远处相交，也符合"有尽形式"原则。大厦前广场下面还附有一个地下礼堂，梁面在空间内对角布置，两两相交成菱形，并预留出一段距离作为灯槽，即增加了水平高度，又丰富了空间形象，结构布置同建筑装饰及照明相得益彰。

很快这座建筑成为米兰的标志性建筑，米兰人亲切地称它为大皮瑞利塔。由于城市规划的需要，这座大厦高 127m，是仅次于米兰大教堂的城市最高点，这座身姿优雅的大厦是被公认为具有国际标准的杰作，对于庞蒂而言，仅仅这样并不满足，原因是他要的不是一座摩天大厦，而是成片的摩天大厦，就像灌木丛一样覆盖在城市的周围，拓展新的城市中心。庞蒂认为摩天大厦如果散落在各处，对城市的景观来说是很大的破坏，同时他还认为拥有历史遗迹的意大利城市应该昼夜灯火通明，使来到这座古城的游客和长居此处的市民一览无余。虽然这些都已在今天的意大利成为现实，但在 20 世纪 50 年代抱有这种想法的设计师只能用"疯狂"两字来形容。

2. 超轻型椅子

时间：1957 年

出品公司：卡西纳公司

20 世纪 50 年代，经历了第二次世界大战的洗礼，硝烟散尽，意大利迎来大重建时代，很多设计师和建筑师都在跃跃欲试，准备登上这个舞台，一个建筑与设计的世界正在诞生。在意大利的设计舞台上，"卡西纳"是这一时期必然要提到的名字，庞蒂为这个高级家具制造商，画了 20 多幅设计图，并作为设计师，亲自装饰家居。在庞蒂看来，"古典装饰"和"现代艺术"有着密不可分的关系的，庞蒂最早表现这一理念可以追寻到他为理查德·吉诺里陶瓷公司制造陶瓷制品上。陶瓷制品风格虽属于新古典主义，但在推广和参展模式却极具现代感，同样的，这一理念最清晰的体现是在他为"卡西纳"公司亲自装饰的家居中，他的独特个人风格在这里表露无遗以及他将古典装饰的完美结

合运用至极致顶峰。他不遗余力地推动
工业化的进程，并且强调生产都不应忘
却曾经的手工艺根基。超轻型椅子（图
11-7）①便是这众多例子的佼佼者，1957
年，堪称20世纪最著名的椅子问世，
这把椅子是庞蒂为卡西纳公司设计的，
它的雏形是19世纪初意大利奇亚瓦利
（Chiavari）地区中传统的手工艺，椅子
的特点是极为简洁和方便，同时异常坚
固，椅子的每一个微小组建都提供了最
大的支撑力，把椅子高高抛上天空，然
后落下，测试的椅子却完好无损。超轻
型椅子至今仍然畅销，被公认为是意大
利风格的代表作。

图11-7 1957年庞蒂为卡
西纳公司设计的超轻型椅子

3.《多姆斯》（Domus）杂志

时间：1928年

作为20世纪50年代意大利文化复兴运动的中坚人物，庞蒂先后创立了
《多姆斯》以及《风格》两本设计期刊，然而最使他引以为傲的当属《多姆
斯》。以犀利、精准著称的《多姆斯》对意大利设计界来说是一个传奇，是一
本不折不扣的意大利设计史。它的出现，最早可以追溯到庞蒂与詹尼·马佐齐

（Gianni Mazzocchi）的一次邂逅。杂志
于1928年1月在米兰首次发行，售价
为10lina。虽然这本杂志在第二次世界
大战期间一度停刊，但很快战争结束再
度回到人们的视线当中。

《多姆斯》自创刊以来，始终以敏
锐的视角、独到的见解、客观的分析、
及时的报道著称。它的样式灵活多样，
主题、栏目、版式不断调整，还有其
自始至终对封面设计的前卫性追求（图
11-8）为它在长达80多年的历程中，
奠定了在全球建筑、设计领域的至高地
位，见证并推动了世界现代建筑、设计
及品牌的发展，成为一本设计界无人不
晓的最具影响力的杂志。作为一名设计

图11-8 《多姆斯》杂志
封面（1999年）

---

① http：//www.designedu.cn/showposts.aspx?type=p&channelid=3&columnid=46&id=60

师、建筑师、学者能够被《多姆斯》所报道是一种极大的荣耀。对庞蒂来说，《多姆斯》不再只是一本杂志，而是一部传奇，一个天堂，一个他驰骋个人思想的跑马场。尽管 1941 年他辞去编辑的职务创办另一本杂志《风格》，但 7 年后，他还是毅然回到了《多姆斯》，继续担任编辑工作直到生命的最后一刻。

参考文献

[1] Graziella Roccella，*Gio Ponti*：*1891-1979*，*Master of Lightness Graziella Roccella*[M]. Taschen America LLC，2009.

[2] Ugo La Pietra，*Gio Ponti*[M]，Rizzoli，2009.

[3] Laura Giraldi，*Gio Ponti designer*[M].Alinea Editrice，2007.

[4] Sebastian Conran，Mark Bond，Thomas Stewart，*SOMA basics*：Furniture[M].SOMA Books，2000.

[5] David Raizman.*History of Modern Design*[M].Laurence King Publishing.2003.

网络资源

[1] http：//www.tudou.com/programs/view/FdVpQgRFBtY/

[2] http：//baike.baidu.com/view/1050072.htm

[3] http：//www.designedu.cn/showposts.aspx?type=p&channelid=3&columnid=46&id=60

（丁雅茹）

12　雷蒙·罗维（Raymond Loeway）

　　他是第一位被美国《时代》周刊作为封面人物采用的工业设计师，他的设计生涯是整个美国工业设计的缩影和写照。他的名字就是雷蒙·罗维（图 12-1）[①] (Raymond Loewy，1893—1986 年)，他是美国工业设计的代名词。"在安迪·沃霍尔（Andy Warhol）以创作一个个偶像而出名时，雷蒙·罗维在建造一座又一座丰碑。"[②]

图 12-1　雷蒙·罗维像
摄于 1950 年代

　　雷蒙·罗维 1893 年 11 月 5 日出生在巴黎一个富裕的家庭，父亲是一名财经报社的编辑，母亲是一位农场主的女儿。在巴黎长大的他经历着现代城市的发展和变化，目睹了汽车的极速奔驰和飞机的高空翱翔，现代化的产品使他产生了极大的兴趣。他用铅笔在速写本上绘制了各种汽车、火车、飞机的形象，并在大学里就读于工程系，取得了工程学学士学位。

　　1914—1918 年第一次世界大战期间他应征入伍，战争结束后获得了上尉军衔。面对战后法国经济的困难，他选择美国作为事业发展的舞台。"美国战时工业转向消费品工业的生产，消费品的生产无论从产量或者质量来说都是当时世界空前的。[③]"美国经济繁荣，人民生活富裕，带来了消费品市场的繁荣。与此同时，市场竞争也变得激烈，制造商一方面努力减低成本，另一方面利用产品的视觉形式作为促销的主要手段。当时的国家复兴法案冻结了物价，价格不能成为有效地竞争因素，产品的视觉设计逐渐成为吸引消费者以赢得市场的主要因素。"美国的消费者杂志开始刊登诸如'装潢最好的产品卖得最好'的文章。在这样消费观念的指导下，设计师因扩大了市场及在产品销售方面的能力而成为受欢迎的英雄。"[④]事实证明，罗维做出了最为正确的选择。

① Philippe Tretriack.*Raymond Loewy*[M].Assouline Publishing Corporation，2005：71.
② Philippe Tretriack.*Raymond Loewy*[M].Assouline Publishing Corporation，2005：16.
③ 王受之.世纪现代设计 [M].台北：艺术家出版社，1997：249.
④ 曹耀明.设计美学概论 [M].杭州：浙江大学出版社，2004：105.

图 12-2 罗维 1938 年为
百老汇有限公司设计 S—1
流线型机车

　　1919 年罗维来到美国，最初以画时装杂志插图为生，后来又从事百货公司的橱窗设计。其凭借娴熟的绘画技巧和对当时流行的"装饰艺术"风格的熟练运用，很快在纽约成为了炙手可热的设计师。并先后为纽约著名的《时尚》（Vogue）和《芭莎》（Harper's Bazaar）杂志做时装展示设计①。

　　1929 年罗维在纽约第十二街开设了事务所——雷蒙·罗维事务所(Raymond Loewy International)②。这一年，罗维认识了英国著名企业家西格蒙特·格斯特纳（Sigmund Gestetner），并为其设计复印机的外形。这是罗维设计生涯的一个转折点，他取得了第一个工业产品设计项目。通过简单化的处理，改变了复印机原来繁琐的外形。简约、理性的复印机新形象，获得了良好的市场效益。这次成功的设计，为罗维带来了很多新的客户。

　　1933 年，罗维的设计事务所搬迁到纽约第五大街，从这里开始步入他的设计巅峰。他为哈柏汽车公司（Hupp Motor）设计系列汽车，为宾夕法尼亚铁道公司设计了的 GG—1 流线型火车头（在 1937 年巴黎世界博览会获得交通工具类金奖），为百老汇有限公司设计 S—1 流线型机车（图 12-2）③，为灰狗长途汽车公司设计长途汽车、观光汽车，为美国总统专机设计外部装饰，并被美国宇航局聘为常驻顾问，参与土星——阿波罗和空间站的设计④……"美国《建筑论坛》曾载文说，罗维是世界上唯一可以乘坐自己设计的汽车、火车、飞机横贯美国的设计师。⑤"他的设计不仅横贯美国，在伦敦、巴黎等城市都有罗维的设计事务所，拥有设计师数百名，成为当时世界上最大的工业设计公司之一。

　　此外，罗维还为可口可乐公司设计冷饮柜（图 12-3）⑥、送货车，为香烟设计包装，为邮局设计邮票，为家庭主妇设计流线型真空吸尘器……可以这样说"一个过着正常生活的普通人，无论身在城市还是农村，每日或多或少会与

① Philippe Tretriack.Raymond Loewy[M].Assouline Publishing Corporation，2005：73.
② 董占军.西方现代设计艺术史 [M].济南：山东教育出版社，2006：163.
③ Philippe Tretriack.Raymond Loewy[M].Assouline Publishing Corporation，2005：20.
④ 王伟.雷蒙·罗威与美国工业设计 [J].群文天地，2010（7）.
⑤ Philippe Tretriack.Raymond Loewy[M].Assouline Publishing Corporation，2005：12.
⑥ Philippe Tretriack.Raymond Loewy[M].Assouline Publishing Corporation，2005：27.

图 12-3　罗维 1947 年为可口可乐公司设计的冷饮柜（左）

图 12-4　罗维 1935 年为西尔斯百货公司设计冰点冰箱（右）

R.L.A（雷蒙·罗维公司）领衔参与设计的物品、服务标识及其建筑相接触。"[1]
他为西尔斯百货公司设计冰点冰箱（Coldspot，图 12-4）[2]，不仅展现出了一个
简约、明快的外形，还改变了传统电冰箱的结构。"电冰箱浑然一体的白色箱型，
奠定了现代电冰箱的基本造型。"[3]成功的造型设计带来了销售线的飞速增长，5
年内电冰箱销售量由 15000 台增长到 275000 台。

　　罗维的设计生涯漫长而辉煌，直到 1986 年去世前都在从事着设计活动。
他为美国工业设计的发展，起到了巨大的推进作用。他一生设计了千余件作品，
被评价为"用铅笔设计创造了一个整体的国家图像"。

　　罗维的设计理念和主要贡献概括如下：

　　1）设计以市场为主导

　　"'设计的目标就是销售'罗维说。'我认为最美丽的曲线就是销售（上升）
的曲线'"[4]在他心目中，最美的设计就是能在市场中得到检验，得到市场的认可，
得到消费者的认可，能在市场中畅销，这才是这美好的"曲线"。[5]罗维这些设
计观念的产生有其特定的社会原因和历史背景。

　　美国的第一代设计师和欧洲的第一代设计师在专业背景和教育背景方面有
着很大的区别。欧洲的第一代设计师背景几乎都是建筑师，有着相当坚实的高
等教育专业基础，他们背负着社会责任，致力于设计理论的探究和实验。美国
的第一代设计师，被称为第一代工业设计师，教育背景参差不齐，他们是在市
场竞争中产生的，所以更多的关注设计与市场之间的关系，关注设计形式造成

① 文力 . 美国工业设计之父雷蒙·罗维 [J]. 中国科技财富，2004（5）.
② Philippe Tretriack.*Raymond Loewy*[M].Assouline Publishing Corporation，2005：39.
③ 王受之 . 世界现代设计 [M]. 台北：艺术家出版社，1997：252.
④ Philippe Tretriack.*Raymond Loewy*[M].Assouline Publishing Corporation，2005：8.
⑤ 胡新辰 . 雷蒙·罗维设计理念解析 [J]. 大舞台 .2010（9）.

的商业效果。美国的第一代设计师对设计的观念，所造成的社会影响作用考虑的不多，美国的设计师往往比欧洲设计师所用时间短、效率高、缺乏对社会因素的认真考虑，而长于市场竞争。

2）设计观念

罗维从没打算构建自己的设计理论体系，"他只有一句格言，一种方法：简化。"[1]这是他的设计以市场为主导的理念之体现。"面对任何问题罗维都能找到最简单、最有利的答案，他的这种观念：被称为MAYA（Most Advanced Yet Acceptable），即设计要达到一个不能逾越的制高点，或一个让人震惊的极限。"[2]这样的一种观念使罗维在设计实践上追求：纯粹、消减、简化；因此，罗维是一个高度商业化的设计师和实用主义者。他的设计展现出简洁、典雅、经济、易保养等特点。精细的材料感，对纯净色彩的爱好，给人以轻盈、雅致的视觉感观。

3）流线型设计

流线型设计是现代主义设计的一个流派主要出现在20世纪30—40年代的美国。这种流行风格开始主要在工业设计领域的汽车制造业，后来作为时尚、品位的象征渗入到各种日用生活品上。

"罗维在三十年代开始设计火车头、汽车、轮船（图12-5）[3]等交通工具，引入了流线型特征，从而发动了重要的设计运动——流线型运动。"[4]流线型运动从20世纪30年代开始流行，一直风行了20多年。特别是在20世纪30—40年代流线型几乎是美国工业设计的代名词。"雷蒙·罗维设计了1935年的'超

图12-5 罗维在第二次世界大战结束后将美国军舰庐林号改型为加勒比皇后号游艇

---

① Philippe Tretriack.*Raymond Loewy*[M].Assouline Publishing Corporation，2005：9.

② Philippe Tretriack.*Raymond Loewy*[M].Assouline Publishing Corporation，2005：10.

③ Philippe Tretriack.*Raymond Loewy*[M].Assouline Publishing Corporation，2005：48.

④ 王受之.世界现代设计[M].台北：艺术家出版社，1997：252.

级6号冷罐'冰箱，它的一则广告说：'流线型的美丽让你晕倒！'"①

流线型设计表现出速度感、力度感和时代感，这种设计形式还展现出一种简约之美、技术之美、时尚之美，逐渐出现在各种日常生活用品的设计中。此外，流线型设计也是一种很好的促进销售的设计形式。

4）工业设计师高度专业化、职业化、商业化

虽然，早在20世纪20年代末纽约和芝加哥等地已经出现了工业设计这一独立职业。美国也是世界上第一个把工业设计变成一个独立职业的国家。然而，是罗维第一次把工业设计师这个职业正式提出来，成为把工业设计变成一种受人尊重的职业的重要人物。"1930年，罗维受聘担当Hupp汽车公司的资深顾问。他笑称，这份雇佣合同是'工业设计师成为合法化职业的开始'。"②他把设计高度专业化，他的设计公司雇佣数百名杰出的设计家，是当时世界最大的设计公司之一。

如果说德国人对于设计的最大贡献是建立了现代设计的理论和教育体系，并进行了大量的试验，把社会利益当作设计教育和设计本身的目的，那么美国现代设计对于世界设计的最重大贡献就是发展了工业设计，并且把它职业化，完成了现代设计的商业化。这个过程中，雷蒙·罗维作为第一代美国工业设计师起到了决定性的作用。

代表作品评析：

1. 格斯特纳复印机（Gestetner Duplicating Machine）

时间：1929年

"罗维最大的成就是对众多新技术产品的出色改进"③。罗维1929年为格斯特纳复印机进行的改进设计颇为成功，给格斯特纳公司和罗维都带来了令人震惊的成就。

罗维第一次看到格斯特纳复印机（图12-6）④时形容它是"一台畏缩而不幸的、可怜的机械……它涂着一种肮脏的黑色，在四只纺锤形的，似乎因着地时惊恐不安而突然分开的脚上，过高的安放着粗的过分的小身子。它的面前伸出一个薄薄的、像一条黑舌头一样的盘子，侧面有一个讨厌的手柄。两个辐条为S形富有艺术性的细节的轮子用一根粗皮带连接起来。大约四十万个'小玩意'，弹簧、手柄、齿轮、套子、螺钉、螺帽、插销，都覆盖着一层神秘的浅蓝色的绒毛，像一块意大利上等羊乳干酪变坏后发的霉，其实只是纸屑和油墨蒸汽的

① （英）贝维斯·希利尔.凯特·麦金太尔著，林鹤译.世纪风格 [M].石家庄：河北教育出版社，2002：102.

② 文力.美国工业设计之父雷蒙·罗维 [J].中国科技财富，2004（5）.

③ 钱凤根，于晓红.外国现代设计 [M].重庆：西南师范大学出版社，2007：71-72.

④ Philippe Tretriack.*Raymond Loewy*[M].Assouline Publishing Corporation，2005：50.

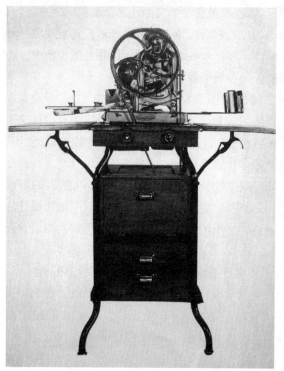

图12-6 1929年前的格
斯特纳复印机（左）
图12-7 1929年罗维设
计的格斯特纳复印机（右）

混合物。这确实是一台蹩脚的机械"。[1]

　　罗维运用"简化"改变了复印机的四个脚，把原来裸露的部件巧妙地置于胶木壳中，并且改进了机器主体的机械结构（图12-7）[2]。复印机焕然一新，原先丑陋、笨拙的机器摇身一变成为简洁、雅致的办公家具。罗维的设计使该复印机在市场竞争中脱颖而出，销量节节攀升，创造了他认为的最美的曲线。一直到20世纪70年代罗维仍然和格斯特纳公司合作，并在设计上一直坚持简洁、经济、易保养的风格。

2. 好彩牌香烟（Lucky Strike）包装设计

　　时间：1943年

　　1943年鲁基·斯特里克（Lucky Strike）公司生产的好彩牌香烟（图12-8）[3]，面临着销售额下降的危机。为了提高市场的竞争力，该公司聘请罗维重新设计香烟盒的包装。

　　罗维在原有香烟盒设计的基础上进行简化：减去旧包装上用昂贵又难闻的油墨印刷的墨绿色，而采用无需印刷任何色彩的白色基底。这样的设计无疑大大地降低了印刷的成本。旧包装正面印刷好彩牌香烟商标，背面印刷关于烟草混合物的说明；罗维的新包装将好彩牌香烟商标设计在正、背两面，有关烟草

---

① 李砚祖．外国艺术设计经典论著选读·上 [M]．北京：清华大学出版社，2006：184．

② http：//media.vam.ac.uk/media/thira/collection_images/2006AT/2006AT9586.jpg

③ Philippe Tretriack．*Raymond Loewy*[M]．Assouline Publishing Corporation，2005：22．

图 12-8　好彩牌香烟的旧
包装（左）
图 12-9　罗维 1943 年设
计的好彩牌香烟包装（右）

混合物的说明安排在烟盒的侧面。这样新包装（图 12-9）①的洁白不仅降低了生产成本，同时大大增加了该香烟的视觉吸引力。

　　鲁基·斯特里克公司的销售额直线上升，短短几年时间，好彩牌香烟就突破了 5 亿盒的销售量。罗维在设计上的改动为好彩牌香烟创造了一个销售奇迹。

3. 壳牌石油公司（Shell Oil Company）标志设计

　　时间：1967—1971 年

　　地点：美国纽约

　　壳牌石油公司是世界第二大石油公司皇家荷兰壳牌集团（Royal Dutch Shell）在美国的分公司。成立于 20 世纪初，其公司的标志几经更改。

　　1967 年，壳牌石油公司发现其标志在远处或微弱的光线下不能被清楚地辨认。该公司决定聘请罗维重新设计标志，并为公司做色彩计划。在 4 年的设计过程中，罗维的设计公司将每一个设计的新标志悬挂在不同的高处，征求看到标志的司机和各种过客的意见。通过不断地探索和修正在 1971 年敲定了最后的设计方案（图 12-10）②，并一直沿用至今。

　　新标志的设计在原有标志的基础上选择了简化贝壳的造型，将具象的扇贝抽象化，强化黄和红两种色彩的对比。此外，罗维还将长期以来一直覆盖在贝壳造型上的红色"Shell"字母独立出来。这样的设计既纯化壳牌公司标志的扇贝图像，有利于视觉记忆，同时又增加了色彩的对比。罗维的这一标志设计非常成功，皇家荷兰壳牌集团将它运用在世界各地的分公司。

① Philippe Tretriack.*Raymond Loewy*[M].Assouline Publishing Corporation，2005：23.

② Philippe Tretriack.*Raymond Loewy*[M].Assouline Publishing Corporation，2005：25.

图 12-10　壳牌石油公司商标演变过程

参考文献

[1] Philippe Tretriack.*Raymond Loewy*[M].Assouline Publishing Corporation，2005.

[2] Anderson Stanford.*Peter Behrens and a New Architecture for the Twentieth Century*[M]. London.The MIT Press，2000.

[3] 王受之 . 世界现代设计 [M]. 台北：艺术家出版社，1997.

[4] 李砚祖 . 外国设计艺术经典论著选读 [M]. 北京：清华大学出版社，2006.

[5] 钱凤根，于晓红 . 外国现代设计史 [M]. 重庆：西南师范大学出版社，2007.

[6] 曹耀明 . 设计美学概论 [M]. 杭州：浙江大学出版社，2004.

[7] 董占军 . 西方现代设计艺术史 [M]. 济南：山东教育出版社，2006.

[8] 王伟 . 雷蒙·罗威与美国工业设计 [J]. 群文天地，2010（7）.

[9] 文力 . 美国工业设计之父——雷蒙·罗维 [J]，中国科技财富，2004（5）.

[10] 胡新辰 . 雷蒙·罗维设计理念解读 [J]. 大舞台，2010（9）.

[11]（英）贝维斯·希利尔 . 凯特·麦金太尔 . 世纪风格 [M]. 林鹤译 . 石家庄：河北教育出版社，2002.

（熊慧芳）

13　保尔·汉宁森（Poul Henningsen）

敢于挑战它所不适用，这就是你要做的。①

——保尔·汉宁森

图 13-1　保尔·汉宁森

　　保尔·汉宁森（1894—1967 年）（图 13-1）②是世界上第一位强调科学、人性化照明的设计师，是灯光领域的先行者。他是丹麦著名的设计师，1894 年 9 月 9 日出生于奥德拉普（Ordrup），是丹麦女演员艾格尼丝·汉宁森（Agnes Henningsen）和讽刺诗人卡尔·埃瓦尔德（Carl Ewald）的私生子。他在一个宽容而现代的家庭度过了愉快的童年时光。1911—1914 年他在丹麦弗雷德里克斯堡的技术学校学习，1914—1917 年在哥本哈根科技学院学习。1920 年，汉宁森成为哥本哈根市独立的建筑师，并成功地设计了几幢住宅、工厂和两个剧院的室内。同时作为一名作家、批评家，他还为几家报纸和期刊撰写文章，为剧院编写滑稽剧、创作诗歌。但在第二次世界大战开始后不久，在德国占领期间他被迫逃离丹麦前往瑞典，不久便成为那里丹麦艺术家群中的重要一员。1925 他开始与路易斯·鲍尔森公司（Louis Poulsen）合作照明，这个合作伴随他的一生。迄今，路易斯·鲍尔森公司照明仍受益于他的天才设计杰作。

　　汉宁森的成名作是他于 1924 年设计的多片灯罩灯具，这件作品于 1925 年在巴黎国际博览会（Exposition Internationale des Arts Décoratifs et Industriels Modernes）上展出后，受到很高的评价，并摘取金牌，获得"巴黎灯"的美誉。他的一生都保持了"巴黎灯"的精妙设计原则。这种灯具后来发展成为极为成功的"PH"③系列灯具，至今仍畅销不衰。直到 1967 年汉宁森去世的时候，他共设计了一百多种"PH"灯，所有这些灯具设计都注重漫射光多的色调效果，

---

① Almlund，C.& Lerche，S.L.*Poul Henningsen*：*PH-Lamper*[M].Gyldendal A/S，2009：5.

② http：//bobedre.dk/galleri/designere/poul-henningsen

③ 这个经典的灯具系列因出自丹麦设计师 Poul Henningsen 之手，故名 PH 灯。

给人温暖、温馨的感受。

汉宁森不仅仅是丹麦现代设计之父，也是丹麦设计思想的核心人物。他是丹麦第一个接受德国国家现代主义设计思想的人，在他自己编辑的相当有影响的杂志《批评评论》（1926—1928 年）（*Critical Review*，丹麦语为 *Kritisk Revy*）上提出对丹麦现代设计原则的主张：丹麦设计应该是为丹麦社会、经济、技术服务，为促进现代化的文化而服务的。他的主张具有明确的社会目的性、经济目的性，从而打破了现代设计早期那种为精英文化服务的躯壳，开始走向市民文化方向，设计是为全民的，不是为少数权贵的，这是丹麦设计，乃至整个斯堪的纳维亚设计最突出的意识形态要点。

保尔·汉宁森的设计是一种构成主义 [①]，像一件雕塑般的艺术品。更重要的是它能提供一种无眩光的、舒适的光线，并创造出一种适当的氛围。这种要求是他在 20 世纪 20 年代早期提出来的。在欣赏他的优秀设计在美学上的品位时，不能忽略它背后的社会意蕴，不能将它内在的人文因素与其美学品味割裂开来看。

第一，人性化之美。日本平面大师原研哉（Hara Kenya）在《设计中的设计》中讲，"将已知的事物未知化，并进而探索人类的精神的普遍性，是谓设计。"作为北欧的优秀设计师，同样汉宁森更多地关注人们实际生活中的点滴细节，将产品的物理特性看作是价值的载体，因此产品的有机形式和有机材料的运用才更加自由。PH 灯从某种意义上讲，也是一种人性光辉的表现。在那漫长的黑夜，他不止一次听到母亲抱怨白炽灯光太耀眼，也许这也是大多数人的心声。意识形态对设计的影响还体现在宗教的巨大约束力上。丹麦人的宗教，基本是路德教派的基督教，信奉"秩序、理性、守法、谦恭和进取"。这使得丹麦人在宗教问题上能够保持冷静和清醒。教义中的"尽最大可能利用现世"，使他们更注重当下的生活品质。因此他认为，通过设计为人们提供舒适、温馨、适宜的产品是设计师的责任和义务。

第二，大众化之美。丹麦现代设计始于 20 世纪 20 年代，其时进行社会改革的目标与传统宗教的教义是一致的，宗教中有强烈和浓厚的均富思想、社会民主思想。反映在设计上，就是强调好的设计是为人民的设计，不论贫富皆能享用，这种观念已经渗透到他们的文化，且在方方面面发挥影响。从保尔·汉宁森的文字可以看到，他见解独特、笔锋犀利，虽然观点有些偏激，但更具现代化和平民化。他就是坚持这些原则，利用科技革命实现了批量生产，从而满足了普通大众的购买需求。

第三，自然简约之美。丹麦恶劣的自然环境，一年中有长达九个月的漫漫黑夜和寒冷。在这种条件下，设计如何更好地服务于生活变得尤为重要，设计师要兼顾产品的功能性、美观性，还要考虑生态平衡。因为丹麦除了可再生的

---

① 构成主义（Constructivism），又名结构主义，发展于 20 世纪初期，兴起于俄国的，指由一块块金属、玻璃、木块、纸板或塑料结合成的雕塑。

图 13-2　PH 墙灯

图 13-3　PH 台灯

林业资源丰富外，其他资源相对比较匮乏。而且由于地理位置的关系，丹麦的工业化进程相对来得缓慢些，因此手工艺传统得到比较广泛的完整保存。正是因为这样，他们尊重自然、尊重传统。他们把艺术感和实用性结合起来，叫做"实用艺术"，其形式、功能、材料、色彩、肌理、耐用性能、造价水平这几个内容是和谐的、平衡的。通过自然材料、人性化的色彩、丰富的材料肌理、良好的功能结合，同时也兼顾了工业化大批量生产的手段，自成一体。[①]

汉宁森一生设计了 40 余种 PH 灯具，以适应不同的照明要求。这些灯具坚持"反光机械"的原理，反光板形成了漫反射、折射、直接照射三种不同的照明方式，并且灯影具有很优美的氛围。用在餐厅、起居室，本身就是一个光的雕塑，却又不是特别地突出。它的特点在于集中了不同形状、不同材质的反光片环绕灯泡，经过多年来的反复探索和设计，他设计的灯具往往构思一致，尽管灯具造型各异，但都一直遵循上述设计原则。他的灯具以简洁、现代、富有人情味的特征至今仍获得人们的青睐，被称为"没有时间限制的风格"。他的一生，主要是作为一名灯具设计师和设计理论家。他设计的 PH 灯，突出的是人工之美、技术之美，平面、立体的几何式图形随处可见，一切景物建构无不体现方中矩、圆中规的精确的数的关系中。他的设计代表作有："巴黎灯"（1924 年）、PH 系统[②]（1926 年）、PH 墙灯（PH Copper Wall Lamps）（图 13-2）[③]（1927 年）、PH 台灯（PH Desk Lamp）（1941 年）（图 13-3）[④]、PH 松果吊灯（PH Artichoke）（1958 年）。其中 PH Table Lamp（1927

---

① 王受之. 白夜北欧——行走斯堪的纳维亚设计 [M]. 哈尔滨：黑龙江美术出版社，2006：14-15.

② PH 系统是一种包括三种不同尺寸、表面进行过不同处理的灯伞，这几个灯伞可以与具有不同用途、型号各异的灯配套使用。

③ https：//d2mpxrrcad19ou.cloudfront.net/item_images/184317/4388528_fullsize.jpg

④ http；//en.wikipedia.org/wiki/File：Poul_Henningsen_-_PH_1941_lamp.jpg

年）被纽约大都会博物馆收藏。另外，他设计的三角钢琴（1931 年）更是以其独特的设计征服大众。

代表作品评析：

1. 汉宁森钢琴（Henningsen Piano）

时间：1931 年

保尔·汉宁森于 1931 年作了颠覆传统认知的设计——三角琴。他设计的钢琴（图 13-4）[①]，造型独具一格，充满创意。整个钢琴就是一个金属框架，造型感强，像是在传达音乐原本的面貌。三角钢琴的外部，有着黄褐色的皮革，琴身覆盖着弧形树脂玻璃，使它的冲击强度比玻璃高，这个属性能满足保护的功能。而透明的特性能让不锈钢的金属支架裸露在外，增添产品的独特之处。整个琴的三个支撑脚架也由不锈钢制成，外弧的线条不仅使琴重心显得稳重，更突出了弧线的柔美。钢琴键盘是黑檀色与象牙色相间。

此时他的设计思想，更具有前瞻性，当你第一眼看到这个大钢琴时，需要以一种新的眼光、出发点去看待钢琴这种乐器。从原本的木制漆制盒子变成一个透明的金属框架，凸显晶莹剔透之美；它让原本笨重且占有大空间的三角琴，通过改变材质与外观设计，在视觉上变得更加灵活小巧，不占空间。因为它本身就是一个空间，而且它还会创造空间—— 一个任思想自由驰骋的空间，展示出一种空间的魅力（图 13-5）[②]。

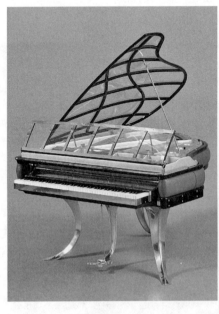

图 13-4　保尔·汉宁森三角钢琴（左）

图 13-5　置于室内空间中的保尔·汉宁森钢琴（右）

---

① http：//intl.lauritzblog.com//2012/01/ph

② http：//upload.wikimedia.org/wikipedia/commons/2/24/Poul_Henningsen_-_piano.jpg

2.PH 5/50 吊灯

时间：1958 年

PH 5/50 吊灯（图 13-6）[1]产品设计的弧面造型，选用不透明金属材质，三层灯罩避免灯泡的直接照明和对人眼的刺激，每一层的折射使光线趋向柔和，同时扩大了照明范围，让整个光线均匀地分布在室内。并且每层灯罩之间的距离经过精确地计算和研究，避免了照明方向受光物体和周围环境光的反差。玻璃灯罩上带有浅浅的磨砂效果，使发出来的光线至少经过一次反射才能折射出来，保证了照明范围，避免阴影清晰可见，使阴影处的色调归于柔和。这件灯具是科学与艺术的完美结合，其成功充分说明了艺术与科学从分离到靠近，进而实现优势互补不仅是时代的需要，也是两个学科各自发展的需要。对于以现代科技为依托的设计来说，其中的意义显而易见。科学不仅极大地拓宽了设计师的视野和想象空间，也从本质上为设计的实现奠定了技术基础。艺术与科学并非不可调和，而是大有潜力可挖掘。同时，只有勇于吸收对方的优势，加以合理地消化和吸收，才能创造出真正意义上的经典设计。

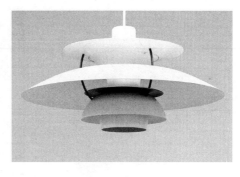

图 13-6　PH 5/50 吊灯

PH-5 的第一代，自 1958 年开始生产，与以前的不同，它的灯泡是被绳子紧紧缚住的，所有的灯罩都是铝制的。内部的灯罩有红、白、蓝三色。此灯是非常出色的例子，没有刮痕、污点和凹陷。

3.PH 松果吊灯（PH Artichoke）

时间：1958 年

保尔·汉宁森于 1958 年设计的这件 PH 松果吊灯（图 13-7）[2]，是一件 360度无眩光灯具，共有 72 个叶片，其中盾构光源，重新导向，有着不同凡响的照明效果。其结构是由 12 个钢拱组成。由于每一行是交错的，这样的设计允许观看者无论从任何角度都不能看到光源中心（图 13-8）[3]。这些复杂的反光板围成一个松果形式，形成了漫反射、折射、直接照射三种不同的照明方式，并且灯影营造了很优美的氛围。一方面，从科学的角度，该设计使光线通过层累的灯罩形成了柔和均匀的效果（所有的光线必须经过一次以上的反射才能达到工作面），从而有效消除了一般灯具所具有的阴影，并对白炽灯光谱进行了有意的补偿，以创造更适宜的光色。而且，灯罩的阻隔在客观上避免了光源眩光

① https：//auctionet.com/sv/20200-lampskarm-ph-5-poul-henningsen-louis-poulsen

② http：//gallerifeldt.dk/wp-content/uploads/Poul-Henningsen-koglen-louis-poulsen-7-kobber.jpg

③ http：//upload.wikimedia.org/wikipedia/commons/4/48/Artichoke_lamp_from_below.jpg

图 13-7 PH 松果吊灯（左）
图 13-8 PH 松果吊灯灯光效果（右）

对眼睛的刺激。经过分散的光源缓解了与黑暗背景过度的反差，更有利于视觉的舒适。在这里，科学自觉地充当了诠释"以人为本"设计思想的渠道。另一方面，灯罩优美典雅的造型设计，如流畅飘逸的线条，错综而简洁的变化、柔和而丰富的光色使整个设计洋溢出浓郁的艺术气息。同时，其造型设计适合于用经济的材料满足必要的功能，从而使它们有利于进行批量生产。

参考文献

[1] Design Museum.*How to Design a Light*[M].Conran Octopus Ltd，2010.

[2] Andrew Hollingsworth.*Danish Modern*.Gibbs Smith，2008.

[3] （法）马克·第亚尼.非物质社会——后工业世界的设计、文化与技术 [M].滕守尧译.成都：四川人民出版社，2001.

[4] （美）唐纳德·A·诺曼.情感化设计 [M].付秋芳等译.北京：电子工业出版社，2005.

[5] 谢曙光.北欧五国·丹、瑞、挪、冰、芬——福利社会的典范 [M].北京：社会科学文献出版社，2004.

[6] 王受之.白夜北欧——行走斯堪的纳维亚设计 [M].哈尔滨：黑龙江美术出版社，2006.

[7] 王受之.世界现代设计史 [M].北京：中国青年出版社，2002.

[8] 韦爱君，瑞典设计 [M].北京：中国建筑工业出版社，2002.

[9] （日）原研哉.设计中的设计 [M].朱锷译.济南：山东人民出版社，2006.

网络资源

[1] http：//www.phpianos.com

[2] http：//en.wikipedia.org/wiki/Poul_Henningsen

（赵琴、陈琳琳）

14 阿尔瓦·阿尔托（Alvar Aalto）

阿尔瓦·阿尔托（图 14-1）①全名为雨果·阿
尔瓦·亨利克·阿尔托（Hugo Alvar Henrik
Aalto），生于 1898 年 2 月，殁于 1976 年 5 月。
来自芬兰的阿尔托除了以其出色的家具、纺织、
玻璃等产品设计著称之外，还是一位在 20 世纪
设计史上举足轻重的现代主义（modernism）建
筑大师。

图 14-1　阿尔瓦·阿尔托

阿尔托在 1916 年毕业于韦斯屈莱中学（Jyvä-
skylä Lyceum School）后，便进入到赫尔辛基工
业大学（Helsinki University of Technology）学
习建筑设计，于 1921 年毕业。1923 年，他返
回韦斯屈莱并建立起自己的第一个工作室。② 1927 年，阿尔托将工作室迁移至
图尔库（Turku），并且开始与建筑师埃里克·布里格曼（Erik Bryggman）展
开合作。1933 年又将工作室迁至赫尔辛基。1935—1936 年，阿尔托为自己位
于赫尔辛基新区明克尼米的工作室设计了一座办公楼，后来在 1954—1956 年
又在旁边增建了另一座建筑（如今的阿尔瓦·阿尔托学院）。阿尔托的两任妻
子阿诺·玛赛奥（Aino Marsio）及艾丽莎·麦克尼（Elissa Mäkin）都是建筑师，
前者在 1949 年因癌症逝世，次年阿尔托与后者成婚。1976 年，阿尔托在赫尔
辛基逝世，享年 79 岁。

在西方现代设计史上，阿尔托经常被认为是北欧现代主义设计最具影响力
的先锋人物之一，他代表着芬兰的设计师与来自瑞典的大设计师古纳尔·阿斯
普朗德（Gunnar Asplund）及斯温·马克利乌斯（Sven Markelius）齐名。当时
的许多来自北欧国家的设计师普遍认为这三位大师率先脱离了传统的教育规
范，在其时占主导地位的民族浪漫主义（National Romanticism）中发展起所谓
的北欧古典主义（Nordic Classicism）风格。③在这一潮流中，阿尔托十分看重
艺术的直觉与感性美："抽象艺术最善于通过这样一个具体化的过程而开花结
果。或许这正是通过直觉才能把握的原因所在。虽然在这样的艺术作品内外都

---

① Aalto，Alvar.Du Romantisme National à L'architecture Moderne[M].Centre Georges Pompidou，1988：8.

② Kellein，Thomas，ed.Alvar & Aino Aalto：Design[M].Hatje Cantz Publishers，2005.

③ Charlotte & Peter Fiell.Design of the 20th Century[M].Taschen，2005：13-17.

充斥着各种建构思想以及人类的悲剧成分。但在某种程度上，这是种直接让我们转向难以言表的人类当下感情的媒介。（Abstract art at its best is the result of a kind of crystallization process.Perhaps that is why it can be grasped only intuitively. Though in and behind the work of art there are constructive thoughts and elements of human tragedy.In a way it is a medium that can transport us directly into the human current of feelings that has almost been lost by written word.）[①]"。这透露出阿尔托对北欧艺术崇尚自然，追求单纯旨趣的钟爱。

阿尔托在 1923 年建立自己的工作室之时，接到了许多家庭的委托设计，大都是古典主义的设计风格。1925 年，阿尔托完成了一座由他亲手设计的公共建筑——韦斯屈莱工人会所（Jyväskylä Workers' Club）；1926 年完成韦斯莱防务大楼（Jyväskylä Defence Corp Building）；1929 年完成塞纳防务大楼（Seinajoki Defence Corp Building）。此外，阿尔托还参加了多个建筑设计竞赛，包括芬兰议会大楼（Finnish Parliamentary Building）的建设、赫尔辛基大学扩建计划以及在日内瓦的国际联盟（League of Nations）建筑设计中夺魁。在 20 世纪 20 年代，阿尔托还为专业的报刊、杂志撰写文章，其中最为著名的是《城市文化》（Urban Culture）、《沐浴于韦斯屈莱之巅的殿堂》（Temple Baths On Jyväskylä Ridge）、《宽纳德的宣道》（Abbé Coignard's Sermon）及《从家门口到客厅》（From Doorstep to Living Room）等诸文。[②]

促使阿尔托从古典主义转向现代主义的节点是设计维堡图书馆（Viipuri Library）之时。图书馆本来是古典主义的风格，其内部装潢充满了各种自然材料、温暖的色彩以及起伏的线条轮廓。但由于经济及地理位置等诸问题导致该工程延期了 8 年之久。在此期间，阿尔托设计了图仑报社大楼（Turun Sanomat Building）及帕米奥疗养院（Paimio Sanatorium）。图仑报社是阿尔托转向现代主义的最初尝试，其后延续至疗养院及图书馆的设计。1929 年与 1933 年，阿尔托参与国际现代建筑协会（CIAM）的代表大会，与一批现代主义设计师交情甚深。[③]期间，阿尔托深受以勒·柯布西耶为代表的新现代主义所影响。1939 年，阿尔托负责设计当年纽约世博会（New York World's Fair）中的芬兰馆，其设计被弗兰克·劳埃德·赖特称为"天才之作"而在国际上名声大噪。[④]

① Aalto, Alvar. 'The Trout and the Mountain Strenm' from Aalto, Alvar.Schildt, Göran.trans.Stuart Wrede.Sketches.Cambridge, Massachusetts and London, England：The MIT Press，1985：98.

② Schildt, Göran.Alvar Aalto in his own words[M], Rizzoli International Publications，1998.

③ Alvar Aalto asid this of Frank Lloyd Wright in his Vienna lecture Between Humanism and Materialism："I was once in Milwaukee with my old friend Frank Lloyd Wright, who was giving a lecture there, and he started like this：'Do you know what a brick is, ladies and gentlemen? It is a trifle, it costs 11 cents, it is a worthless, banal thing, but it has one particular quality.Give me this brick and it will immediately be transformed into the value of its weight in gold.' It was perhaps the only time I heard an audience told so brutally and vividly what architecture is.Architecture is turning a worthless brick into a golden brick." Aalto, Alvar；Between Humanism and Materialsm, （New York：Museum of Modern Art，2002) in Akos Moravánszky. 'The Reproducibility of Taste'.Toyka, Rolf.ed.The Architect, the Cook, and Good Taste.74-75.

④ Giedion, Sigfried.Space, Time and Architecture：The growth of a new tradition[M].Harvard University Press，1977.

阿尔托设计生涯的高峰始自 1939 年为哈里和玛利·古利克森（Harry，Maire Gullichsen）夫妇所设计的玛利亚别墅（Villa Mairea）。1941 年，他受邀成为美国麻省理工学院（MIT）的访问教授。在第二次世界大战期间，他鼓励学生与他一起研究价廉、实用的房屋设计。阿尔托在访美期间还设计了贝克宿舍楼（Baker House），返回芬兰后又相继设计了赫尔辛基工业大学的新校园、珊特赛罗市政厅（Säynatsalo Town Hall）、赫尔辛基养老院（Helsinki Pensions Institute）、赫尔辛基文化宫（Helsinki House of Culture）以及他自己的夏墅（Experimental House）。在 20 世纪 60—70 年代，赫尔辛基地区的大量建筑由阿尔托所设计，从车站到博物馆再到城市规划，他的设计几近成了该市的代名词。阿尔托逝世后，他的工作室仍然在其遗孀的操持之下继续工作，现由阿尔托学院所管理。

代表作品评析：

1. 帕米奥椅子

时间：1930—1933 年

帕米奥椅子（Paimio Chair）是阿尔托早期产品设计生涯中的代表之作，这几款椅子设计于 1930—1933 年之间，正好是阿尔托建造帕米奥疗养院之时，因而被称之为帕米奥椅子，如阿尔托所设计的 31 号、42 号椅子也被名为"帕米奥好易坐椅子"（Easy Chair For The Paimio）（图 14-2）[①]。而 41 号椅子（Model 41 Paimio Chair）更因阿尔托专为结核病患者终日久坐而设计，被直接称为"帕米奥椅子"而广受传颂（图 14-3）[②]。

从他早年步入产品设计领域开始，阿尔托就非常热衷于对设计材料的研究，

图 14-2 帕米奥（好易坐）椅子，是阿尔托在 1929—1933 年设计帕米奥肺结核疗养院期间所设计的一系列椅子（左）

图 14-3 帕米奥椅子，在帕米奥系列的多款椅子中，尤以其中 41 号椅子最为有著名，因其简洁、轻便、实用的造型风格成为帕米奥椅子的代名词（右）

① Charlotte & Peter Fiell.Design of the 20th Century[M].Taschen，2005：14.
② Charlotte & Peter Fiell.Design of the 20th Century[M].Taschen，2005：13.

尤其是在木材方面，他还为其木料塑形技术申请过专利，以特别配合他的建筑设计所使用。在 1929—1930 年正在建设帕米奥疗养院期间，阿尔托同时也在设计各种家具，此时所设计的各种帕米奥椅子中便以 41 号椅子最为有名。这把以桦木制作的悬臂式帕米奥椅子标志着阿尔托的椅子设计在现代化家具设计方面是一大突破。[①] 1935 年阿尔托夫妇与朋友一起创建了亚特克（Artek）公司，专为阿尔托设计的家具、灯饰及纺织品做海外推广，这把为阿尔托博得极大声誉的椅子也在宣传之列。[②]

阿尔托认为这把椅子符合了人体曲线造型，其靠背位置设计可以令病人呼吸更为方便。椅子的座靠部分以胶合模压制而成，其显著特征是略去所有装饰，完全从结构与使用功能方面的需要所设计。尽管阿尔托排斥全金属制作的家具，但据说帕米奥椅子的设计是受到了马歇尔·布劳耶（Marcel Breuer）以金属设计的瓦西里椅子（Wassily Chair）的影响。[③] 然而，木材塑形一直是阿尔托的特殊偏好，也相当符合他一贯提倡的适合人体要求的有机家具材料的理想，无论如何，我们都能看到帕米奥椅子的确令人感到耳目一新。而且阿尔托将桦木制作模压胶合板的实践使得木材成为一种真正的工业化天然材料，在设计这把椅子时不但实现了功能与形式的统一，其中又蕴含着丰富的人文关怀，因而被誉为家具设计史上的典范之作，可谓是实至名归。[④]

2. 玛利亚别墅

时间：1938—1939 年

玛利亚别墅是阿尔托为富有的工业家哈里和玛利·古利克森夫妇所设计的专为会客和度假而建筑的住宅（图 14-4）[⑤]，位于芬兰诺马库（Noormarkku）。玛利亚别墅的 L 形设计在阿尔托的作品中经常出现，很可能是因为这个模式用于处理半私人的空间非常合用。泳池和草坪被安排在 L 形的角落上，在一楼的公共区可以看到一片小树林（图 14-5）[⑥]。房屋两侧的交汇处是通向二楼的楼梯，二楼设有私人房间。房间的设计采用了一系列对比衬托手法，通过将传统浪漫主义建筑的有机形式和理性主义式的垂直线条作对比，温暖的色调运用衬托着卧室中的塑料质感，到处透露着清新纯粹的感觉。而建筑中的各种细节又非常自然、和谐地融入到整个建筑的结构之中，屋内不同部分的搭配对主题的重复、深化都不同程度地丰富了整个室内装潢的一致性，这正是具有阿尔托特色的现代主义风格的关键所在 [⑦]（图 14-6）[⑧]。

① Miller, Judith.20th Century Design[M].Octopus Publishing Group, Ltd., 2009：76-79.

② Schildt, Göran.Alvar Aalto：A life's work：Architecture, Design and Art.Otava, Helsinki, 1994.

③ Bayley, Stephen, Conran, Terance.Design：Intelligence Made Visible.Firefly Books.2007：63-64.

④ Design Museum in London.Fifty Chairs that Changed the World[M].Octopus, 2009.

⑤ J.R.Curtis, William.Modern Architecture since 1900[M].London：Phaidon Press, 1996：347.

⑥ Lockley, Neil.Marceau, Jo.The Story of Architecture[M].UK Publishing, 2000：186.

⑦ Colquhoun, Alan.Modern Architecture[M].London：Oxford University Press, 2002：200-204.

⑧ J.R.Curtis, William.Modern Architecture since 1900[M].London：Phaidon Press, 1996：348.

玛利亚别墅是阿尔托现代主义的巅峰之作，被称为把 20 世纪理性构成主义与民族浪漫运动传统联系起来的构思纽带。芬兰 20 世纪 30 年代建造的一系列私人住宅大都模仿德国大师沃尔特·格罗皮乌斯的风格，但是早在 1934 年之时，阿尔托在设计他的工作室和其房地产经理人住宅的时候，就已经实践着以一种新的手法将老式建筑主体汇入整体之中。这一手法表现在阿尔托身上最为重要的创造便在于灵活地营造起一种新的、贴近自然的、非几何形体的空间结构。而玛利亚别墅的成功也证明了阿尔托所采用的这一新理念同样适用于普通人的住宅建筑，也十分符合他强调："应该朝着简约、美好、朴素的事物而奋发，设计出与小孩、与人类能够有机和谐并相互适配之物。（We should work for simple，good，undecorated things，but things which are in harmony with the human being and organically suited to the little man in the street.）[①]"的思想。

阿尔托将别墅里梁柱的自由度和传统材料巧妙地结合起来正好符合了现代主义建筑追求自由平面，尽量减少墙面分隔，让室内空间自由流动的趋向。而像玛丽亚别墅这样休闲避暑的住宅则更需要自由生动的空间情趣。二者的绝妙组合产生了自然流畅而富有变化的北欧现代主义风格，而完全有别于那些拘泥于表面的单调、严肃的几何形体建筑设计。

3. 芬兰大厦

时间：1967—1971 年

芬兰大厦（Finlandia Hall）是阿尔托受命于赫尔辛基市政府的委托所设计，是赫尔辛基的音乐会与会议中心，也是阿尔托于 1961 年所提出的大中心城市计划所营建的第一部分。这个计划包括了一系列沿着赫尔辛基蝶略湾（Töölönlahti Bay）而建设的文化建筑规划（图 14-7）[②]。作为这个工程的核心部分，芬兰大厦的主体部分在 1971 年竣工，而侧翼会场则在 1975 年完工。这个建筑四周绿树环绕，前面是湖泊，大厦与周围自然景观完美结合，深刻地体现出阿尔托认为"自然并非机械，而是建筑的楷模（Nature，not the machine，should

图 14-4　玛利亚别墅（外景），阿尔瓦对土地轮廓、光线等方面极具敏感性，擅于充分利用建筑当地的自然景观，使其建筑设计显露出自然而纯朴的风格（左）

图 14-5　玛利亚别墅（外景），整个建筑设计布局灵巧、使用方便，与周围的自然环境融为一体，是阿尔瓦重视自然意趣的绝佳体现（中）

图 14-6　玛利亚别墅（内景），阿尔瓦尔喜爱采用木材、砖块、铜等自然资源，注重利用自然光线，其室内设计素来以色调和谐、风格连贯而著称（右）

① Aalto，Alvar.Schildt，Göran.trans.Stuart Wrede.Sketches.Cambridge，Massachusetts and London，England：The MIT Press，1985.
② Reed，Peter.Alvar Aalto：1898-1976[M].Milano Electa，2007：315.

图 14-7 芬兰大厦（鸟瞰），位于赫尔辛基市中心蝶略湾畔，是芬兰现代主义风格多功能建筑设计方面的经典

serve as the model for architecture）"[①]的观点。

芬兰大厦外部设计的主要特征是巨大的建筑主体水平地隆出升起，大厦的主立面朝向湖面，外墙以洁白的大理石覆盖，并以黑色花岗石基座衬托，显得既轻盈又稳重，远看宛如一架巨大的白色钢琴静静地靠在湖边（图 14-8）[②]。芬兰大厦的室内设计同样大量的运用大理石材料，并搭配一定的硬木和陶瓷材料，其大礼堂设计尤其精简[③]（图 14-9）[④]。与同期设计的埃森大剧院（Essen Opera House）比较起来，二者之间有许多共同之处，包括隔音墙的非对称设计、厅内大理石阳台的尺度等。但是埃森大剧院建设稍迟，使它避免了芬兰大厦设计上的一些问题。

芬兰大厦作为阿尔托创造力达到顶峰时期的代表作，被誉为芬兰现代建筑艺术的一颗明珠。芬兰大厦是芬兰现代文化无可争议的活动基地，这里既可以举行音乐会和国际会议，也可以举办展览会和大型宴会。1975 年会议中心建成之际，首次欧洲安全与合作（OSCE）首脑会议在这里举行。由于芬兰大厦音乐厅的功能在设计上有所缺陷，从 2011 年 8 月开始，芬兰大厦的音乐厅原本的服务活动转移至旁边的新厅进行，原厅仍作为会议和展览的场地继续使用。

---

① K.Dietsch，Deborah.Architecture For Dummies[M].Wiley Publishing，Inc.2002.

② Weston，Richard.Alvar Aalto[M].New York：Phaidon Press，2001：225.

③ J.R.Curtis，William.Modern Architecture since 1900[M].London：Phaidon Press，1996：459-460.

④ Reed，Peter.Alvar Aalto：1898-1976[M].Milano Electa，2007：320.

参考文献

[1]　Weston，Richard.Alvar Aalto[M].Phaidon Press，1997.

[2]　Trencher，Michael.The Alvar Aalto Guide[M].Princeton Architectural Press，1996.

[3]　Fleig，Karl.Alvar Aalto[M].Birkhasuer Verlag，1999.

[4]　Quantrill，Malcolm.Alvar Aalto：A Critical Study[M].New Amsterdam Books，1990.

[5]　Nerdinger，Winfried，ed.Alvar Aalto：Towards a Human Modernism[M].Prestel，1999.

[6]　Schildt，Göran.Alvar Aalto：Masterworks[M].Thames & Hudson，1998.

[7]　Schildt，Göran.Alvar Aalto：Mature Years[M].Rizzoli International，1991.

[8]　Schildt，Göran.Alvar Aalto in His Own Words[M].Rizzoli International，1998.

[9]　Alvar Aalto Foundation.Architectural Drawings of Alvar Aalto[M].Garland Science，1995.

[10]　Norri，Marja-Riitta.Alvar Aalto—In Seven Buildings[M].Museum of Finnish Architecture，1997.

[11]　Fleig，Karl；Aalto，Elissa.Alvar Aalto：Complete Works in Three Volumes[M].Birkhauser Verlag，1990.

[12]　Reed，Peter.Alvar Aalto[M].New York：Museum of Modern Art，1998.

[13]　王受之.世界现代设计史[M].北京：中国青年出版社，2002.

（何振纪）

图 14-8　芬兰大厦（平视），其建筑物外墙以洁白的大理石覆盖，远看仿如一架巨大的白色钢琴静静地靠在湖边（左）

图 14-9　芬兰大厦（内景），其室内设计延续了阿尔托喜用自然材料的趣味，大量运用白色的大理石材料，并搭配一定的硬木和陶瓷材料，其大礼堂设计精简而且优美（右）

15 阿恩·雅各布森（Arne Jacobsen）

图 15-1 阿恩·雅各布森

1902 年，阿恩·雅各布森（Arne Jacobsen）（图 15-1）[1]出生于丹麦哥本哈根市一个中上层犹太教家庭。他最初的理想是成为一名画家，但由于父亲的干涉，他最终选择了建筑设计。在当过一段时间的泥瓦匠学徒后，他进入到丹麦皇家美术学院学习（1924—1927 年）。在那里，他在卡伊·菲斯科尔（Kay Fisker）和卡伊·哥特罗波（Kaj Gottlob）门下学习设计。

在 1925 年，学生时代的雅各布森参加了在巴黎举行的装饰艺术与现代工业国际博览会，并获得银奖。他深受勒·柯布西耶美学思想的影响[2]。在毕业前，他前往德国，在那里他了解到了理性主义建筑设计师密斯·凡·德·罗和沃尔特·格罗皮乌斯的建筑设计理念。他们的设计思想对他的影响最早体现在雅各布森的毕业设计作品中。他设计了一栋美术馆，并获得金奖。毕业之后，他在保罗·霍尔斯（Poul Holse）的建筑设计工作室效力。1930 年，他创建了自己的建筑师事务所，开始成为一个独立的设计师。受现代主义的影响，他的设计注重功能性与工业生产过程的结合，摒弃不必要的繁琐装饰，将冰冷、刻板的功能主义变成精炼、雅致的艺术形式，他是"新现代主义"的代表人物之一，他的设计理念在一定程度上与奥地利建筑师阿道夫·卢斯的"装饰即是犯罪"的理论相吻合。他还十分注重产品细节，以达到整体的完美。他将家具、地板、墙纸、餐具和门窗等看成是与建筑物总体和外观设计一样的重要。他的设计大多数是为特定的建筑而作。

他的一生成就辉煌，获得过无数的荣誉。如 1955 年获得 C.F.Hansen 奖章，1957 年在米兰第六届三年展中获头等奖，1967 年获 ID-Prize 奖，1968 年获得国际设计大奖，并且美国室内设计协会也授予他荣誉奖项。

丹麦处于北极圈附近，由于其气候原因和自然条件，丹麦人非常注重自然

① http：//www.kun-huang.com/knowledge/showarticle.asp?articleid=2

② 彭亮．丹麦学派的设计全才——安恩．雅各布森.A Versatile Designer of Danmark School—Arne Jacobsen[J/OL].家具与室内装饰，2002（06）：2.http：//www.cnki.net/kcms/detail/detail.aspx?dbname=cjfd2002&filename=JJZS200206000

材料在设计中的运用，特别是木材的使用。再者，由于受到欧洲各国及其他国家艺术运动的影响，第二次世界大战以后，丹麦的设计也开始引进现代工业技术并将其运用到设计领域当中，其中雅各布森是比较出色的一位，他的作品非常注重细节，追求完美是雅各布森的特点。丹麦设计的主流是为大众服务，精髓在于以人为本。其产品主要在于满足普通人的生活，因而他们的产品总体上呈现出人性、自然、简约、充满亲切感和"人情味"的特点。

雅各布森是首位将现代主义设计观念引入丹麦的建筑师，"第一个把现代主义介绍给丹麦的人"①被誉为"北欧现代主义之父"。他将丹麦独特的自然材料与国际设计风格相结合，同时非常注重功能性和现代设计美学的结合，创作出一系列优秀的建筑作品，奠定了他在北欧建筑师中的领袖地位。此外，他还从事工业设计和产品设计，可以说是个很全面的设计师。他的设计领域包括：建筑、家具、餐具和纺织品等。他的代表作主要有：1927 年位于哥本哈根的Wandel House、1928—1929 年设计的"未来住宅"（The House of The Future）、1928 年 哥 本 哈 根 的 Caroline Amalievej 楼 群（Group of houses in Caroline Amalievej）、1937—1942 年与埃里克·穆勒（Erik Moller）合作的奥尔胡斯市政厅（Town Hall of Aarhus）、1956—1961 年的斯堪的纳维亚航空公司和皇家酒店、1957 年与弗莱明·拉森（Fleming Lassen）合作设计的位于丹麦西兰岛（Sjaellands）的圆形屋（Round House）、1958—1959 年哥本哈根的诺沃（Novo）工厂（Novo Factory in Smormosevej）、1960—1963 年英国牛津的圣·凯瑟琳学院（St Catharine's College）、1966—1975 年的丹麦国家银行（National Bank of Denmark）、1968—1973 年德国的美因茨市政厅（Town Hall of Mainz）②以及一些著名的家具设计作品和工业产品设计。如"蚂蚁椅"、"天鹅椅"、"蛋壳椅"、"牛津椅"和一些灯具、门把手、餐具、半导体留声机、纺织品的设计等。

代表作品评析：

1. 斯堪的纳维亚航空公司和皇家酒店（Royal Hotel and SAS Airlines Building）

时间：1956—1961 年

地点：丹麦哥本哈根

1955 年，斯堪的纳维亚航空公司的董事们决定在哥本哈根市中心蒂沃利公园的对面建造一座宏大的建筑。机场检查设施将会放置在这里，通过公共巴士，乘客可以方便地来往于卡斯特鲁普（Kastrup）机场。建筑分为两部分，包括底部的航空集散站和 SAS 皇家酒店的公共场所，另外酒店部分包罗了超

① 朱和平.世界现代设计史 [M]. 合肥：合肥工业大学出版社，2004：192.
② （丹）菲利克斯·索拉古恩·毕斯科，王贝贝译.阿恩·雅各布森 [M].沈阳:辽宁科学技术出版社，2005:9.

图 15-2 斯堪的纳维亚航空公司主体建筑，1956—1961 年

过 275 间客房。[①]为了纪念这位伟大的设计师阿恩·雅各布森，至今在酒店的 606 号客房依然保留着他当时的所有设计。

建筑主体（图 15-2）[②]是 20 层灰绿色的玻璃幕墙，这种垂直而下的直线型设计，给人以盛气凌人的感觉，这个建筑是丹麦哥本哈根市区的第一高楼。这个建筑（图 15-3）[③]是集办公楼和酒店一体的组合。在建筑较低的楼层，分布有酒吧、饭店、商店、旅行社等，也就是图 15-2 中我们所看到的灰色水泥墙部分。这个区域在一定程度上平衡了建筑物上半部分的直线造型，展现了多样化的统一。

这是雅各布森第一个扬名海外的整体性建筑设计作品，这件作品的设计是精雕细琢的。他注重细节的设计，在设计建筑物之余，还同时承接了室内所有的设计，包括地毯、灯具、窗帘、家具、餐具和门把等。在家居设计中，最负盛名的是称为"蛋壳椅"和"天鹅椅"的两种新式的座椅。这与"蚂蚁椅"一起，成为雅各布森家具设计中的经典之作。

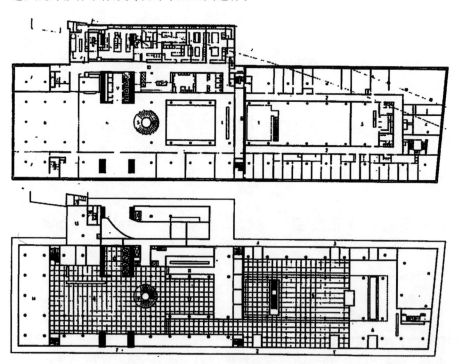

图 15-3 斯堪的纳维亚航空公司及皇家酒店平面图

① The Lost Arne Jacobsen[J/DB].Interior Desigh，Matters of Design.January 2002：238.

② http：//upload.wikimedia.org/wikipedia/commons/0/03/SAS_Royal_Hotel%2C_Copenhagen%2C_1955-1960.jpg

③ 阿恩·雅各布森 [M].（丹）菲利克斯·索拉古恩·毕斯科编，王贝贝译.沈阳：辽宁科学技术出版社，2005：159.

2. "蚂蚁椅"、"蛋形椅"、"天鹅椅"

自 18 世纪 40 年代英国的工业革命开始，在设计材料的运用上，设计师们可谓别出心裁。20 世纪 30—40 年代后，由于合成树脂的迅速发展和高频胶技术的应用，胶合板椅子应运而生。另外，新合金技术的发展也为家具设计提供了各种新材料、新技术，使设计师们的设计领域不断开阔。

1）"蚂蚁椅"（The Ant Chair）

时间：1952 年

地点：丹麦哥本哈根

制造商：诺沃公司（Novo）

这件作品采用的材料有：胶合板、塑钢材、铬钢。因外形似蚂蚁而得名。

"蚂蚁椅"是雅各布森早期的经典作品之一，是于 1952 年为 Novo 公司设计完成，这件钢管脚的曲木胶合板椅子，依照人体工程学的原理用热压的方法加工完成，具有曲线美和雕塑美的特点。

北欧的设计非常注重自然材料和现代工业技术的结合，在设计这款椅子时，雅各布森也遵循这样的设计原则，其极简的外形真正体现了北欧简约设计的风格，椅子在设计上遵循"少即是多"（Less is more）的原则。一块胶合板座面和椅身加上三只钢管支架腿就是椅子的全部（图 15-4）[①]。

椅子采用木质面板，自然之风朴素、典雅。这种设计既节省材料，同时以其动感的线条美，适用于大批量生产，深受人们所喜爱。

这件作品体现了功能性和现代设计美学的相互融合，对后来的设计产生了深远影响。

后来，考虑到椅子的稳定性，改良后的蚂蚁椅发展成四条腿（图 15-5）[②]。椅面主要有三种颜色：黑色、白色和枫木色，还有其他五颜六色的就更加丰富、

图 15-4 1952 年三脚蚂蚁椅（左）
图 15-5 1952 年四脚蚂蚁椅（右）

---

① http：//thumbnail.image.rakuten.co.jp/@0_mall/fabmod/cabinet/seating/img56232295.jpg

② http：//www.arredativo.it/wp-content/uploads/2010/11/1057531_Ant_black-kopia00.jpg

图 15-6~ 图 15-7　1958
年蛋形椅

清新、活泼。

2）"蛋形椅"（The Egg Chair）

时间：1958 年

地点：丹麦哥本哈根

"蛋形椅"（图 15-6 ～图 15-7）[①]是雅各布森为斯堪的纳维亚航空公司酒店大厅和接待区设计的。椅子是由金属支架辅以皮革包裹的大曲面构成，底座是由一段焊接的钢管和四星形注模铝组成，简洁、典雅。蛋形椅因其造型酷似鸡蛋而取名，蛋椅还可以根据不同使用者的需求调整倾斜度以达到最舒适的坐姿。

雅各布森的"蛋形椅"其极简的、富有曲线美的外形体现了北欧设计简约的风格，设计简洁而不简单。这件作品，体现了功能性和现代设计美学思想的相互融合，也充分体现了人体工程学在设计中的应用。

"蛋形椅"独特的造型，给人们在公共场合开辟了一个相对独立的空间，坐在蛋形椅上休息，人被椅子包裹着，感觉很安全、很温暖。

3）"天鹅椅"（The Swan Chair）

时间：1958 年

地点：丹麦哥本哈根

"天鹅椅"（图 15-8）[②]也是雅各布森为斯堪的纳维亚航空公司大厅设计的，由于新技术的发展，使得这种椅子的设计生产成为可能。椅子完全由曲面构成，看不到直线。椅子的设计灵感来源于丹麦的国鸟——天鹅。它是神圣、典雅的象征。椅子两侧的扶手就像天鹅张开的一对翅膀，动感十足且富有灵性。

椅身采用的是合成材料，包裹上海绵后再覆盖上好的布料和上等的皮革，在细节上毫不含糊是雅各布森的设计特色。

---

① http：//global.rakuten.com/zh-tw/store/goldspace/item/100005112/，http：//global.rakuten.com/zh-tw/store/goldspace/item/100005112/

② http：//auction1.paipai.com/F0A3853F0000000000703B4C07E7743C，http：//auction1.paipai.com/F0A3853F0000000000703B4C07E76D1F?PTAG=20141.6.1

雅各布森设计的天鹅沙发（Swan Sofa）（图 15-9）[1]，被使用在斯堪的纳维亚航空公司酒店的休息室和全景套房中。这是由"天鹅椅"的设计演变而来的双人沙发，雅各布森还是采用了铝合金压铸的支架，搭配以同系列的天鹅椅，美观且舒适。

图 15-8　1958 年天鹅椅（左）

图 15-9　天鹅沙发（右）

3. 1960—1963 年圣·凯瑟琳学院（St Catharine's College）

时间：1960 年

地点：英国牛津

1960 年，雅各布森开始着手设计英国牛津的圣·凯瑟琳学院（图 15-10）[2]，这个工程是一个整体设计，他不仅设计建造建筑的本身，还负责设计学院的花园，室内空间的各个细节，包括：餐具、家具、烟灰缸、窗帘等。这栋建筑从总体规划上采用对称结构，中心地带的大广场有两个玻璃幕墙形成的住宅群从两侧包围，[3]玻璃幕墙的设计思想显然受到魏玛包豪斯校舍玻璃幕墙设计的启发。

运用质朴的黄色砖墙和极富现代感的玻璃幕墙相结合，给建筑赋予了自然感和科技感，这是雅各布森建筑理念的完整再现，即追求艺术与技术的统一。

学校大部分建筑（图 15-11）[4]采用钢筋混凝土和玻璃幕墙，这

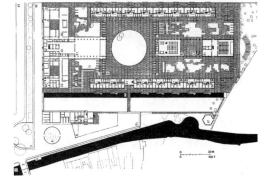

图 15-10　圣·凯瑟琳学院整体规划图

---

① https：//d2mpxrrcad19ou.cloudfront.net/item_images/126601/2240521_fullsize.jpg

② http：//www.flickr.com/photos/iqbalaalam/5039572968/sizes/l/in/photostream/

③（丹）菲利克斯·索拉古恩·毕斯科，王贝贝译. 阿恩·雅各布森 [M]. 沈阳：辽宁科学技术出版社，2005：110.

④ http：//upload.wikimedia.org/wikipedia/commons/thumb/5/50/Stcatz_sc10.JPG/1280px-Stcatz_sc10.JPG

图 15-11 树木簇拥下的
圣·凯瑟琳学院建筑

图 15-12 圣·凯瑟琳学院
餐厅中雅各布森设计的灯具

些新型材料的运用充分体现了现代工业与建筑设计的完美结合。建筑以几何形为
基础，没有过多繁琐的细节装饰，整体上很简洁、美观、标新立异。

　　学院餐厅（图 15-12）[①]的设计完全符合举办各种仪式的需求，图书馆中的照
明来自于悬浮于空中深邃狭窄的光线和天花板顶灯，位于高处的窗户使得餐厅
内部采光效果很好[②]，而且餐厅内部的桌椅、餐盘、餐刀和灯具等的设计都体
现了雅各布森重功能性的设计理念。

---

① http：//upload.wikimedia.org/wikipedia/commons/d/d2/Catz_Hall.jpg

② （丹）菲利克斯·索拉古恩·毕斯科编，王贝贝译．阿恩·雅各布森 [M]．沈阳：辽宁科学技术出版社，
　　2005：110.

参考文献

[1] The Arts—Great Dane[J/DB].New Statesman， Desigh.April 22.2002.

[2] The Lost Arne Jacobsen[J/DB].Interior Desigh， Matters of Design.January 2002.

[3] What Is It About That Chair?[J/DB].Interior Desigh， Matters of Design.March 1.2008.

[4] Room 606：The SAS House and the Work of Arne Jacobsen[J/DB]， By Michael Sheridan， New York.Books Edited by Stanley Abercrombie.Interior Desigh.August， 2003.

[5] Denmark Celebrates Arne Jacobsen[J/DB]， Leslie Gilbert Elman， Scandinavian Review.Winter 2002（89）：3.New York：American Scandinavian Foundation.

[6] Catz Cradle[J/DB]， Building Design， Culture.April 26.2002.

[7] Eggs-Alted[J/DB].Cabinet Maker.Trends， The Egg.June 27， 2008.

[8] Radisson SAS Royal Hotel， Copenhagen[J/DB].Interior Design.March 1.2007.

[9] （丹）菲利克斯·索拉古恩·毕斯科．阿恩·雅各布森 [M].王贝贝译．沈阳：辽宁科学技术出版社，2005.

[10] 梁梅编．世界现代设计史 [M].上海：上海人民美术出版社.2009.

[11] 王受之．世界现代设计史 [M].北京：中国青年出版社，2008.

[12] 朱和平．世界现代设计史 [M].合肥：合肥工业大学出版社，2004.

[13] 彭亮．丹麦学派的设计全才——安恩·雅各布森．[J/OL].家具与室内装饰，2002（06）.

（闫丽萍）

16 马歇尔·布劳耶（Marcel Breuer）

图 16-1 马歇尔·布劳耶
(Marcel Breuer，1902—
1981 年)

马歇尔·布劳耶（Marcel Breuer，1902—1981 年）（图 16-1）[1] 1902 年出生于匈牙利佩奇市（Pecs），从小他就钟爱绘画和雕刻，18 岁时获奖学金前往维也纳艺术学校学习，由于其激进的设计思想与学校传统的学习氛围相冲突，在维也纳艺术学院呆了 5 个星期后，他发现了在实用艺术领域的天分而转去包豪斯学习设计。1920 年，布劳耶成为包豪斯魏玛时期的首批学生之一，而在包豪斯学习的四年，正值现代艺术运动蓬勃发展时期，校长格罗皮乌斯先后聘请了许多具有国际影响力的艺术大师担任包豪斯教员，如瑞士表现主义风格代表约翰·伊顿（Johannes Itten，1888—1967 年）教授基础课、瑞士抽象表现主义画家保罗·克利（Paul Klee，1879—1940 年）和抽象主义大师瓦西里·康定斯基（Wassily Kandinsky，1866—1944 年）教授基础设计课，以及后来取代伊顿担任基础课教师的构成主义者莫霍利·纳吉（Moholy Nagy，1985—1946 年）等。如此，布劳耶才有机会全面接触到各种先锋的艺术观念，并将其融会贯通，形成了自己的设计理念。当包豪斯由魏玛迁至德绍后，校长格罗皮乌斯设计了包豪斯教员宿舍（Meisterhäuser），而住宅内的大部分家具是由仍是学生的布劳耶负责设计，其中为康定斯基住宅设计的著名"瓦西里椅子"（Wassily chair）就是这批家具中的一件。毕业后，布劳耶留校任教，负责制柜作坊。

1928 年，布劳耶在柏林开设了私人事务所，期间也曾在瑞士从事家具设计的工作。20 世纪 30 年代德国纳粹党上台，为躲避纳粹迫害，他移居伦敦。1935 年布劳耶开始研究胶合板材料，并将它融入家具设计中，形成了标准化模具的单元家具。1937 年，布劳耶应邀任教于美国哈佛大学，并将设计重心更多地放于建筑领域，他的学生包括著名美籍华人建筑师贝聿铭（Ieoh Ming

① http：//www.tumblr.com/tagged/robinson-house

Pei，1917—），美国建筑"教父"菲利普·约翰逊（Philip Johnson，1906—2005 年），美国建筑师保罗·鲁道夫（Paul Rudolph，1918—1997 年）等。同时，他也是包豪斯设计的传播大使，在美国致力于积极拓宽和加深现代设计的交流。1946 年，布劳耶在纽约自立门户，他的建筑设计被公认为是勇敢、坚强、创新的代表，善于采用混凝土作为主要媒介，突出表现了混凝土的"软"。例如让布劳耶享誉于世的惠特尼美国艺术博物馆，1966 年这座建筑竣工后，就有评论称它是"倒置的巴比伦塔"，如今它已然成为纽约的地标之一。基于在现代设计领域做出的突出贡献，1968 年布劳耶获得美国建筑师协会金质奖章。此后，布劳耶在建筑设计中的成果更为丰硕，包括法国 IBM 研究中心（IBM Research Center）、亚特兰大的中央图书馆（The Central Library of the Atlanta-Fulton Public Library System in Atlanta）。1977 年布劳耶退休安享晚年。1981 年去世，享年 79 岁。

作为 20 世纪最伟大的家具设计师与建筑设计师之一，具有犹太血统的马歇尔·布劳耶一生孜孜不倦忠诚地传递着包豪斯的设计理念，并以抽象的造型和简单的模块化设计完美地演绎出包豪斯的"国际风格"。

马歇尔·布劳耶在包豪斯学习与任教期间，不仅结识了格罗皮乌斯、康定斯基等现代艺术大师，也接触到表现主义、构成主义等诸多设计风格，其中对布劳耶艺术生涯影响最深的则是表现主义和风格派。20 世纪初，现代艺术运动"风格派"的代表荷兰家具设计师和建筑师吉瑞特·里特维德认为家具作品要拒绝使用任何具象元素，而用纯粹的几何抽象来表现纯粹的精神，他认为只有当作品抛开具体描绘，抛开细节，避免个性，才能获得人类共享的纯粹精神。作为学生的布劳耶在家具设计中很大程度上追随着里特·维尔德，不过他还善于运用实木胶合板、试验多种家具布料等来完善前辈的设计。

另外，布劳耶致力研究技术与材料的在设计中的创新运用，并将这两个方面作为设计表现的主要手法。布劳耶曾说："最符合逻辑、最舒适、最适合机器化生产（the most logical，the least 'cozy' and the most mechanical）。"秉承这种设计理念，布劳耶将钢管作为结构材料应用于家具设计上。他创新地认为钢管可以弯曲成椅子的把手，甚至可以任意弯曲成各种家具形式。不仅如此，布劳耶还使用电镀镍来装饰金属，他是第一位将镀铬带入家庭的设计师，虽然这种材料与手工艺的传统格格不入，但布劳耶认为："金属家具是现代居室的一部分，它是无风格的，因为它除了用途和必要的结构外，并不期望表达任何特定的风格。所有类型的家具都是有同样的标准化的基本部分构成，这些部分随时都可以分开或转换。[①]"显然，布劳耶突破了当时设计以手工艺为出发点的思路，结合包豪斯功能主义的设计思想，为产品大批量工业化生产奠定了思想基础。他支持工业化大生产，提倡设计要满足机器生产的标准化与模块化，体现

---

① http：//www.51hejia.com/jushang/20071218/354839-all

出精确、高效、严谨的设计理念。他还强调功能的简洁明了，并且注重材料之间的对比，推广着国际式设计风格，极大地影响了之后几十年世界现代设计发展的方向。

代表作品评析：

1. 瓦西里椅子（Wassily Chair）

时间：1925—1926 年

图 16-2　瓦西里椅子
(Wassily Chair)

布劳耶在包豪斯任教时负责制柜作坊，但是他最著名的家具设计——1925 年的作品"瓦西里椅子"（图 16-2）[①]并没有使用木材，而是用了金属和皮革。"瓦西里椅子"是世界上第一把钢管椅子，布劳耶是为了纪念他的老师瓦西里·康定斯基而命名。当时，知名的德国曼内斯曼钢材公司（Mannesmann Steel）发明了用一种能挤压成型但无缝的钢管材料，而"它一直负责为包豪斯加工弯钢管的家具骨架，直到包豪斯自己设计的专用制造设备做成，并且运到了学校。[②]"不过，布劳耶这一次却先找了一名管子工将曼内斯曼公司提供的钢管材料挤压成弯钢管后，才焊接出瓦西里椅身的构架。据说，他是从每日骑行的阿德勒牌（Adler）自行车的车把手上得到的灵感。同时，布劳耶在椅身部分使用了优质的马毛（最初是帆布）。后来为了适应大批量生产的需要，椅身材料更替为牢固的斜纹织物，目的是为了让坐在钢管椅上的人感觉比之前的木头椅子舒服，且物美价廉。

"瓦西里椅子"轻巧垂悬的椅面设计和简单的结构功能体现出包豪斯对布劳耶的影响，如几何的抽象构图是风格派的体现，而暴露于外的钢管构架是来自结构主义。一方面"瓦西里椅子"采用与以往不同的材料——钢管与皮革，另一方面作为基本构件的钢管符合大批量生产的需要，更易提高经济效益。至此，弯钢管作为最新的发明进入现代设计中。不过，作为第一位采用弯钢管设计现代椅子的设计师，布劳耶也最先意识到这种材料给予人们的冷漠感，从设计初始，布劳耶便不断尝试帆布、皮革、编藤等多种材料，避免人体与钢管的直接接触。

① http：//www.es.wheeler.asia/wassily_chair.html
② （英）弗兰克·惠特福德.包豪斯 [M].林鹤译.北京：生活·读书·新知三联书店.2001：184.

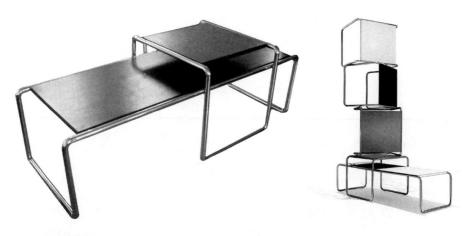

图 16-3 拉西奥茶几(Laccio
Coffee Table)（左）
图 16-4 拉西奥茶几多种
颜色搭配（右）

2. 拉西奥茶几（Laccio Coffee Table）

时间：1927 年

"拉西奥茶几"（图 16-3）[①]是布劳耶为了搭配"瓦西里椅子"而设计的茶几，也被称为是世界上最简洁的家具。茶几两边采用抛光的无缝钢管作为支架，茶几面则运用三聚氰胺板材，并有白、黑、红三种颜色（图 16-4）[②]以供自由搭配，简洁搭配和多样选择使"拉西奥茶几"成为布劳耶的另一个经典家具作品。

首先，拉西奥茶几是一件完全强调功能性的产品，它是由一个长方形茶几与一个正方形茶几组合而成的两件套，根据不同的需要，既可以将两者分开摆设，也可以将多个正方形茶几和长方形茶几交错在一起使用，充分体现出布劳耶对模数设计游刃有余地运用。布劳耶认为设计就是运用简洁的手法减少产品的多余成分，重点是突出产品的功能性，目的是满足现代人多方面的生活需求。此外，"拉西奥茶几"弯曲钢管的构思还启发了荷兰建筑师马特·斯坦（Mart Stam，1899—1986 年）和德国建筑师密斯·凡·德·罗分别独立设计出悬臂椅。1926 年，马特·斯坦最先设计出历史上第一件悬臂椅。而布劳耶在两位先行者之后进一步完善了悬挑椅的设计，他将原始风格中的编藤坐面和靠背与现代主义风格的弯曲钢管结合在一起，强烈地视觉冲击力与在材料对比中迸发出的火花，令人眼前一亮，同时也让使用者觉得椅子更加舒适。

3. 惠特尼美国艺术博物馆（Whitney Museum of American Art）

时间：1966 年

自从布劳耶来到美国后，逐渐偏向于建筑设计。其中，1966 年设计的惠特尼美国艺术博物馆（图 16-5）[③]是布劳耶在建筑设计领域中最重要的作品之一。

惠特尼美国艺术博物馆是 1930 年由美国人葛楚·范德伯尔特·惠特尼女士（Gertrude Vanderbilt Whitney）在纽约市曼哈顿区创立的，它是第一座完全用于收藏美国艺术品（特别是美国当代艺术品）的博物馆。20 世纪 60 年代，

---

① http：//www.basar.se/inredning_sida6.htm

② http：//www.dieter-horn-designfurniture.com/knoll/laccio

③ http：//art.china.cn/haiwai/2011-05/13/content_4196687.htm

图 16-5　惠特尼美国艺术
博物馆

为了扩大馆藏面积，新馆选址位于号称"世界广告中心"的麦迪逊大街和第
75 街的交角处。自博物馆设计初始，布劳耶就自问"一座博物馆、一座曼哈
顿的博物馆应该是什么样子的呢？……先确定出不应该像什么会更容易些。它
不应该像一座商业建筑或办公建筑，也不应该像是一个提供轻松消遣的场所。
毗邻五十层的摩天大楼，和长达一英里的多座桥梁，身处我们这个富有活力的
多姿多彩的城市丛林中，博物馆的形式和材料应当具有自己的个性和分量……
它应当能将街道的喧闹活力转化为艺术的真诚和深厚。"①的确如此，20 世纪 60
年代中期的美国被消费主义笼罩，纷繁复杂的商品和广告不断涌现于人们眼前，
商品化进程的越演越烈。因此，布劳耶希望以艺术的静谧来对抗大机器生产的
聒噪。与麦迪逊大街上千篇一律建筑风格不同，惠特尼美国艺术博物馆包裹在
面覆花岗石的混凝土中，它冷眼旁观着周围消费主义通俗文化的喧嚣杂乱，扮
演起当代艺术庇护所的角色。

　　博物馆共有四层，另有一个底层。底层（图 16-6）②是雕塑展厅，还有酒吧和咖
啡厅供参观者交流和休憩之用。首层（图 16-7）③是接待大厅，设有问讯处和售货处，
通过大门口的玻璃，行人可以看到最新的展览信息。二层、三层（图 16-8）④和四层

---

① （美）埃兹拉·斯托勒. 惠特尼美国艺术博物馆 [M]. 申湘、申江译. 北京：中国建筑工业出版社，
　　2001：41.
② （美）埃兹拉·斯托勒. 惠特尼美国艺术博物馆 [M]. 申湘、申江译. 北京：中国建筑工业出版社，
　　2001：114.
③ （美）埃兹拉·斯托勒. 惠特尼美国艺术博物馆 [M]. 申湘、申江译. 北京：中国建筑工业出版社，
　　2001：115.
④ （美）埃兹拉·斯托勒. 惠特尼美国艺术博物馆 [M]. 申湘、申江译. 北京：中国建筑工业出版社，
　　2001：116.

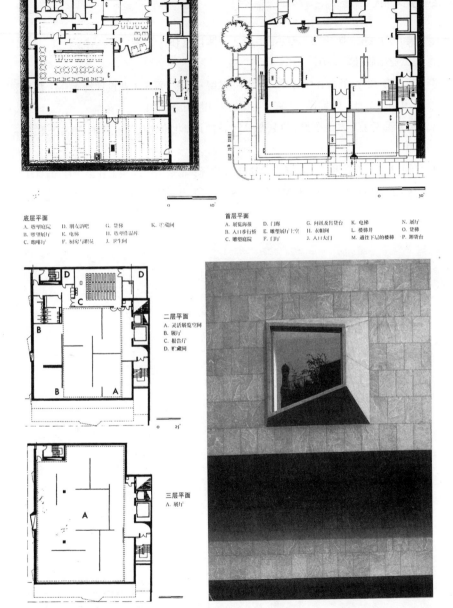

底层平面
A. 雕塑庭院　　D. 朋友酒吧　　　G. 货梯　　　　K. 卫窗间
B. 雕塑展厅　　E. 电梯　　　　　H. 雕塑作品库
C. 咖啡厅　　　F. 厨房与职员　　J. 卫生间

首层平面
A. 展览海报　　D. 门廊　　　　　G. 问讯及售货台　　K. 电梯　　　　N. 展厅
B. 入口步行桥　E. 雕塑展厅上空　J. 衣帽间　　　　　L. 楼梯井　　　O. 货梯
C. 雕塑庭院　　F. 门厅　　　　　J. 入口大门　　　　M. 通往下层的楼梯　P. 卸货台

二层平面
A. 灵活展览空间
B. 展厅
C. 报告厅
D. 贮藏间

三层平面
A. 展厅

图 16-6 博物馆底层平面图（左）
图 16-7 博物馆首层平面图（右）

图 16-8 博物馆二层平面和三层平面图（左）
图 16-9 博物馆表面的"梯形"窗户（右）

则是大面积灵活的展览空间，中间没有梁柱，而采用易于变换的通高隔板分隔出需要的空间，墙面与隔板均是淡灰色，地板则是暗灰色。由于博物馆采用完善的人工照明调节系统，窗户的设置似乎就成了可有可无的元素。不过，正是这些看似随心所欲地"梯形"窗户（图 16-9）[①] 与坚实的博物馆建筑形成鲜明对比，产生

① （美）埃兹拉·斯托勒．惠特尼美国艺术博物馆 [M]．申湘、申江译．北京：中国建筑工业出版社，2001：59.

出别样地视觉冲击力，甚至美国《艺术新闻》上的一篇社论将其描述为"一座屹立于麦迪逊大街的茶室和精品店中的黑十字军骑士城堡。^①"

参考文献

[1] （美）埃兹拉·斯托勒.惠特尼美国艺术博物馆 [M]. 申湘、申江译.北京：中国建筑工业出版社，2001.

[2] （英）梅尔·拜厄斯、（法）阿尔莱特·巴雷·德邦.百年工业设计集萃 [M]. 詹炳红、王凌娟、刘丹、闫妮译.北京：中国纺织出版社，2001.

[3] （英）弗兰克·惠特福德.包豪斯 [M]. 林鹤译.北京：生活·读书·新知三联书店，2001.

[4] （美）梅尔·拜厄斯.50 款椅子 [M]. 劳红娟译.北京：中国轻工业出版社，2000.

[5] 王受之.世界现代设计史 [M]. 北京：中国青年出版社，2002.

（王腾飞、蔡晓红）

---

① （美）埃兹拉·斯托勒.惠特尼美国艺术博物馆 [M]. 申湘、申江译.北京：中国建筑工业出版社，2001：23.

17 埃罗·沙里宁（Eero Saarinen）

埃罗·沙里宁（图 17-1）[1]生于
1910 年 8 月，殁于 1961 年 9 月，作
为 20 世纪名声卓著的芬兰裔美国建
筑及工业设计师，素以其简约灵动的
曲线结构设计所成就的理性主义机械
风格而称著于世。[2]

埃罗的艺术素养始于其家学渊
源，他的父亲是著名建筑师埃利尔·沙
里宁（Eliel Saarinen），也是美国设计
名校克兰布鲁克艺术学院（Cranbrook
Academy of Art）的创办者之一，曾
是现代设计运动中北欧学派（Nordic
School）的重要代表人物；而埃罗的
母亲洛亚·沙里宁（Loja Saarinen）
则是风靡一时的纺织设计师。埃罗
从小便显露出优良的艺术天赋，而

图 17-1 埃罗·沙里宁，
20 世纪最为著名的芬兰裔
美国建筑师和设计师

且尤其对雕塑着迷，对造型设计的感知力极强。后来他在法国贡休米耶学院
（Académie de la Grande Chaumière）学习的正是雕塑造型设计。此后他又到美
国耶鲁大学建筑学院深造，并于 1934 年完成学业。在经过短暂游历西欧、北
非及其家乡芬兰之后，埃罗返回美国并在克兰布鲁克艺术学院工作了一段时间。
之后受其友人推荐服务于美国战略情报局（OSS），负责为分配炸弹拆卸手册
绘制插图，并供职于白宫情报室的设计任务。直至 1944 年，埃罗才从战略情
报局离任。1950 年，埃罗·沙里宁建起了自己的建筑设计事务所——埃罗·沙
里宁联盟（Eero Saarinen and Associates）。1961 年，埃罗因脑肿瘤而离世，年
仅 51 岁。

埃罗作为设计师的职业生涯始自转入兰布鲁克艺术学院执教之时，他与同
是来自该校的设计师查尔斯·埃姆斯（Charles Eames）私交甚笃。埃罗在设计

---

① Román，Antonio.Eero Saariaen：An Architecture of Multiplicity[M].Laurence King Publishing，2002.

② Pelkonen，Eeva-Liisa；Albrecht，Donald.Eero Saarinen：Shaping the Future[M].New Haven：Yale University Press，2006.

界的名声渐响便始于与埃姆斯的合作参与了 1940 年的"有机主义居家家具设计"大赛（'Organic Design in Home Furnishings' Competition）并且获得大奖，作品被陈列于纽约现代艺术博物馆（MOMA）。1946 年，埃姆斯开始效力于赫曼·米勒（Herman Miller），埃罗也转向与著名的家具制造商诺尔·巴赛特（Florence Knoll Bassett）合作。[①]在之后的十年，由埃罗所设计、诺尔所生产的许多作品成为 20 世纪设计史上的经典之作。

诺尔不但是埃罗在兰布鲁克艺术学院的同窗，而且还与沙里宁家族喜结姻亲。埃罗的杰作郁金香（Tulip）椅便由诺尔·巴赛特家具公司所生产。在与诺尔的合作中，埃罗先后设计了许多代表作，除了最为著名的郁金香椅外，还包括蚂蚱（Grasshopper）椅、软凳、子宫（Womb）椅、侧手椅以及各款餐桌、茶几、书架等等。

埃罗除了是一位出色的家具设计师之外，在建筑设计方面更为受众所激赏。他在建筑设计领域渐露头角是在 1940 年为建造于美国伊利诺伊州温内特卡的乌鸦岛学校（Crow Island School）校舍进行设计，这令他获得了不少国际声誉。他的首个最为重要的建筑设计作品是与其父亲合作的位于美国密歇根州莫华伦的通用汽车技术中心（General Motors Technical Center）。其风格紧追密斯·凡·德·罗式的理性主义风格。这座建筑建于 1956 年，堪称是沙里宁建筑设计的典型。其后埃罗受邀参与许多新的建筑设计项目，包括美国迪尔公司（John Deere）总部设计、国际商业机器股份有限公司（IBM）及哥伦比亚广播公司（CBS）大楼的设计。在 20 世纪 50 年代期间，他还设计过许多大学园区，包括在瓦瑟学院（Vassar College）的诺伊斯宿舍（Noyes Dormitory）、耶鲁大学的英格斯冰场（Igalls Rink）、斯蒂尔斯学院（Ezra Stiles College）与莫尔斯学院（Morse College）。

1961 年，埃罗在麻省理工学院（MIT）的建筑论坛上谈到："礼堂的外面产生了许多良好的讨论，有正有反。我认为一些批评当中是带有一定偏见的。我现在感到建筑在耸立的形式方面是不足够的，这很可能是对体量的界定不充分所致。（The exterior of the auditorium has generated a good deal of discussion, pro and con.I think some of the criticisms have a certain amount of justification.I feel now that the building is not enough of a lifting form and that perhaps it does lack sufficient definition of scale）[②]"。在埃罗公司的主持之下，大量体量庞大的重要建筑诞生。其中最具代表性的是密苏里州圣路易市的杰弗逊国家纪念碑（Jefferson National Expansion Memorial）、纽约市肯尼迪机场的第五航站楼（TWA Flight Center）和华盛顿特区的杜勒斯国际机场（Dulles International Airport）。

埃罗的建筑设计之所以闻名于世在于他的现代创新性。他将雕塑艺术的造

① M.Woodham, Jonathan.Twentieth-Century Design[M].London：Oxford University Press，1997：152-154.

② "Controversial Building in London," Architectural Forum（March 1961）：80-85；Saarinen，Eero Saarinen，35-36，48.

型精神灌注于建筑设计之中，大量运用来自理性主义风格所喜用的钢筋和玻璃材料，展现出一种独特的具备流动与舒展性的空间布局。他的建筑设计与家具设计由极强的雕塑感所控制，其相互配合则更显得相得益彰。

代表作品评析：

1. 郁金香椅子

时间：1957 年

郁金香椅子是埃罗最具代表性的家居设计作品。这款椅子是专为当时的餐厅装潢所设计。其造型轮廓线非常顺滑流畅，正是其时现代主义设计对材料的实践所导致的效果，即在不久的未来所谓"太空时代"的生活中对人造合金应用的探索。这款椅子因被作为道具用于当时风靡一时的影视剧《星际旅行》（Star Trek）当中而深入民心。[1]

埃罗在设计出郁金香椅子之前已经设计过一款名为"蚂蚱"的椅子，这款椅子造型已经非常简洁，结构材料主要是薄板，因为在 20 世纪 40 年代只有这种材料，但这还不是沙里宁最好的设计，因为他的设计思想在一定程度上受到了材料的限制。他曾经非常直接地说道："传统的桌椅底盘设计使得室内变得极为丑陋、混乱、疲劳。我想去掉那些令人不适的脚柱。我想为椅子做一件事。从图坦卡门到奇彭代尔的椅子，所有过去的伟大家具都是一个结构。塑料和胶合板的壳件让我们感到兴奋，从此改进了一直以来的那种结构形式。以当前的制作工艺，台座家具一半是塑胶，一半是金属。我追求塑料工业的进步，通过设计，可以进展到以单一材料塑形的时代。(The undercarriage of chairs and tables in a typical interior makes an ugly, confusing, unrestful world.I wanted to clear up the slum of legs.I wanted to make the chair all one thing again.All the great furniture of the past, from Tutankhamun's chair to Thomas Chippendale's, have always been a structural total.With our excitement over plastic and plywood shells, we grew away form this structural total.As now manufactured, the pedestal furniture is half-plastic, half-metal.I look forward to the day when the plastic industry has advanced to the point where the chair will be one material, as designed.)"[2]。在 20 世纪 50 年代，当玻璃纤维板出现以后，埃罗·沙里宁的设计取得了突破性的进展。埃罗一开始打算完全以玻璃纤维支撑起整个郁金香椅子，但玻璃纤维材料难以支起底座。最后，埃罗以铝合金铸出椅子底座然后以聚四氟乙烯涂层覆盖椅子内胎。椅子的上部壳体则以玻璃纤维及钢条制成，并压入塑

① Charlotte & Peter Fiell.Design of the 20th Century[M].Taschen，2005：620-622.
② Román，Antonio.Eero Saarinen：An Architecture of Multiplicity[M].2009：100.

图 17-2　郁金香椅子（带扶手），此椅的造型有时又被喻为一只灵活而优雅的酒杯，完全摆脱了传统四脚椅设计的束缚（左）

图 17-3　子宫椅（胎椅），1947 年（右）

料。而椅子上的软垫则由塑胶泡沫制造，然后由可拆卸模数贴紧固。郁金香椅子的独脚设计以圆形盘柱为足，整体造型简约纯粹。这种以有机造型与支撑基座配合的设计，大面积的圆形支撑还消除了椅子腿对地面的压力（图 17-2）[①]。这类类似简单基座设计的椅子是埃罗在家具设计中具有标志性的特色。

　　此后，埃罗设计了不少利用玻璃纤维为材料的家具，其中一款玻璃纤维增强塑料模压椅被通用汽车技术中心采用为标准座椅，这也促进了埃罗的室内设计观念进一步得到推广。他最著名的设计"子宫椅"（又译"胎椅"）（图 17-3）[②]直至现在还在美国及世界各国广泛使用，受其影响而派生出来的椅子更是不计其数。这些椅子都是用玻璃纤维模压而成，上面再加上软性的材料，款式简洁大方，十分适应大规模的工业生产。

2. 杰弗逊国家纪念碑

时间：1963—1965 年

　　杰弗逊国家纪念碑建筑在密苏里州圣路易斯市，位于美国国家纪念公园之内。这座公园是为了纪念 19 世纪杰弗逊从路易斯安那购买土地直至西部拓荒时代的历史。纪念园包括闸道拱门、西部拓荒博物馆以及圣路易老法院三部分。其中出自埃罗之手的这座达 192 米高的拱门最为著名。埃罗明言："在某种程度上，建筑就是纯粹地在天地之间建造起一些东西。(In a way, architecture is simply placing something between earth and sky)"[③]。这道体量庞大的拱门拔地而起，耸入天际，造型呈现流畅的抛物线状，表面贴满晶亮的不锈钢片，象征着

① Charlotte & Peter Fiell.Design of the 20th Century[M].Taschen，2005：620.

② https：//d2mpxrrcad19ou.cloudfront.net/item_images/300772/8288606_fullsize.jpg

③ W.Arthur Mehrhoff.The Gateway Arch：Fact and Symbol[M].Bowling Green State University Popular Press，1992：19.

图 17-4 杰弗逊国家纪念碑（在建图），又名"西进之门（Gateway Arch）"，是圣路易斯市最负盛名的建筑物，亦是美国三大地标之一（左）
图 17-5 杰弗逊国家纪念碑（竣工图），该建筑自 1947 年设计起至 1964 年竣工，成为全美最高的纪念性建筑。拱门之下设西部开发历史博物馆（Museum of Westward Expansion）（右）

该市作为美国开发西部之门的含义①（图 17-4）②。

　　杰弗逊国家纪念碑由埃罗与德裔工程师汉斯卡尔·班德尔（Hannskarl Bandel）在 1947 年所设计。从 1963 年 12 月开始施工，1965 年 10 月建造完成。埃罗的这件杰作最初参加竞投时争议不断，经过激烈的角逐后该方案在 250 个方案之中突围而出，最终拔得头筹。这座拱门以混凝土与钢材所建造，共耗 886 吨不锈钢材料，当中并没有任何骨架支撑，而是由一个个三角形的不锈钢单元所组成③（图 17-5）④。游客可以经由拱门的两侧搭乘座舱式的电动轨道车到达建筑的最顶端。拱门顶部为一观景长廊，长 20m，宽 2m，可以容纳 100 人，观光长廊两侧各有 16 个窗口，往西看是圣路易市，东边则是密西西比河及对岸的伊利诺伊州。

　　埃罗所追求的是："要实现华盛顿纪念碑或是伟大的埃及金字塔的纯粹性，由于这种最为简单而纯粹的形式持续时间最为久远，而我也总是感到这个不锈钢拱将可能会永垂不朽。(How to achieve the simplicity of the Washington Monument or the great pyramids of Egypt, because the simplest and purest forms last the longest, and I have always felt this arch of stainless steel would last a thousand years.)"⑤。杰弗逊国家纪念碑以夸张的混凝土构件极富雕塑感的强劲表现力，与自由神像（The Statue of Liberty）及金门大桥（The Golden Gate Bridge）一起被

① Pelkonen, Eeva-Liisa；Albrecht, Donald.Eero Saarinen：Shaping the Future[M].New Haven：Yale University Press，2006：222-229.

② Finnish Cultural Institute in New York.Eero Saarinen；Shaping the Future[M].2006：16.

③ J.R.Curtis，William.Modern Architecture since 1900[M].London；Phaidon Press，1996：400.

④ Román，Antonio.Eero Saariaen；An Architecture of Multiplicity[M].Laurence King Publishing，2002：129.

⑤ Mehrhoff，W.Arthur.The Gateway Arch；Fact and Symbol[M].Bowling Green State University Popular Press，1992：19.

图 17-6　杰弗逊国家纪念碑（近况图），整个建筑内部以钢骨支架、外部以不锈钢材，在阳光照射下熠熠生辉。游客可乘坐电梯直达顶层，鸟瞰圣路易斯市全城风光（左）
图 17-7　杜勒斯国际机场（外景），这座著名建筑物坐落于华盛顿，由前后两列巨型的钢筋混凝土柱墩所撑起，前面一列稍高，形成前后自然凹曲的屋顶形状（右）

誉为美国的三大标志性建筑物（图 17-6）[1]。在这座纪念碑建筑中，埃罗利用建筑构件组成具有韵律而兼顾变化的建筑立面，是 20 世纪 50—60 年代许多设计师为使现代建筑具有纪念性的一项极具开拓性意义的尝试。

3. 杜勒斯国际机场

时间：1958—1962 年

杜勒斯国际机场位于美国弗吉尼亚州，1958 年由埃罗所设计，艾森豪威尔（Dwight Eisenhower）总统所选址建造。这座机场在 1962 年竣工启用，当时的在任总统肯尼迪（John Fitzgerald Kennedy）为了表彰及纪念前国务卿杜勒斯（John Foster Dulles）生前的贡献，特意将机场命名为杜勒斯国际机场。

杜勒斯国际机场是近代首座针对喷射机时代的来临而设计的大型国际机场。埃罗所设计的航站大楼糅合了现代主义的建筑美学和当时最为先进的科技工艺，被誉为是其时最具代表性的现代建筑之一（图 17-7）[2]。这座航站大楼呈矩形平面，高为 12m—19.5m，长 182.5m，宽 45.6m，前后有两排巨型钢筋混凝土柱墩，一排稍高，另一排稍低，在相对的柱墩顶上每隔 3m 宽便伸张着一对直径为 2.5cm、长约 40 多米的钢索，其上铺有屋面板。钢索中部下垂，形成自然的凹曲线屋顶。柱墩向外倾斜，屋面向上翻起，远看仿佛一张迎风翘起的飞毯，其动势非常突出，加上巨大的透明玻璃墙幕搭配起金属柱子，现代气息十足。[3]

航站大楼的内部空间设计保持了埃罗一贯注重灵巧、开阔的特征，共分上、下两层，上层供出发旅客使用，下层供到达旅客使用。大厅中间有一排低矮建筑，将厅内的空间分隔成前后两部分，前面是售票处，后面是候机室（图 17-8）[4]。像埃罗这类运用现代建筑材料与结构设计的大型公共建筑经常被设计史家归入 20 世纪中叶所流行的国际主义风格范畴之中，其特征是简约并突出建筑结构，而埃罗所设计的这座杜勒斯国际机场则被认为是美国本土对国际主义风格与

① J.R.Curtis，William.Modern Architecture since 1900[M].London：Phaidon Press，1996：400.

② Merkel，Jayne.Eero Saarinen[M].New York：Phaidon Press，2005：222.

③ Colquhoun，Alan.Modern Architecture[M].London：Oxford University Press，2002：246-247.

④ Merkel，Jayne.Eero Saarinen[M].New York：Phaidon Press，2005：225.

众不同的体现与诠释，它代表了埃罗在有机功能主义（Organic Functionalism）方面的探索，更由此而丰富了国际主义建筑风格的内涵（图 17-9）[1]。

图 17-8 杜勒斯国际机场（内景），机场内只有一个航站楼，但内设多个候机区域。楼内分上下两层，上层供出发旅客使用，下层供到达旅客使用（左）
图 17-9 杜勒斯国际机场（夜景），除巨大的柱墩作为支架外，四面幕墙皆以钢筋玻璃构成，整体氛围空旷灵动（右）

参考文献

[1] Carter，Brian.Between Earth and Sky：The Work and Way of Working of Eero Saarinen.Ann Arbor.MI：University of Michigan，A.Alfred Taubman College of Architecture + Urban Planning，2003.

[2] Iglesia，Rafael E.J.Eero Saarinen.Buenos Aires：Instituto de Arte Americano e Investigaciones Estetica，1966.

[3] Miller，Nancy A.Eero Saarinen on the Frontier of the Future：Building Corporate Image in the American Urban Landscape，1939-1961.Ph.D.dissertation，University of Pennsylvania，1999.

[4] Román，Antonio.Eero Saarinen：An Architecture of Multiplicity[M].New York：Princeton Architectural Press，2003.

[5] Saarinen，Aline，ed.Eero Saarinen on His Work[M].New Haven：Yale University Press，1962.

[6] Spade，Rupert.Eero Saarinen[M].New York：Simon and Shuster，1971.

[7] Stoller，Ezra，ed.The TWA Terminal[M].New Jersey：Princeton Architectural Press，1999.

[8] Temko，Allan.Eero Saarinen[M].New York：George Brazilier Inc.，1962.

[9] 王受之 . 世界现代设计史 [M]. 北京：中国青年出版社，2002.

（何振纪）

---

① Merkel，Jayne.Eero Saarinen[M].New York：Phaidon Press，2005：229.

18 菲利普·约翰逊（Philip Johnson）

图 18-1 菲利普·约翰逊

他被埃森曼（Peter Eisenman）称为美国建筑界的"教父"，他经历了 20 世纪建筑史上的各种潮流，被称为现代主义和后现代主义设计理论和实践的奠基人和领导者，他就是在谈论 20 世纪中发生的诸多流派和思潮时不能避开的建筑师——菲利普·约翰逊（图 18-1）[1]。

菲利普·约翰逊（Philip Johnson，1906—2005 年），生于美国俄亥俄州克利夫兰市。1923—1927 年在哈佛大学学习哲学和希腊文。1928 年亨利·拉萨尔·希契柯克（Henry Russell Hitchcock）的一篇文章促使约翰逊参观了埃及和希腊并于 1930 年在艾尔弗雷德·巴尔（Alfred H.Barr）开办的纽约现代艺术博物馆负责建筑部工作。1930 年夏，约翰逊在巴黎会见了希契柯克，并一起参观了欧洲当时可以见到的现代建筑。这次欧洲之行激发了他对现代建筑的热情。1932 年，约翰逊归国后任现代艺术博物馆建筑部主任并积极组织举办了现代建筑展览会，与希契柯克合写了《国际式——从 1922 年以来的建筑》一书。

1934 年，约翰逊由于不得不卷入右翼政治而突然中止了他的博物馆生涯。但正如汤普金（C.Tompkin）在《纽约人》杂志上所发表的一篇文章中所说，"这一错误似乎推动约翰逊作出了一个他本应在一开始就作出的决定，即成为一个开业建筑师"。[2] 1939 年，33 岁的约翰逊重新进入哈佛大学学习建筑学，师从布劳耶（Breuer），但其真正的导师是密斯·凡·德·罗。1943 年约翰逊获得建筑学硕士学位。1945 年开设自己的事务所，1946—1954 年重任纽约市现代艺术博物馆建筑部主任。他的专著《密斯·凡·德·罗》于 1947 年出版，颇负盛名。1949 年他为自己设计"玻璃住宅"，确立了他作为建筑师的声望[3]。

① http：//qing.weibo.com/tj/7a6a2822320005ol.html
② 张钦哲，朱纯华．国外著名建筑师丛书：菲利普·约翰逊 [M]．北京：中国建筑工业出版社，2004：4.
③ 大师编辑部．建筑大师 MOOK 丛书：菲利普·约翰逊 [M]．武汉：华东科技大学出版社，2007：2.

　　1954 年，密斯指定约翰逊为他的西格拉姆大厦（Seagram Building）设计的合作人，并负责主要空间四季餐厅的室内设计。大厦端庄的体型、严谨的比例、华贵的材料和精致的工艺，是约翰逊追随密斯的见证。此后，约翰逊理论活动的中心，在于对现代主义的怀疑和否定，1959 年，他在耶鲁大学个人作品展览会上宣布"非密斯派"并确立自己为"历史主义"、"古典主义"或"功能折中主义"的原则。20 世纪 50 年代末—20 世纪 60 年代中期的作品，诚如他 1960 年在伦敦建筑协会的漫谈中所说的那样，"十分零散"。即密斯式、"拱券式"、各种非常规的现代主义到新古典主义都有。[1] 这时期是约翰逊冷静思考建筑发展方向的时期。

　　约翰逊一生求变，1967 年起，约翰逊与约翰·伯奇（John Burgee）一起工作至 1991 年，两人合作设计了一系列著名的建筑，使美国城市的天际线发生了变化；1988 年 6 月，他主持发起的"解构建筑七人展"[2]引起了广泛的关注。

　　约翰逊的理论及其建筑实践，是一个十分庞杂的体系。一则，约翰逊跨越了从现代主义诞生、发展、衰弱以及后现代主义的崛起这半个多世纪的整个历史进程，这是建筑历史上派别纷呈、风云突变的特殊与复杂的时期；再则，约翰逊本身在这一时期中的地位独特，又不停地改变着某些理论主张与设计手法，也许还没有一位美国建筑师像他那样集各种褒贬于一身、始终引起美国和全世界建筑界的瞩目。[3]

　　纽约"白色派"著名建筑师理查德·迈耶（Richard Meier）曾说，约翰逊对他影响最深刻的两个方面是"对建筑艺术的鉴赏力和历史观，以及敢于接受和彻底摒弃各种影响的勇气。"[4]

　　1）约翰逊早期对现代主义的贡献：1932 年，约翰逊在现代艺术博物馆积极主动地举办了现代建筑展览会，并与希契柯克合写了《国际式——从 1922 年以来的建筑》一书，将纽约带入了现代主义运动（他们称之为"国际式"）的大潮中，使当时还是古典折中主义占优势的美国建筑界第一次了解到这场在欧洲发生着的建筑革命。促使美国在第二次世界大战后成为一个活跃的建筑思想发源地。这一点也得到欧洲人的尊重，在柏林弗里德里希大街 200 区的办公楼部分被称作菲利普·约翰逊大楼，以纪念这位深受柏林人尊敬的美国建筑大师。

　　约翰逊早期工作全面宣扬了密斯"少即是多"的理论观念。1938—1947 年期间，约翰逊先后组织了密斯作品的展览，出版了密斯的传记，使得密斯的影响空前扩大。并设计了一系列现代主义风格的私人住宅，如纽约的尼奥哈特

---

① Stephen Fox.The Architecture of Philip Johnson[M].Boston：Bulfinch Press.2002：7.
② 解构建筑七人指：弗兰克·盖里（Frank Gehry）、彼得·艾森曼（Peter Eisenman）、扎哈·哈迪德（Zaha Hadid）瑞姆·库哈斯（Rem Koolhaas）、丹尼尔·利伯斯金德（Daniel Libeskind）、库柏·西梅布芬（Coop Himmelblau）和伯纳德·屈米（Bernard Tschumi）。
③ 张钦哲，朱纯华. 国外著名建筑师丛书：菲利普·约翰逊 [M]. 北京：中国建筑工业出版社，2004：3.
④ 张钦哲，朱纯华. 国外著名建筑师丛书：菲利普·约翰逊 [M]. 北京：中国建筑工业出版社，2004：10.

住宅（Mr.and Mrs.George C.Oneto House，1951 年）、纽坎南的波森纳斯住宅（Mr. and Mrs.Eric H.Boissonnas House，1956 年）等，奠基领导了现代主义，其中玻璃住宅的资料在当时最有影响的英国《建筑评论》杂志发表之后，引起了国际建筑界的广泛关注。

2）不断探索的年代：20 世纪 50 年代以后，约翰逊开始怀疑和否定现代主义，冷静的思考建筑发展方向和对多种建筑风格进行了探索。在创作方法上提出了不受任何条条框框所束缚的主张。也许这正是他能保持不断进取、竭力求新的原因所在。

在 20 世纪 50 年代末和 60 年代，他所喜欢使用的"古典母题"就是拱券。其代表作品有 1960 年布朗克斯维尔的沙拉·劳伦斯学院学生宿舍（Sarah Lawrence College）以及 1962 年纽坎南约翰逊庄园中的水榭（Pavilion）等。

1959 年，他宣布："我的方向很清楚：传统主义"。约翰逊多次重复"我们不能不懂历史"这句在英语里有些饶舌的话，当成一句口号使人印象深刻，影响了整整一代人，这是后现代主义的理论先声。约翰逊的"传统主义"就是以历史主义观点对各种形式与风格，包括现代主义的成就加以"折中"，从而创造"奇趣"，也就是他所说的"新的自由感"。1960 年，约翰逊又称自己是"功能折中主义者（Functional Eclecticism）"[①]，约翰逊还常称自己是"古典主义者"或"结构古典主义者"。但无论约翰逊为自己贴什么样的标签，他对待历史、对待传统或古典经验的态度都并不依循一成不变的原则，而是基于实用主义及相对主义的哲学基础。约翰逊的建筑基本理论与实践问题的主张对当前各种建筑思潮，尤其是后现代主义的形成与发展，有着重要的影响和推动。如美国评论界所指出的那样，他以自己的理论主张和创作实践表明了自己是后现代主义真正的精神支柱。[②]

3）20 世纪 70 年代以后，是约翰逊富有成就的时期。其中较重要的建筑有 1973 年明尼苏达州明尼阿波利斯 IDS 中心（IDS Center，1973 年）、休斯敦的潘索尔大厦（Pennzoil Place，1976 年）、加利福尼亚州加登格罗芙的"水晶教堂"（Crystal Cathedral，1980 年）等。这几幢建筑一扫他折中的风格，颇有清新气息。1978 年，获得美国建筑协会（AIA）金奖。1979 年，约翰逊成为美国凯悦基金会（Hyatt Foundation）设立的普利茨克建筑奖（Pritzker Architecture Prize）的第一位得主，现在这个奖被誉为建筑界的诺贝尔奖。1983 年美国电话电报公司大楼在纽约曼哈顿区建成，这座拼贴了古典风格、现代高层建筑风格的建筑，堪称后现代主义建筑中规模最大、最负盛名的代表作。约翰逊与搭档伯奇合作设计的富于形象的摩天大楼已经使美国城市的天际线发生了变化，他们没有将该大厦设计成"倒置的雪茄烟盒子"，而是以特殊

---

① 他对此解释说：功能折中主义等于能够从历史中挑选出你所想要的任何形式、外形或方向，并凭你之所好加以运用。

② 张钦哲，朱纯华. 国外著名建筑师丛书：菲利普·约翰逊 [M]. 北京：中国建筑工业出版社，2004：12-14.

的几何形体创造了极富动态和雕塑感的休斯敦的新标志。

　　约翰逊从不将理论视为可以固守不变的教条，更不将具体的处理手法或风格视为创作的前提，始终探求着新的突破。约翰逊说：其实我从未改变，因为我只相信变化。[①]

代表作品评析：

1. 玻璃住宅（Glass House）

　　时间：1949 年

　　地点：美国康涅狄格州纽坎南

　　密斯"少即是多"，他的建筑总是尽可能的精简，工艺水平则尽可能达致最高水平。从师于密斯的约翰逊早期深受密斯的影响，可以说，从 20 世纪 30 年代—50 年代，他是一个"纯粹的密斯派"。

　　1949 年约翰逊为自己设计玻璃住宅（图 18-2）[②]，该住宅原建在 2 万 m^2 的地段上，后来约翰逊又买下了周围地段，将林木葱郁的环境扩大至 13 万 m^2。房屋平面为 32inch×56inch（166m^2），高 10.5inch（3.2m），外观设计简约，透明的方盒子边界处用黑色的钢柱子界定，棱角分明。四个布置在每道玻璃墙正中的门又使这座住宅更加具有古典气息。住宅的精简使持否定态度的赖特曾说：约翰逊的玻璃住宅根本不是一栋住宅，而是为猴子建的一个笼。

图 18-2　玻璃住宅外观

　　当玻璃住宅的资料在当时最有影响的英国《建筑评论》杂志发表之后，引起了国际建筑界的广泛注意。人们经常将这幢住宅同密斯的芝加哥范斯沃斯住宅（Farnsworth House）相比较，认为前者是后者的翻版。无可否认，密斯的构思深深地影响了约翰逊，但无法阻止这两栋住宅成为建筑史上经典建筑这一事实。密斯的玻璃住宅采用白色钢结构，是个不对称的设计，住宅是平台的一

---

① 大师编辑部. 建筑大师 MOOK 丛书：菲利普·约翰逊 [M]. 武汉：华东科技大学出版社，2007.

② Stephen Fox.The Architecture of Philip Johnson[M].Boston：Bulfinch Press，2002：20.

图 18-3　玻璃住宅室内
（左）

图 18-4　AT&T 大楼外观
（右）

部分，高出地面，室内即是室外，空间中有强烈的流动感。约翰逊的玻璃住宅和密斯的范斯沃斯住宅比起来显得更古典。红砖地、白地毯、一组引人注目的沙发，中央直径 3m 的圆形浴室和烟囱采用与地板相同的材料，并不分割空间，却使空间更为流畅。当人们进入深色钢结构所限定的空间后，虽然可以见到居室内任何一个部分，却有着明显的中心感和亲切感，四周玻璃外墙又把室外景色引入，意境越加深远和恬静（图 18-3）[①]。

2. 纽约的美国电话电报公司总部大楼（AT&T Building）

时间：1978—1984 年

地点：美国纽约

"摩天楼的确是美国建筑最重要的成就，是美国对建筑的艺术之伟大奉献。"——塔尔梅奇（T.E.Tallmadge）。[②]

在约翰逊与搭档伯奇合作设计的富于形象的摩天大楼最有影响的无疑是纽约的美国电话电报公司（AT&T）总部大楼（图 18-4）[③]，如今改称为"日本索尼公司大楼"。这座建筑成为 20 世纪备受争议的建筑之一。评论界至今仍然众说纷纭，塔尔梅奇称为"古怪的尖塔"；有人称为"凸出的巉崖和退后的露台"；还有人讥之为"爷爷辈的座钟"；洛可可风格的"奇彭代尔（Chippendale，英国 18 世纪家具设计师）式抽斗柜"等，但谁也不可否认这幢大楼在建筑史上的影响。

美国电话电报大楼高达 600inch（197m），上下分为三段（图 18-5）[④]。顶部是个三角形山花，中央上部开了一个圆凹口，加强了建筑的对称性和古典性，这也是建筑最受争议的部分；建筑中段的窗间墙和窗户的比例参照了 20 世纪

① 大师编辑部 . 建筑大师 MOOK 丛书：菲利普 · 约翰逊 [M]. 华东科技大学出版社，2007：52.

② 张钦哲，朱纯华 . 国外著名建筑师丛书：菲利普 · 约翰逊 [M]. 中国建筑工业出版社，2004：125.

③ http ://upload.wikimedia.org/wikipedia/commons/c/c0/Sony_Building_by_David_Shankbone.jpg

④ 张钦哲，朱纯华 . 国外著名建筑师丛书：菲利普 · 约翰逊 [M]. 北京：中国建筑工业出版社，2004：80.

20—30 年代曼哈顿其他摩天大楼，约翰逊说这是考虑了纽约高层办公楼的文脉；基座高达 120inch（37m），中间有一个高 100inch（30m）的拱券，允许观众进入公共门厅。布置有高耸的拱券和柱廊形成 60inch（18m）高的有顶盖步行道，面积达 1335m²。公共大厅内为花岗石墙面、黑色大理石地面、铜门电梯，中央矗立着巨大的"电神"雕塑。建筑后部与大街平行有一条顶棚采光的廊子和三层附加建筑。整幢建筑用花岗石饰面，13000t 磨光花岗岩包裹在标准的金属架墙上，形成雄伟和高雅的格调。[①]

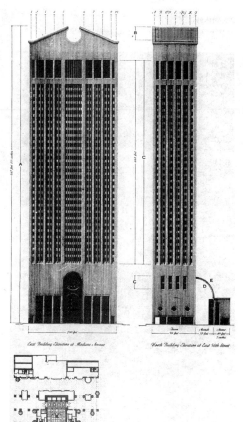

图 18-5　AT&T 大楼立面、侧立面和平面

　　如果说，现代建筑运动的兴起是从对历史风格的反叛开始的，那么后现代主义作为对拒绝参照历史形式的国际式风格的反叛，则是以重新回归历史传统为开端的，于是历史形式再次被提取出来作为形式引用和模仿的源泉。约翰逊设计的纽约美国电话电报公司大楼将历史上古老的建筑构件进行变形加在现代化大楼上，拉开了后现代主义建筑潮流的序幕。

3. 欧洲之门（Puerta de Europa）

　　时间：1995 年

　　地点：西班牙　马德里

　　一生中都在进行各种尝试的约翰逊在 20 世纪 90 年代率先在自己的住宅中完成了第一个解构主义作品——门房（图 18-6）[②]，继而又完成了这一令人称奇的建筑——欧洲之门（图 18-7）[③]。

　　由于历史的渊源，北非和南美的居民前往欧洲一般都通过西班牙，从这个意义上说，西班牙算得上是欧洲的一个"门户"。欧洲之门（又名 KIO 塔）位于马德里最著名的林荫道卡斯特拉那大道（Paseo de la Castellana），双塔如卫士般守护在大道两侧。大楼的立面上，深色玻璃、灰色铝窗框、红色装饰线

① 张钦哲，朱纯华. 国外著名建筑师丛书：菲利普·约翰逊 [M]. 北京：中国建筑工业出版社，2004：83.

② Stephen Fox.The Architecture of Philip Johnson[M].Boston：Bulfinch Press，2002：42.

③ 大师编辑部. 建筑大师 MOOK 丛书：菲利普·约翰逊 [M]. 武汉：华东科技大学出版社，2007：185.

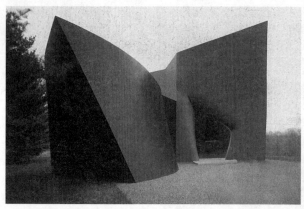

图18-6　门房外观（1995年）（上左）

图18-7　欧洲之门远景（上右）

图18-8　欧洲之门近景（下）

和贯通楼体的不锈钢带组成了不同的方格网（图18-8）[1]，让大楼看上去不至于很倾斜，给人一种稳定的感觉。

大厦高115m，地上27层，楼顶是一个直升机降落场。约翰逊大胆地将大楼设计成各向对方倾斜15°，楼顶相对楼底错开距离达30m，这一对倾斜度远胜意大利比萨斜塔[2]。年逾90的约翰逊说，黑色的方盒子已经过时，他主张建筑设计应该消除直角，因此构想出这样的倾斜大厦。设计的斜楼倾角很大，楼顶和楼底重叠部分只有5m宽，因此需要特殊的结构来保持它们的稳定。建筑师几经选择，确定了以混凝土和网状金属结构组合的结构。以电梯井的混凝土壁为中心，承受80%的重量，形成整幢大厦的"桅杆"，金属结构将侧压力分散并引导至地基。斜楼的地基也与众不同，它包括一个能抵消倾倒力的"千斤坠"，这是一块体积为6000m³、重达1.5万t的平衡体，它牢牢地拉住了向一侧倾斜的楼体。

欧洲之门好似一座不封顶的拱门，穿行着川流不息的车辆，气势宏伟，十分壮观。在建造过程中一度由于结构问题中断了近5年。但这样的设计并不是单纯追求形式的结果，而是因为一方面地铁换乘站要求大楼向两边后退，另一方面又要使两栋大楼看上去是一个综合体。

参考文献

[1]　Stephen Fox.The Architecture of Philip Johnson[M].Boston：Bulfinch Press，2002.

---

① Stephen Fox.The Architecture of Philip Johnson[M].Boston：Bulfinch Press，2002：290.

② 比萨斜塔之前与垂直线之间的角度为5.5°。从1990年至2001年，持续了11年的修复使塔身倾斜度从原来的5.5°挺直为现在的3.99°。

[2] 张钦哲，朱纯华. 国外著名建筑师丛书：菲利普·约翰逊 [M]. 北京：中国建筑工业出版社，2004.

[3] 大师编辑部. 建筑大师 MOOK 丛书：菲利普·约翰逊 [M]. 武汉：华中科技大学出版社，2007.

[4] 乔纳森·格兰西. 建筑的故事 [M]. 罗德胤，张澜译. 北京：生活·读书·新知三联书店，2009.

[5] 尹国均. 旋转木马：后现代建筑的 12 个人 [M]. 重庆：西南师范大学出版社，2008.

[6] 安娜，马先. 盒子住宅 [J]. 城市建设理论研究，2011.16.

[7] 王云龙. 美国建筑协会 AIA 金奖获得者专辑 [M]. 北京：电力出版社出版，2006.

[8] 严坤. 普利茨克建筑奖获得者专辑 [M]. 北京：中国电力出版社，2005.

网络资源

[1] http：//en.wikipedia.org/wiki/Philip_Johnson

（胡鑫玉）

19 奥斯卡·尼迈耶(Oscar Niemeyer)

吸引我的并不是直角。
也不是坚硬的、顽固的、
人为的直线条。
吸引我的是自由、性感的曲线。
那是我在祖国的群山中,
在河流的蜿蜒流淌里,
在大海的波浪顶端,
在天空的云彩边沿,
在完美的女人的身体上,
看见的曲线。
曲线构成了全部的宇宙,
一个弯曲的、爱因斯坦的宇宙。[①]

——奥斯卡·尼迈耶

奥斯卡·尼迈耶(Oscar Niemeyer)1907年出生于巴西的里约热内卢(Rio de Janeiro)。出身豪门的他在少年时期便已表现出对艺术的热情与爱好,为延续和发展艺术上的天分和兴趣,1929年他进入了位于里约热内卢的国立美术学校(Escola Nacional de Bellas Artes in Rio)接受专业的艺术教育,1934年毕业,随后进入吕西欧·科斯塔(Lúcio Costa)的工作室实习。1936年,年仅29岁的他就获得了一次与建筑大师勒·柯布西耶(Le Corbusier)进行交流合作的重要机会——参与教育及卫生部门(Ministry of Education and Health)的规划设计工作。在亲聆大师教诲的学习过程中,他认真地吸收知识养分并逐渐形成个人独特的设计理念。同时他也有幸得益于科斯塔的用心栽培与提携,才在建筑业界渐露头角,并踏上日后成为享誉国际的大师之路。

尼迈耶在其几近一个世纪的职业生涯内将自己独特的设计理念贯注到他的大量建筑作品当中。他曾参与设计与建造的主要项目有:首都巴西利亚城的总体规划与建设(1937—1956年);受邀参与合作设计联合国总部(United Nations' Headquarters.1947—1952年);COPAN公寓大厦(COPAN

---

① http : //en.wikipedia.org/wiki/Oscar_Niemeyer#cite_note-Niemeyer.2C_Oscar_2000.2C_pp._62-1

Complex.1950 年）；奥斯卡·尼迈耶私人住宅（Oscar Niemeyer House.1953 年）；勒阿弗尔文化中心（Cultural Centre.1972—1983 年）；拉丁美洲纪念馆（Memorial to Latin America.1986—1988 年）；尼泰罗伊现代美术馆（Niteroi，1996 年）等。

为旌表其功，1988 年的国际普利茨克建筑奖被颁授予众望所归、年高德劭的奥斯卡·尼迈耶。此后，尼迈耶还于 1998 年获得英国大不列颠皇家建筑学院金奖，并被世人称作"建筑界的毕加索"。

在迈向功成名就的路上，深刻影响到尼迈耶设计思想成长和发展的因素有 3 个：（1）他所钟情和崇拜的文艺巨匠们的艺术作品及美学观念，为其个人的思想情感与价值观带来不可磨灭的深刻影响，如他一直热衷于探索突破常规的不规则形式和未知形态，认为当中潜藏着巨大的价值与美；（2）业界前辈们通过实体建筑演绎和表达出来的现代主义建筑设计理念，为其提供了可供借鉴的思考原则和创作经验，如柯布西耶的"建筑超越实用性，建筑是造型艺术"[1]对其影响甚深；（3）拉丁美洲独有的社会环境、民族文明和文化遗产，又为其供应着便于利用的本土资源和传统样式，如巴西原有的传统古典建筑与巴洛克建筑[2]，就成为其灵活运用的参考资料。这些外在因素的影响一旦与个人脾性、气质等内在蓄积相遇而化合，就产生了"尼迈耶式"的个人风格——用自由完美的曲线来塑造既有抒情意味而又功能完备的现代性建筑。

"尼迈耶式"风格背后的设计理念可被简要地归纳为：第一，始终以理性思考为基柱的浪漫主义表达方式；第二，永不枯竭和停歇的求变思维与创新意识；第三，对建筑物及建筑设计之本质抱持多元开放性思考的态度和观念。这些设计风格和理念臻于成熟后被统称为"混凝土曲线美学"。

作为"现代主义先锋"[3]的尼迈耶对现代建筑思想在过度理性和保守方面上的有力突破，使之成为建筑学界中的一座新路标。他并没有陷落在前辈大师的光环和枷锁中，而是独具匠心地创造出一套崭新的、深具个人才情的思维模式和艺术理念。这不仅令他自己的建筑作品体现出清新且特殊美的格调，也给予同侪与后辈许多重要的影响和启发。

代表作品评析：

1. COPAN 公寓大厦（COPAN Complex）

时间：1950 年
地点：巴西圣保罗州圣保罗市（Sao Paulo，Sao Paulo state，Brazil）

尼迈耶注重对生活的感觉体验，善于从生活中提炼出美，并认为这对设计大有裨益。他将那种对曲线之美的深刻感悟归功于对大自然和人体的深情关注

① 吴焕加，外国现代建筑二十讲 [M]. 北京：生活·读书·新知三联书店，2007：137.
② 盛行于 17—18 世纪欧洲的建筑与装饰风格，基本特色为外形自由，追求动态，装饰奢华，色彩强烈。
③ Matthieu Salvaing. *Oscar Niemeyer* [M]. Assouline，2002：26.

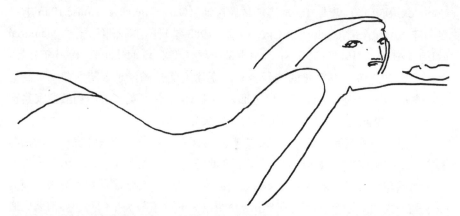

图 19-1 尼迈耶平日的即兴涂鸦，他对曲线之美的感受特别敏锐（上）

图 19-2 COPAN 公寓大厦的外观，宏伟雄壮。鸟瞰时更易看出"S"型的外形走向（下左）

图 19-3 大厦仰视图，波浪形的形体特征非常明显，如巨浪奔涌而来。建筑主体采用混凝土建造而成（下右）

与爱恋（图 19-1）[①]。从生机盎然的自然和柔美曼妙的体态中觉察出来的美，被尼迈耶成功地复现在他的建筑作品中。

1950 年，在巴西的圣保罗，尼迈耶大胆高超的才艺得到一次淋漓尽致的发挥和表现。他标新立异地以一种奇特的构造形式来设计并建造出一座极具现代感的建筑物——COPAN 公寓大楼（图 19-2）[②]。建筑物楼高 30 层，横剖面状如一个大写的"S"字母，与周围方方正正的普通楼群形成形态上的对比，造成了一种谐趣性的视觉矛盾。依循不规则的地形条件，经过精心地调整和布局，取得了与周围建筑群的整体协调性。因此，概约性曲线形态的大楼，并没有给原有的环境状貌带来过分的冲击。这个顺应地势扭动身姿的建筑物，是对尼迈耶曲线设计理念的一次完美诠释。

从远处观望，水平式的遮阳屏板连缀成密集的平行弧线，弯曲流畅的轮廓与利落大方的形象易使人产生远眺波浪起伏的感觉（图 19-3）[③]，待接近建筑主体的时候，方能感受到磅礴涌现的强烈动感（图 19-4）[④]。在现实与想象彼此交

---

① Oscar Niemeyer. *Niemeyer 100* [M]. 1997：12.

② http：//www.statoil.com/no/About/ArtProgramme/Perspectives/PublishingImages/copan33_large.jpg

③ Oscar Niemeyer. *Selbstdarstellung*，*Kritiken*，*Oeuvre* [M]. Frolich & Kaufmann.1982：57.

④ Alan Hess.*Oscar Niemeyer Houses* [M]. Rizzoli.2006：144.

融的空间中，建筑物的奇特形象令人宛如置身于巨涛大浪的中心，给观者留下了深刻的印象与丰富的遐想，这是尼迈耶通过曲线美学创造出来的视觉效果和特殊体验。

图19-4 大厦外墙的局部，水平式的遮阳屏板连缀成密集的平行弧线，统一为白色基调，近观之，动感十足

这幢彰显着独特个人风格的建筑物弥散出迷人的魅力，其显著的特征及成因是：（1）尼迈耶在对建筑物形体外观的构成设计中，通过对曲线的精彩运思与巧妙应用，营造出自由流畅、活泼轻快、极富动感的形象效果。（2）他所偏爱的几何形状的单纯性又赋予建筑物一种简约、大气、清新的整体感觉。（3）他自身具有一种使坚硬粗厚的材料变得柔软感性的杰出能力，因此能够深入发掘出钢筋与混凝土潜在的材质特性并予以充分地发挥和应用，这才使建筑草图上的曲线构思在实际的建造中得到稳定而完美的实现。

作为建筑师和艺术家的尼迈耶，采取和善用了以美为中介和目的，形式整合功能的独特构思方式。"当一种形式变为美，那么它同时立即成了功能。"[1]美的形式统合了人的直觉感受与理性思考，寄托着精神与物质的双重诉求。直抒胸臆的形式语言在人们的精神交流中担负着更为重要的功能作用——激发出人们对信仰与理想的生活意志和审美兴趣。因此，在符合建筑功能之基本要求的前提下，设计中的重心和焦点集中在对建筑形式结构的探索与创新，赋予常规建筑以非常态式的艺术美感。

2. 国会大厦（National Congress）

时间：1958 年

地点：巴西利亚，D.F. 巴西（Brasilia，D.F.Brazil）

在参与规划与建设首都巴西利亚城期间，尼迈耶立下了卓著的功勋。在这个庞大项目的实施过程中，科斯塔主要负责制定城市的规划蓝图，而他则承担着巴西利亚城内的诸多具体而繁重的建筑设计任务，包括共同构成三权广场（Square of the Three Powers）的总统府（Palacio de Planalto）、联邦最高法院（Federal Supreme Court）和国会大厦（National Congress）。国会大厦（图19-5）[2]于1958年建立落成，位于城市中轴线的顶端，具有极为重要的象征意义。国会大厦建筑群由办公大厦与会议楼组成，办公大厦由两幢中间有狭窄通道相连的办公楼紧密结合而成，正面视之状如高耸入云的"H"字母，象征着

① 张鸿.从巴西议会大厦看后现代建筑设计思潮 [J]. 作家杂志，2009（8）：240.

② http://upload.wikimedia.org/wikipedia/commons/c/c9/Congresso_brasilia.jpg

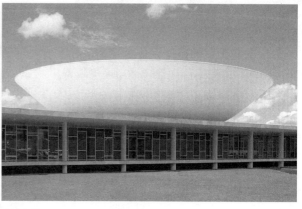

图 19-5 国会大厦，1958
年竣工。办公楼两旁是参
议院和众议院的会场（上
左）

图 19-6 众议院会场外部
（上右）

图 19-7 参议院会场内
部，前方是宽阔的主席台，
下面是参加会议议员们的
坐席（下）

人（Humano），其主要特征是：方正、规整而稳重。扁平的会议楼仅有三层，顶上有众议院和参议院两个会议厅。参议院会场外观类似一倒置之扁，象征集中；而众议院会场（图 19-6）[①]则为正置之扁碗，象征民主。尼迈耶的"倒置性结构"与将相似形象并置于组合的创作手法在此再次显现并成为经典。该建筑群可被视为尼迈耶成熟的理念和娴熟的技巧之标志，原因如下：（1）通过将极简的抽象几何形体编排组合成富有韵律和节奏变化的整体群落，从而促使人们在结构形式的复合型对比关系中思考和体悟隐含其中的开放而多元的象征意味。（2）这些象征之所以开放而多元，是因为单纯性的几何形态并不具备带有引导性的叙事功能，由此能够触动发散性的思考。（3）这些形式上的对比关系包括高耸与扁平、方正与圆润、稳定与变化等，一方面散发着悦目的设计美感，另一方面给予观者各种精神启迪。

在建筑的内部，同样可见这种设计手法的纯熟运用，以参议院会场（图19-7）[②]为例，一个圆形的会场被划分为主席台与坐席两个区域，主席台后的背壁布满栅栏式竖直而绵密的装饰细柱，与主席台前行列密集的坐席产生呼应，同时也产生直曲、竖横的对比，由此表现出两个区域间的张力，象征了主持者和与会者之间微妙复杂的关系。众议院会场的布置与之大同小异。综观之，整个建筑群的布局看似自由而随性，实则构思精巧而缜密。形式上虽然没有过多细部可供人鉴赏，突出的只是大手笔的对比。[③]但正是这种有意识的删减，反倒产生出强大的张力与气场，令人不得不叹服尼迈耶过人的胆识和智慧。当柯布西耶见到这番景象时，他感叹道："勇敢的尼迈耶，勇敢！"[④]

尼迈耶曾说过："对我来说，对人有益比我的建筑更重要。"作为一名具有

① http：//thumbs.dreamstime.com/thumblarge_422/124850964268HMdo.jpg
② Josep Ma.Botey. 奥斯卡·尼迈耶 [M]. 张建华译. 沈阳：辽宁科学技术出版社，2005：136.
③ 吴焕加. 外国现代建筑二十讲 [M]. 北京：生活·读书·新知三联书店，2007：224.
④ Josep Ma.Botey. 奥斯卡·尼迈耶 [M]. 张建华译. 沈阳：辽宁科学技术出版社，2005：18.

共产主义抱负和满怀民族情感的知识分子，尼迈耶借用建筑这种艺术语言诉说着他心中那份浓烈的人文情怀与政治理想。这份热忱质朴的情感与乌托邦情结借抒情手法的运用，在建筑上得到最直接的表现。

图 19-8　巴西利亚大教堂，1959 年破土动工，1970 年竣工落成。奇特的造型非常引人注目（左）

图 19-9　大教堂的设计草图，寥寥数笔，尼迈耶便将心中的圣殿形象勾绘出来（右）

3. 巴西利亚大教堂（Cathedral）

　　时间：1959—1970 年

　　地点：巴西巴西利亚（Brasilia，D.F.Brazil）

　　距离三权广场不远处，一座散发着现代化气息的大教堂——巴西利亚大教堂（图 19-8）[①]——尤其光彩夺目，是尼迈耶为巴西利亚奉上的杰作之一。这项工程始于 1959 年，历时 11 年才竣工。在这座宗教建筑上，尼迈耶将自己的天分与才智演绎得十分精彩，因此给人的印象非常深刻。该教堂外观上最引人注目之处是 16 根呈露在外的弧线型混凝土支柱，依环型拼接起来，作为屋脊撑托屋顶并形成建筑的外在主结构，通体纯白，光洁，匀净，颇具动感，在阳光的照耀下熠熠生辉，予人纯洁高尚之感。而支柱之间则安装有玻璃镶嵌板，旨在为教堂内部提供良好的采光，同时也塑造出教堂建筑的现代格调和品位。尼迈耶用自由灵动的曲线来塑造神圣的宗教形象，并借此抒发深沉的宗教情怀，是一种成功的大胆尝试。这些简洁优美的曲线仿佛从大地的四面八方蔓延而来，在此汇聚，然后向天空延展，瞬间迸发华彩。这使得大教堂的整体形象既像耶稣受难时所戴之荆冠，又像圣主降临时头顶的金冕，具有丰富的象征意义（图 19-9）[②]。

　　事实上，以上仅仅是整个建筑物顶部的一部分，建筑的主体部分嵌在地下。人们必须通过长廊进入到教堂大厅（图 19-10）[③]，方能感受到内部空间的宏大宽敞、明亮静谧以及通过玻璃幕墙透射进来的光线所制造出来的奇特光影氛围。这就与以幽深暗沉、瑰丽繁复而著称的一般传统教堂有很大的差异。但是，尼迈耶正有意选取这样一个突破口来表现其丰沛的想象力与创造力。"要建一个大教堂，没有必要一定采用十字架和圣人像来象征上帝之家，一个宏伟的雕塑

① http：//www.humanandnatural.com/data/media/34/brasilia_cathedral.jpg

② Oscar Niemeyer．*Niemeyer 100* [M]．1997：15.

③ http：//i.images.cdn.fotopedia.com/Great_Architects_of_the_World/Cathedral_of_Brasilia.jpg

图19-10　大教堂内部空间，阳光透过透明的天花照亮宽敞的大厅，给予人奇特梦幻的感觉

能传播着一种宗教思想，一个祈祷的时刻。这是一个简洁、纯净匀称的建筑，一件艺术品。"①尼迈耶打破了人们惯性思维中对于实现某种特定功能的类型性建筑的既定形式与理解，换言之，即打破了建筑类型学上的禁锢，消解掉传统法则的权威，力求实现创新与超越之目的。

"对于我来说，建筑就是创新。"尼迈耶如是说。他在其职业生涯中持续不断地实践着这些理念：（1）创新的含义，即不固守于既有的传统经典和种类范畴，又对建筑艺术保持开放的态度和多元的理解。（2）某类建筑物一贯以来的常态状貌只能传达出建筑艺术的部分本质，它不能囊括和规限住一直处在发展中的建筑艺术的全部本质。（3）建筑艺术的本质理应还包括面向未来的一切发展潜力和各种超越的可能。尼迈耶反复强调的"创造性"就是人类智识在建筑设计中的极致表现。

虽然，尼迈耶独辟蹊径之举引发了许多争议，不过，仅就事实来说，教堂外观的素亮匀整与内部的澄莹明净，确实将整个宗教场所提升到崇高庄严的境界。所以，越来越多的教徒进入到尼迈耶设计的这座现代化教堂中，虔诚地呼唤着信念与希望。

参考文献

[1] Oscar Niemeyer. *Selbstdarstellung*，*Kritiken*，*Oeuvre*[M]. Frolich & Kaufmann，1982.

[2] Matthieu Salvaing. *Oscar Niemeyer*[M]. Assouline，2002.

[3] Alan Hess. *Oscar Niemeyer Houses*[M]. Rizzoli，2006.

[4] Oscar Niemeyer. *Niemeyer 100*[M]. 1997.

[5] Josep Ma.Botey. 奥斯卡·尼迈耶 [M]. 张建华译. 沈阳：辽宁科学技术出版社，2005.

[6] 吴焕加. 外国现代建筑二十讲 [M]. 北京：生活·读书·新知三联书店，2007.

[7] 毛坚韧. 外国现代建筑史图说 [M]. 北京：中国建筑工业出版社，2008.

[8] 张鸿. 从巴西议会大厦看后现代建筑设计思潮 [J]. 作家杂志. 2009（8）.

网络资源

[1] http：//en.wikipedia.org/wiki/Oscar_Niemeyer

（梁彦）

---

① Josep Ma.Botey. 奥斯卡·尼迈耶 [M]. 张建华译. 沈阳：辽宁科学技术出版社，2005：64.

20　戈登·邦夏夫特（Gordon Bunshaft）

　　戈登·邦夏夫特（Gordon Bunshaft，1909—1990年），于1909年5月9日出生在美国纽约州的水牛城，1929进入麻省理工学院修读建筑，1935年获得硕士学位，这段漫长的学习经历奠定了他偏向理性主义的思维方式。1935—1937年他在欧洲和北非各国之间游学，眼界大开，收获甚多。1949年，邦夏夫特与史奇摩尔（Louis Skidmore），奥温斯（Nathaniel Owings）和梅里尔（John Merrill）等人，共同组建了SOM建筑设计事务所，此后一直致力于对现代主义建筑技术与风格的研究和探索。其一生中的许多经典之作，都酝酿和建造于此期间。包括纽约利华大厦（Lever House，1951年），耶鲁大学贝尼克善本书图书馆（Beinecke Library，1963年），赫希汉博物馆和雕塑园（Hirshhorn Museum and Sculpture Garden，1974年），沙特阿拉伯国家商业银行（Saudi Arabia National Commercial Bank，1983年）等。

　　1988年，邦夏夫特被授予普利茨克建筑奖。在获奖的那一刻，他抒发了这样的肺腑之言："1928年，我进入麻省理工学院学习建筑并开始我的职业之途。时至今日，60个春夏秋冬过去了，我被授予这个最具威望的至高奖项，对此我感激不尽。这是我人生、事业中的巅峰时刻。"这位向委员会毛遂自荐的年迈建筑师，终于如愿以偿地赢得这项殊荣。这光辉的瞬间连同他所创造的一系列优秀建筑作品，同时被载入史册。

　　习惯上，人们将邦夏夫特归于仍保留着古典意识的现代主义一派。这是由于从他众多作品中总体显现出来的建筑理念和设计精神，与古典主义的建筑法式和理念在血缘上有着千丝万缕的关系。因此也曾一度被部分人诟病为态度暧昧，摇摆不定的保守主义。但是，邦夏夫特对现代主义建筑独到而精深的理解，恰恰表现在稳重而非高调激进，超前但不刻意超越的行事作风之上——设计并非刻意的复古，也非一味求变，而是与时代相契之合理折中。

　　邦夏夫特善于从经典的古典主义建筑之中提取出传统的精华，融入到现代主义的思想架构之中，不断完善自有的理念体系。这需要善于捕捉形态美感的眼睛和勤于分析内容道理的头脑。他说："多看些事物，然后懂得应该如何去观察它们"①。因此，他的建筑作品既持续保有古典主义的气质，又充分体现出现代主义之性格。其特点在于：（1）他崇尚在建筑物上塑造出如纪念碑式的巨

① Detlef Mertins. *Gordon Bunshaft Interview* [J]. SOM Journal 3, 1989：4.

大体量感、对称性和单纯的形式。将建筑造得对称、成比例[1]，以实现一种静态的安稳与庄重。（2）运用适当的自由结构来进行形体上的组织安排，突破沉闷，点染出活泼的现代格调。（3）以精心选择的各种建材为枢纽和介质，将古典气质与现代性格结合起来。邦夏夫特是采用大面积玻璃幕墙来建造现代化摩天大楼的有力推动者。他在建筑材料的选取上，具有敏锐的观察和审美能力。他采用各类新颖的材质对建筑物施以柔化处理，使原本的坚实沉重转化为大方得体的轻盈，令建筑物同时兼备古典和现代的双重品质。

当同代建筑师们在几近疯狂地探索和实践着前卫创新的建筑形式之时，邦夏夫特只是默默地奉献着保守的，却是合理的、适用的建筑作品[2]，带动着仍保留古典意识之现代主义建筑思潮和流派的发展。虽斯人已逝，但其光环笼罩之下仍聚集着众多的追随者。

代表作品评析：

1. 利华大厦（Lever House）

时间：1950—1952 年

地点：美国纽约

由戈登·邦夏夫特设计建造的纽约利华大厦是其最为著名的代表作品之一（图 20-1）[3]。该大厦的业主是以生产化工类日常生活用品而闻名遐迩的美国大企业利华公司，这座高楼位处纽约曼哈顿区的花园大道，占地约为 3000m^2。建筑的首两层扩展伸张，占满基地。贴地的第一层内有较为宽阔的回环型柱廊，

环绕包围着中庭和天井，第三层以上为竖立着的平板状的塔楼，共 24 层。

这座摩天大楼在建成之时让人们惊诧不已的原因并非大楼的垂直高度，而是它的结构和材料——钢结构以及玻璃幕墙等崭新建材被大量应用在这座建筑物上。在 20 世纪 20 年代，建筑师密斯便已经提出过玻璃大楼的设计理念，包括 1921 年和 1922 年的两个玻璃摩天大楼方案。这些方案的理论依据是：不负担承重功能的建筑外墙可以由轻巧透薄的材料来建造，例如玻璃；而建筑骨架则由坚韧而又有延展性的钢材来构造。可惜囿于时代工艺，暂且付诸阙如。邦夏夫特延续着

图 20-1 利华大厦，坐落于纽约曼哈顿的中心区域，是戈登用玻璃和钢材制造的第一座真正意义上的摩天大楼

---

① 布鲁诺·赛维 . 现代建筑语言 [M]：席云平译 . 北京：中国建筑工业出版社，1986：40.

② Muriel Emmanuel. *Contemporary Architects* [M]. St.Martin's Press, 1980：127

③ http：//upload.wikimedia.org/wikipedia/commons/3/37/Lever_House.JPG

这种现代主义的创新思路，积极对建筑材料进行研究与试验，终于在工业水平发展成熟至能够提供相应材料之时，将此富有先进性的构思率先在他的手中得到具体实现。他正是采用了"玻璃幕墙"这种新兴的建筑方式和时代语言，塑造出奇特的建筑，引发了惊人的效应：（1）利华大厦是第一座真正意义上的全玻璃高层建筑——它的四面外墙均由不锈钢的框架和强化玻璃交结构造而成，从底层一直蔓延到顶部（图20-2）[1]。因此，其整体恍如一个巨大的玻璃盒子，通透、光亮，在阳光中显得纯净与流畅，拥有庞大的体量却表现出轻盈和纤巧，渗透着时代的独特美感。（2）点睛之处在于，地面中庭栽种的高大树木从第二层顶部蔓逾出来，松散随性的枝叶柔化了笔直硬朗的建筑轮廓，并与金属廊柱构成质地上的比照。植物的翠绿色调映在玻璃幕墙上，使之折射出如凝脂美玉般的瑰丽质感。这意味着，玻璃建材与金属结构的成功结合不仅仅是材料与构造上的一种突破，它本身还传达出一股崭新而特殊的美学特质，引导着社会的审美风尚（图20-3）[2]，此外，也使建筑师在构思过程中，在钢筋混凝土之外，有了另一种选择。

虽然，玻璃摩天大厦的概念并非出自邦夏夫特的个人创见，但对这种趋势的肯定与坚持，并不遗余力地予以实践，由此推动了建筑材料与结构上的发展与改进，仍不失为富有胆识之举。事实上，能像邦夏夫特一样精于理解和转译如密斯、柯布西耶等大师的具有前瞻意识之抽象理念的建筑师为数不多[3]。利华大厦的出现，迅速改变着时代与人们的审美趣尚，它成为了19世纪50年代建筑界的模范榜样，是永恒的经典[4]。在此之后，采用金属与玻璃的摩天大楼如雨后春笋般在世界各地大量出现。正是邦夏夫特获得的成功，激发了这种热潮。

图20-2 仰视图，玻璃外墙通透、光亮、纯净、流丽，现代感极为强烈（左）

图20-3 中庭的一角，可以清晰地看到外露的钢结构支架和廊柱，明净通透之玻璃被嵌入其中（右）

① 吴焕加．外国现代建筑二十讲 [M]．北京：生活·读书·新知三联书店，2007：199.

② http://www.bernarduccimeisel.com/imagesdb/LeverHouse.jpg

③ Franz Schulze．*Gordon Bunshaft of Skidmore*，*Owings* & *Merrill* [J]．The Journal of the Society of Architectural Historians．1990（49）：228.

④ The Pritzker Architecture Prize 1988．http://www.pritzkerprize.cn/1988-bunshaft/jury-citation

图 20-4　Beinecke 善本书图书馆的整体外观，犹如一个方正沉实的石盒压在脆薄孱弱的玻璃底架上，极具戏剧色彩（左）

图 20-5　大堂中央的塔状书库，以玻璃为外墙，形式上与建筑主体的外结构相似，形成一种内外呼应的关系（右）

2. 贝尼克善本书图书馆（Beinecke Rare Book Library Commentary）

时间：1963 年

地点：耶鲁大学（Yale University）

耶鲁大学图书馆是美国大型研究型图书馆之一，是由 22 座建筑结合而成的建筑群。其中包括由邦夏夫特设计建造的贝尼克（Beinecke）善本书图书馆（图 20-4）①。这座年轻的现代主义建筑，在周围群集之古典主义建筑的围伺中，并没有出现人们预想中所担忧的矛盾冲突，而是与环境气场和文化格调彼此化合，相映成趣，十分融洽。能取得此番皆大欢喜的效果，最重要的原因就是邦夏夫特以其独特的中庸之道调和了文化环境因素与现代主义风格之间的隔层。

这幢建筑物体现的是古典主义法式与现代主义原则的奇妙结合。蕴含其中的古典主义元素表现在以下几个方面：（1）以石质材料为主要建材。大楼的外墙使用浅灰色的花岗岩来制造框架，再于当中嵌入白垩色的大理石，色调和谐，明朗单纯。整体造型由此显得端正大方，浑厚稳重。（2）通过比例方程上的精妙计算，建筑立面上横竖线条之排布整齐有序，间隔合理，虚实有致，沿袭了古典法则所强调的形式组合与比例关系上的匀称与协调，衍生出一种可由理性判断的美②。（3）馆内与外观一般，予人同样的感觉。大厅中央是高为六层、体量庞大的塔状书库（图 20-5）③，以透明玻璃为四面隔墙，内里密集整齐地码放着各类善本古籍，呈现出既敛聚又开放的姿态，是一种明晰的理性形式。概述之，它保留了古典主义美学所追求的秩序化、单纯性与体量感以及由此塑造出来的富有张力的理性形象和审美感受。

图书馆在一定程度上保留了古典主义的审美意趣，但更为重要的是对现代主义原则的阐释与运用：（1）强化形式之对比度，在理性形式中适度添加感性元素，以塑造建筑的个性特色与现代品格。图书馆的首层，四道全落地玻璃式

---

① http：//upload.wikimedia.org/wikipedia/commons/7/7f/Beinecke_Library_2.jpg

② 陈志华. 外国建筑史 [M]. 北京：中国建筑工业出版社，2004：192.

③ http：//upload.wikimedia.org/wikipedia/commons/thumb/0/0a/Beinecke_Library_interior_2.JPG

外墙向内缩进，上面楼层向外出挑，在底层形成一个环廊，四个角位各有一方细小的梯形岩石棱柱作为装饰性的支撑物，以产生视觉上的稳定感（图 20-6）[①]。即便如此，整体来看，仍犹如一个巨大沉重的岩石石体搭骑在脆弱的玻璃底架上，造就了非理性形式的戏剧效果。邦夏夫特在此处挣脱了古典主义中坚守稳定和谐、对称协调之法则的掣肘，赋予刚硬、理性的体积以抒情诗一般的性质。（2）强调现代主义的功能原则，重在凸显和实现建筑空间的主要功能。以玻璃幕墙来构造中庭书库，这种一目了然的视觉形式促进了人们对空间及其功能的认识和理解，减少人们对空间的误解而产生的各类不便和精力耗费，从而能够迅速进入到与建筑的互动交流之中，使人们的主要活动集中地发生在核心区域，进而提升工作效率。（3）倡导有艺术感的现代装潢效果，注重细节。如外墙上岩石框架简约而微妙的曲折起伏和大理石天然而优美的飞白纹理，颇为摇曳生动，又不过分矫饰；首层通透的落地玻璃采光良好，对空间的分隔干净利落，给人开阔宽敞之感。

　　以上诸种变化，是对古典主义建筑群的一种突围，它破除了沉闷单调的统一格局，于典雅庄重之外，表现出现代主义的鲜活、谐趣之美，是一种完美技艺的体现[②]。

图 20-6　外墙的局部，建筑四角均有一个梯形岩石棱柱作为支撑物，往内收进的空间形成一道回廊（左）

图 20-7　主体建筑的外观，办公楼的外墙中间有一个正方形的大窗，楼旁是圆形的停车场（右）

3. 国家商业银行（National Commercial Bank）

　　时间：1981—1983 年

　　地点：沙特阿拉伯吉达市（Jeddah，Saudi Arabia）

　　20 世纪 80 年代初，邦夏夫特主持建造了沙特阿拉伯国家商业银行，该建筑位于沙特阿拉伯西部港市吉达的沿海中心区域（图 20-7）[③]。落成后的建筑主体是一幢高耸的 27 层三棱柱体办公楼（图 20-8）[④]与紧靠着的 6 层扁圆停车场。

① http://farm4.staticflickr.com/3398/3428362105_440fb04e0b_z.jpg

② Ada Louise Huxtable.*On Awarding the Prize*．http://www.pritzkerprize.com/1988-bunshaft/essay

③ http://him2.smugmug.com/travel/jeddah/2295629_R5fBGW.jpg

④ http://25.media.tumblr.com/tumblr_m5c4fazafo1qe0nlvo1_1280.jpg

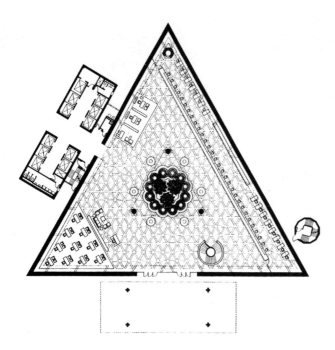

图 20-8　办公楼一楼大堂的平面图，建筑物的内部空间呈等边三角形，并被划分为数个开放的功能区域（左）

图 20-9　天井的仰视图，可见各楼层的玻璃窗户都是向内开设的，天井上方有个孔洞连通上面的另一个天井（右）

此建筑延续着邦夏夫特一贯强调的源自古典建筑的体量感，而这种体量感正是在以上两部分强烈的形态对比中被凸显出来。

　　要在干旱的沙漠地区中建造起一座现代的摩天大厦实属不易。一方面，对邦夏夫特形成挑战的是当地的气候，中东地区酷热的天气会给在摩天大楼内工作的人们带来难以忍受的煎熬。所以，在这个建设项目中，首要考虑的就是室内的隔热降温。对此所采取的措施有：（1）大厦外墙由外而内依次以石灰石面板、混凝土板和隔热板进行墙面加厚处理，力求尽可能减少热力的内渗，实现有效隔热的目的。（2）向阳面不开设单独的个体窗户，以避免猛烈的阳光直接照射进室内。为通风与采光，在西北朝向的外墙中间，开出高约 7 层的正方形大窗，而在东南朝向的外墙顶端与底部，也同样开出两个类似尺寸的大窗。三个窗内为三个镂空的天井（图 20-9）[①]，这些天井通过楼层间狭小的空隙相互贯通。风从大窗进入，于各个天井间环流，而每个楼层均面向天井开辟个体窗户，因此大厦内的空气得以置换流通。同时也将经过反射后，降低了炽烈程度的光线引进到各楼层的室内空间中。

　　对邦夏夫特形成挑战的另一方面是：阿拉伯国家的宗教文化环境、民族审美趣尚，形成了除工程技术之外的另一重无形的要求与压力。即在建造现代主义形式的建筑景观过程中，必须将摩天大厦与当地矮平散乱却象征着传统文脉的建筑群落在某个层面上串联起来。这方面的因素促使他对当时盛行于欧美各国的现代主义经典范式进行合适的调整与改造。事实上，在建筑物的垂直立面上开设大窗的外观样式，本就取经自伊斯兰的传统建筑风格。另外，还需减

---

① http://farm4.staticflickr.com/3410/IAA2009.jpg

轻摩天大厦的巨大体量给人们心理上带来的压迫感与不适感，邦夏夫特在以下
几方面做出了努力：(1) 建筑物的几何姿态极易引发单调沉闷的观感。因此邦
夏夫特在建筑顶部开设一长列的窗户，如同一道用于点缀主体的装饰花边，在
建筑立面的单纯平面格局中添加了块面划分上的变化。(2) 正方形的大窗将人
们的视觉引导至内里的天井，天井内可见的各个楼层之窗户，均以玻璃为饰，
这些窗户晶莹透亮，显得活泼俏丽，如同藏在巨大石窟内的奇异珍宝，吸引着
人们的视线。(3) 硬朗的建材与柔美的植物之间巧妙搭配的个人经典手法再
次起到画龙点睛的功用，在每个天井的下方，即区段楼层的顶部天台，均栽
种有绿色植物。它们从斜射进天井的阳光中得到滋养。这样一来，既改善了
大厦内部的空气条件，也为在大厦里工作的人们提供了一种不可或缺的视觉、
心理补充。

　　邦夏夫特设计的沙特阿拉伯国家商业银行融合了伊斯兰的传统建筑风格，
是现代主义建筑在异国他乡的特殊气候中的创造性演绎。一向谦逊的邦夏夫特
也曾自豪地说："只有一座大厦完全源于我自己的独创概念，它就是吉达的国
家商业银行。"①

参考文献

[1] Carol Herselle Krinsky. *Gordon Bunshaft of Skidmore，Owings & Merrill* [M]. Architectural History Foundation. 1988.

[2] Betty Blum. *Oral history of Gordon Bunshaft* [C]. Chicago Architects Oral History Project，The Art Institute of Chicago，1990.

[3] Muriel Emmanuel. *Contemporary Architects* [M]. St.Martin's Press，1980.

[4] Detlef Mertins. *Gordon Bunshaft Interview* [J]. SOM Journal 3，1989.

[5] [意] 布鲁诺·赛维. 现代建筑语言 [M]. 席云平、王虹译. 北京：中国建筑工业出版社，1986.

[6] 陈志华. 外国建筑史 [M]. 北京：中国建筑工业出版社，2004.

[7] 边放. 当代美国城市环境 [M]. 天津：天津大学出版社，2002.

（梁彦）

---

① Detlef Mertins. *Gordon Bunshaft Interview* [J]. SOM Journal 3. 1989：3.

21 保罗·兰德（Paul Rand）

单纯不是设计的目的，它只是一个好的设计思想和适度期望的副产品。①

——保罗·兰德

图 21-1 保罗·兰德
（1914—1996 年）

保罗·兰德(Paul Rand,图21-1)②于1914年出生于纽约布鲁克林(Brooklyn)，他是第二次世界大战后美国平面设计的先驱，他是最先开始探索美国式的现代平面设计风格的设计师。

伴随着世界艺术的中心从巴黎转移到美国纽约，同时由于第二次世界大战时期，欧洲大批优秀艺术家、教育家、设计师们为躲避战争来到美国，同时他们带来了欧洲前卫的现代设计理念和技术，为美国并不发达的设计艺术注入了很多新鲜血液，促进了美国现代设计的飞速发展。欧洲的平面设计是一种理性化的视觉设计风格且具有高度组织性，这虽然有益于快速传播，但从另一层面上来说，显得有些单调、刻板和缺乏变化。这样的设计风格显然与美国人的乐天性格不相符合③。因此，由于社会和大众的需求，他们开始探索具有美国本土特色的设计风格。

"20世纪40年代是美国现代设计的最重要转折阶段，一方面，美国设计界开始全面接受欧洲现代主义设计风格，另外一方面，他们却又开始对欧洲的

---

① http：//www.brainyquote.com/quotes/authors/p/paul_rand.html

② http：//www.paul-rand.com/

③ 王受之．世界平面设计史 [M]．北京：中国青年出版社，2002：224.

现代设计进行改良，以适应美国大众的需求"①，设计师们探索出了美国式的现代设计风格，探索的中心地在纽约，因而逐渐形成了"纽约平面设计派"。保罗·兰德是纽约平面设计派最重要的奠基人和开创者。

1929—1932 年间保罗·兰德于纽约普拉特学院（Pratt Institute）学习设计，1932—1933 年转学到帕森斯设计学院（Parsons The New School for Design），随后他又跟随设计家乔治·格罗斯（George Grosz）学习。保罗·兰德还是瑞士平面设计风格（the Swiss Style of graphic design）的发起人之一。由于有着丰富的学习经验，使他有更多的机会接触到欧洲的现代艺术领域，特别受到德国的包豪斯和英国商业杂志的影响，他对现代艺术有着深刻的理解，尤其对于康定斯基、立体主义和未来派的造型元素有着与他人不同的内心感触。1935 年，他为平行艺术杂志（Apparel Arts magazine）做书籍设计，在这里的工作锻炼，加上他对欧洲现代艺术独特的艺术视角，结合自己对艺术的理解，使他逐渐形成了自己独特的设计风格。他认为艺术在注重功能性和艺术性的同时，设计呈现的效果应当是生动、有趣、活泼的。在设计中，他很早运用照片拼贴的方式，他还非常注重字体、图形、色彩、版面比例的处理，并运用变形、抽象、概括、蒙太奇②的手法让画面中的元素更简洁、更有深层次的含义。

23 岁时，他开始自己的平面设计生涯，在从业之初，他就显露出与生俱来优秀的设计才能。他深刻理解现代运动先锋特别是保罗·克莱（Paul Klee）、康定斯基和立体派的作品，这使他认识到自由创造的形在作为视觉传达工具时，既在象征意义上，也在表现上可以有一个独立的生命③。1937—1941 年他开始担任《爷们》（Esquire）、《方向》（Direction）等杂志的艺术指导。20 世纪 40—50 年代在威廉·H·温特劳布广告代理公司（William H.Weintraub Advertising Agency）任创意指导。1954 年他离开广告代理公司后自己开张从事设计，设计的重心从广告海报、书籍杂志转移到企业形象设计上。比较有名的案例有：美国国际商业机器公司 1962 年 IBM（International Business Machine）的企业形象设计、美国联邦快递公司（United Parcel Service）、1960 年美国"西屋电气"公司（The Westinghouse Electric Corporation）的标志设计和美国广播公司（American Broadcast Company）、耶鲁大学（Yale University）及乔布斯（Steve Jobs）创办的 NeXT 计算机公司等设计作品。

他一生对于设计理论的研究也是不胜枚举的，其中比较著名的有：《设计师的艺术：A Designer's Art》、《设计的思想：Thoughts on Design》以及与安娜·兰德（Ann Rand）合著的《闪闪发光：关于词汇的一本书》（Sparkle and spin：a book about words）等。他的设计领域非常广，囊括了书籍装帧、广告设

---

① 王受之 . 世界平面设计史 [M]. 北京：中国青年出版社，2002：225.
② 蒙太奇：是电影构成形式和构成方法的总称，是法语 montage 的音译，原是法语建筑学上的一个术语，意为"构成"、"装配"，后被借用于电影中，引申为"剪辑"、"组合"，表示镜头的组接。
③ （美）梅格斯 . 二十世纪视觉传达设计史——现代设计艺术理论丛书 [M]. 柴常佩译 . 武汉：湖北美术出版社，1994：147.

计、插图设计、字体与标志设计以及一些杂志方面的设计等。他曾数次获得过"纽约艺术家协会"金奖、还被英国授予"荣誉皇家设计师"的称号。他的作品还被日本和欧美的多家博物馆收藏。同时，他还在一些大学里担任教学工作：1956—1969 年。1974 年他又重新回到康州纽黑文市的耶鲁大学艺术学院（Yale University in New Haven）教授平面设计。在普拉特设计学院讲授图形设计等。1972 年，他加入纽约艺术指导俱乐部名人堂（Art Directors Club Hall of Fame）。

保罗·兰德富有美国本土特色的平面设计对后世产生了深远的影响。直到现在，他为 IBM 公司设计的标志还为世人所称颂。1996 年保罗·兰德因患癌症逝世。

代表作品评析：

1. 美国国际商业机器公司（IBM）标志及海报设计

20 世纪 60—70 年代美国工业设计发展很快。伴随着计算机产品时代的到来，运用电脑进行设计开始普及。计算机及网络时代的到来，正在改变着人们传统的生活和工作习惯。

为促进销售和打响品牌，"企业界普遍认识到'好的设计就是好的销售'，这个市场竞争的基本原则。"[1]因此，从 20 世纪 50 年代开始，遵照这个原则，各国开始重视其产品的标志、包装、广告和宣传海报的设计。

对于美国而言，企业形象系统主要是视觉系统，其中包括：标志设计、标准字体、标准色，以及相关的应用规范，这就是"视觉识别系统"（Visual Identity），也就是"VI"。[2]

美国国际商业机器公司主要生产办公机械设备（比如：打字机、计时器等）和计算机。对于企业形象设计的重要性认识较早。1956 年，为更好宣传企业形象，公司主席托马斯·沃森（Thomas Watson Jr.）邀请兰德为公司设计一个全新的标志（图 21-2）[3]。新标志是在原有标志上做了一个微妙的改变。这个标志，采用的字体是 1930 年由乔治·川普（Georg Trump）设计。这个标志的特色在于"B"字母的圆孔被设计成两个方孔，与企业经营打字机这个产品相呼应。运用这种字体作为企业标志的主体，使得标志更加庄重、稳固、平衡，极富现代感。

图 21-2 IBM 公司的标志

1947　　1956　　1967　　1972-

① 王受之．世界平面设计史 [M]．北京：中国青年出版社，2002：244.
② 王受之．世界平面设计史 [M]．北京：中国青年出版社，2002：245.
③ http：//ibmcollectables.com/ibmlogo.html

1960—1962 年间，这个有十三条横纹装饰的标识已多次出现在管理层的眼前，但因过于创新和印刷技术的限制而被拒绝。这个新标志与 IBM 公司的时间分配系统 TSS/360 技术有关，这时的标志是白色底加黑色的条纹。1967 年，IBM 公司开发了第一个磁盘驱动器存储系统，新标志与这个系统非常切合。这个新标志是一个由十三条横纹装饰的白色印刷体，标志的背景是一块坚硬的黑色长方块。[①]

图 21-3 兰德为 IBM 公司设计的海报

1972 年，兰德进一步改进了 IBM 公司的标志，在 IBM 三个字母上加上八条横排的装饰条纹，将蓝色定为标准色，这也是"蓝色巨人"的由来之一。用横条纹装饰的标志代替之前坚实如砖块状的字体，是为了传达出"速度与活力"。在之后的 25 年间，这个标志一直被保留，并成为世界上最有名的标志之一。此后，这个标志被运用于 IBM 公司一系列的产品中，比如：海报、包装、广告、宣传册等。

这张海报（图 21-3）[②]是保罗·兰德为 IBM 公司所设计，利用 IBM 与"Eye"、"Bee"、"M"相同的英文发音和谐地结合起来，采用蒙太奇的设计手法，使得海报更加活泼、有趣和生动。

2. 美国联邦快递公司（United Parcel Service）

UPS 公司于 1907 年 8 月 28 日在美国华盛顿西雅图成立，以传递信件和为零售店运送包裹起家。以"最好的服务、最低的价格"为业务原则。现在，它已经发展成为一家全球性的公司，是世界上最大的快递承运商和包裹速递公司。它的商标也成为世界上最知名的商标之一。[③]在其 104 年的成长历程中共使用过 4 个 LOGO，最新的一个设计是在 2003 年（图 21-4 左）问世。

作为一位举世闻名的设计师，1961 年，保罗·兰德被邀请为 UPS 公司进行该公司历程中第 3 个标志的设计（图 21-4 右），在那个时期，运送包裹是 UPS 公司的主要业务。

这款标志的设计灵感来源于保罗·兰德的女儿，正当他在为设计标志束手无策时，女儿随手在纸上画的一个蝴蝶结激发了他的思维，几分钟后，UPS 的标志形象就跃然纸上。这个标志的可贵之处在于，它来源于设计师家庭中温

---

① http：//ibmcollectables.com/ibmlogo.html

② http：//www.paul-rand.com/foundation/ibm/#!prettyPhoto[poster]/4/

③ http：//baike.baidu.com/view/7285.htm#sub5069724

图 21-4 1961 年兰德为 UPS 公司设计的标志（左）2003 年 UPS 公司设计使用的新标志（右）

馨的天伦之乐，这其中也体现了保罗·兰德的童真，将生活中的温馨带到设计中，并与其他人一同分享自己生活的美好。[1]这个标志[2]中的盾牌反映了诚实、可靠和责任心，而标识的上半部分就如同一个系着蝴蝶结的礼物盒，蝴蝶结和盾牌的结合，完全体现出了 UPS 公司的性质。

3. 儿童读物：《闪闪发光——一本关于词汇的书》

出版社：Chronicle Books（CA），San Francisco

正文语种：英语

商品尺寸：25.8 cm^3 × 21.9cm^3 × 1cm^3

Sparkle and Spin 这本书（图 21-5）[3]是保罗·兰德和妻子安娜·兰德共同设计制作的经典儿童读物，书是全彩色的，适合 4—8 岁的儿童阅读，1957—2006 年间先后编辑再版了 7 次。

该书出版的目的在于，通过和谐、节奏、共鸣和距离，并运用保罗·兰德极富童真、色彩缤纷、幽默诙谐的个性插图，激发读者用心聆听书里每一页中讲述的优美、悦耳的艺术"音符"。

斯蒂文·海勒（Steven Heller）曾这样说："保罗·兰德没打算创造经典儿童读物，他只是想让图片更多带有轻松、顽皮和愉悦的感觉。就像古代炼金术士一样，他将难以想象的抽象形式神奇地转换成简单的图标，激发了儿童和成年人。"[4]

这本书旨在启示小读者们意识到日常生活中语言的力量。[5]《闪闪发光》（图 21-6～图 21-7）[6]通过精彩、有趣的语言带领读者经历一个轻松愉快的旅程。在该书中读者将会学习到同音异形异义字、感叹词、形容词、动词和其他语言知识。运用有节奏感的诗句，将留给读者一段愉快的阅读历程。

图 21-5 Sparkle and Spin 封面设计

① http：//blog.sina.com.cn/s/blog_48bbe51b0100ont3.html
② http：//www.vartcn.com/Article/pmsj/wgsjs/200604/9407.html
③ http：//www.paul-rand.com/foundation/books_by_rand/sparkle_and_spin/#!prettyPhoto
④ http：//www.paul-rand.com/foundation/books_by_rand/sparkle_and_spin/#!prettyPhoto
⑤ http：//www.chroniclebooks.com/titles/sparkle-and-spin.html
⑥ 从左至右 http：//www.paul-rand.com/foundation/books_by_rand/sparkle_and_spin/#!prettyPhoto[Sparkle and Spin]/0/；http：//www.paul-rand.com/foundation/books_by_rand/sparkle_and_spin/#!prettyPhoto[Sparkle and Spin]/2/

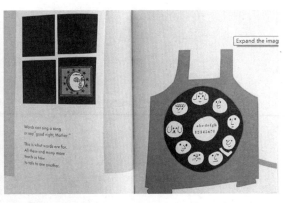

图 21-6　Sparkle and Spin
内页设计—1（左）
图 21-7　Sparkle and Spin
内页设计—2（右）

　　本书的设计还是采用极简的手法，通过简单的样式、简单的组合关系、简单的色彩搭配，而这正是文化艺术的高峰。正如美学家库尔特·贝德特（Kurt Beidirt）所说：当某件艺术品被誉为简化性时，人们总是指这件作品把丰富的意义和多样化的形式组织在一个统一的结构中，在这个结构中所有细节不仅各得其所，而且各有分工。①

　　保罗·兰德巧用鲜艳、单纯的色彩，简洁、有趣味性的设计元素，使读者在轻松、愉悦的氛围中学习。这是他一贯的作风，他认为设计不应该是呆板和无趣的，而应该是在表达目的的同时增加一些轻松、诙谐和幽默的感觉。

参考文献

[1] Heller，Steven.*Paul Rand*，82，Creator of Sleek Graphic Designs，Dies：[Obituary（Obit）]——New York Times Company Nov 28，1996.United States：New York，N.Y.

[2] （美）梅格斯 . 二十世纪视觉传达设计史 . 现代设计艺术理论丛书 [M]. 柴常佩译 . 武汉：湖北美术出版社，1994.

[3] 邹文兵 . 美国平面设计大师保罗·兰德作品艺术风格探析 [N]. 郑州轻工业学院学报（社会科学版），2009，2.

[4] 艾红华 . 西方设计史 [M]. 北京：中国建筑工业出版社，2010.

[5] 詹文瑶，李敏敏 . 现代平面设计简史 [M]—重庆：重庆大学出版社，2006.8.

[6] 王受之 . 世界平面设计史 [M]. 北京：中国青年出版社，2002.

[7] 曹小欧 . 国外后现代设计 [M]. 南京：江苏美术出版社，2002.

[8] 梁梅 . 世界现代设计史 [M]. 上海：上海人民美术出版社，2009.

[9] （美）阿恩海姆 . 艺术与视知觉 [M]. 滕守尧，朱疆源译 . 成都：四川人民出版社，1998.

（闫丽萍）

① （美）阿恩海姆 . 艺术与视知觉 [M]. 滕守尧，朱疆源译 . 成都：四川人民出版社，1998.

22　埃托雷·索特萨斯（Ettore Sottsass）

图 22-1　埃托雷·索特萨斯（Ettore Sottsass）

"一开始我还能中规中矩的做些流行的设计，但是我很快就彻底厌烦这冷漠的工作了。难道人们不能在使用的过程中享受一些快乐吗？"[①]一位 20 世纪后期意大利设计显贵曾经这样评论这一时期麻木的设计，并且他的一生也是这样对抗着——设计的冷漠，这个人就是埃托雷·索特萨斯（Ettore Sottsass）。

埃托雷·索特萨斯(图 22-1)[②] 1917 年出生在奥地利的因斯布鲁克(Innsbruck)，父亲是一名出色的建筑师，索特萨斯的父亲希望他得到更好的教育，子承父业成为一名建筑师，于是 1929 年全家移居都灵。事实上，索特萨斯没有辜负父亲的期望，1936 年进入都灵大学建筑系并在 1939 年获得了建筑学学位。随着第二次世界大战的爆发，索特萨斯应征进入部队，并在南斯拉夫的集中营中度过了大部分时光，按索特萨斯的话说："这场战争中没有任何激动人心和有趣的事，我从中没学到任何东西，纯粹是浪费时间。"第二次世界大战之后他进入父亲的工作室，虽然同是建筑师，但他们却有着截然相反的设计思想，并且常为此引发争论。"当我还是小孩，我听到的全是功能主义，功能主义，功能主义。"也许就是在那个时候，年幼的索特萨斯已经埋下了"瓦解过去的种子"。

1946 年索特萨斯离开父亲移居米兰组织手工艺展，在接下来的十年中为《多姆斯》（Domus）杂志撰写，开始建筑设计与工业设计的实践。期间出任意大利 Polotronova 公司设计顾问一职，为其设计家具。1958 年他成为意大利奥利维蒂公司（Olivetti）新成立的电器部门的顾问角色，为其设计 Elea 9003 计算器并在次年投产，这项突破为意大利设计迎来了春天。1960 年期间索特萨斯先后到访印度和美国，这让他对设计有了彻底的改观。第一个影响是美国的大众文化或者称为波普文化；第二个则是印度宗教的神秘主义内容和原始文化。在此之后对于设计的每个对象索特萨斯都从这两个方面出发，赋予新定义，因此产出的效果也非彼寻常。对于他来说，这两个因素的采用都是一

---

① http：//www.techcn.com.cn/index.php？ edition-view-149952-1

② http：//www.nytimes.com/2008/01/01/arts/01sottsass.html？ _r=1

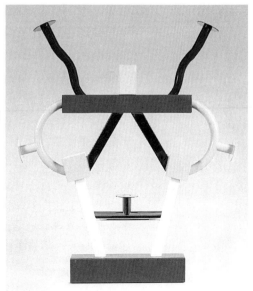

种象征性符号，他认为围绕他的所有的产品，都是对自我解放的援助（Aids to Liberation）。所谓解放，是指通过这些产品的再设计，可以找寻出通往个人自由发展的道路。从意识形态背景来看，索特萨斯反对的是国际主义设计标准化导致的非个人倾向，寻求的是自我的、独立的、个人的、精神的表现，与此相反的是反对工业化、集体的、物质主义设计主流。因此，在这里称他为设计中的反设计家是很恰当的。

　　1970 年划时代的产品出现，索特萨斯为奥利维蒂公司设计推出了鲜艳的红色和深红色塑料外壳的 1970 情人节款（Valentine，即瓦伦丁）打字机——他称它为"打字机中的明珠"（A Brio among Typewriters）。虽然后来被他推翻，但今天看来，这项设计依然新锐大胆。1978 年索特萨斯加入"阿尔奇米亚"（Alchymia，图 22-2）[①]工作室，这个组织汇集了大批激进设计带头人物，如亚历山大·曼地尼（Alessandro Mendini）、安德尔·波莱兹（Andrea Branzi）。如同"阿尔奇米亚"的原意是"点金术"，这个组织的宗旨是化腐朽为神奇，以追求破坏性的情趣而引起人们对理性设计原则的怀疑。设计师们通常喜欢用超现实主义、抽象主义、立体主义、波普绘画装饰包裹生活品，但由于"阿尔奇米亚"很大程度上产品的功能性被冲淡，失去原有价值，只专注将现代文化渗透设计，很多商品只能手工制作，生产有限。因此，终于在 1980 这一年以索特萨斯为首的一批成员提出异议，要求能够完成真正的产品，要有一个制作工场，要将活动与商业销售挂钩。这个争论引起组织目标的分歧，同年秋天，索特萨斯离开"阿尔奇米亚"。1981 年组建一只新的设计小组——"孟菲斯"（Memphis Group，图 22-3）[②]，这一年是意大利设计新纪元的开始。某种程度上可以说"阿

图 22-2　亚历山大·曼迪尼设计——"普洛斯特椅"设计者在古典扶手椅上涂了后印象派画家修拉的点彩笔触，表达了努力将现代文化意识渗入设计的欲望（左）

图 22-3　埃托雷·索特萨斯 1981 年设计的 Ashoka 桌灯。设计造型模仿迪斯尼卡通片里的形象，仿佛一直点头小鸟或一只溺水的小鸭，运用鲜明的对比方式，使这些作品既明快又诙谐（右）

① Ettore Sottsass：Architect And Designer, Ronald T, Labaco, Merrell Publishers
② Wei Han .The Design View of Memphis.

尔奇米亚"是"孟菲斯"的先行者，因为"孟菲斯"继承了"阿尔奇米亚"重视产品文化内涵的原则，但它没有"阿尔奇米亚"那种激烈的反叛精神。相反以索特萨斯为首的设计师们的设计表达出对当代一种新美学准则的迎合，所谓的"畸形"精神，即浅显、新奇、炫耀、时尚。这也是索特萨斯设计理念的一部分："设计对我来说，是一种讨论生活、社会、政治、饮食，甚至与设计本身的途径，设计就是一种新的生活方式，设计不是一个结论，而是一种假设；不是一种宣言，而是一个步骤、一个瞬间。当你试图规定某种产品的功能时，功能就从你的手指缝中漏掉。因为功能有它自己的生命。"索特萨斯秉承这条设计理念，先后设计了彩色木质书架以及彩色玻璃手推车等作品，直至1985年离开"孟菲斯"集团，回到主攻建筑设计的索特萨斯事务所，完成了许多工业设计项目并继续活跃在设计界。无论在设计领域还是建筑领域，索特萨斯都能与业内精英愉快合作，如与西比克（Aldo Cibic）、马蒂奥·顺（Matteo Thun）、伊文（James Irvine）等人长期联手接洽各种设计项目。2007年索特萨斯举办人生中最后一个世界巡回展览，同年冬天因流感引发的心代偿失调在米兰的寓所过世，享年90岁。

代表作品评析：

1. 瓦伦丁（Valentine）打字机（图22-4）[①]

时间：1969—1970年

制造商：意大利奥利维蒂公司

从20世纪60年代开始，索特萨斯先后到美国和印度旅行，这段时间让索特萨斯对设计有了彻底的改观，从严格的功能主义转变到了更为人性化和更加色彩斑斓的设计，强调的是设计的环境效应。作为先锋设计师，索特萨

图 22-4 1970年埃托雷·索特萨斯为奥利维蒂公司设计出时代产品——情人节款Valentine打字机，该设计外壳呈鲜明红色，款式新颖，可随身携带

斯授命为奥利维蒂公司设计顾问，并于1970年设计出新时代产品——情人节款Valentine打字机，这部打字机堪称这一时期的顶尖设计。与同时期的打字机相比较，这款打字机只是多出来一个几乎低到键盘位置的托纸器和一个收藏机器的盒子，显然实际用处不大，但新奇的想法充斥着这款打字机。索特萨斯大胆采用鲜艳色彩作为设计基调，他定义它为墨西哥色彩——感官的色彩，在他认为每种颜色都有自己的历史，红色是共

---

① http：//blog.sina.com.cn/s/blog_4bdabb490102dtcv.htm

产主义的旗帜的颜色，是催促外科医生行动更快的颜色，也是激情的颜色，这款激情的色彩让他有设计的冲动。沉闷老式的黑色外壳用红色塑料外壳所代替，整个机体被红色覆盖，强烈的色彩冲击视觉，目的在于赚人眼球，红色理念得以真正贯穿整个设计。很快这款被他称为"打字机中的明珠"并风靡世界，年轻人以拥有一台 Valentine 打字机为时尚，办公室、大街甚至娱乐场所随处可见它的影子，这时候的 Valentine 打字机已不仅仅充当一台打字机的功能，更多的是一种装饰作用，同年这台打字机为索特萨斯赢得"金圆规"设计奖。后来，美国纽约现代艺术博物馆将它收为永久馆藏。纽约时报记者罗宾·波格雷宾（Robin J.Pogrebin）回忆，"那鲜艳的红色至今令人惊艳。"

虽然良好的市场反应让制造商对索特萨斯信心大增，决定为他提供更多的机会来让他发挥。但索特萨斯后来还是否定了这个设计，认为它太显眼了，就像一个女孩穿着超短裙，抹着浓妆，太像一件图形化的产品。很少有设计师会像索特萨斯那样否定自己的作品，但事实证明索特萨斯就是这么一个特立独行的人，他的作品在每个阶段都有所不同，总是在肯定中不断否定，在否定中不断创新。在他认为：功能不是比量出来的，是产品与生活之间的一种可能关系。当一件产品的功能与生活相背离，它便失去原有存在的意义，仅仅只是一个图形。

2. 卡尔顿书架（Carlton Bookcase）（图 22-5）[①]

时间：1980 年

制造团体：孟菲斯

1980 年是"孟菲斯"的黄金时代，作为集团主要领导者的索特萨斯狂热于色彩，将色彩发挥运用在装饰家具，也包括室内陈设，在他认为色彩的光波可激发最直接的感官解读；索特萨斯初期设计，源于包豪斯的设计理念，偏向于理性构成的造型和环境系列构造，后来逐渐超越这些观念加上来自不同的距

离、材质或者是支柱和支撑重量的其他设计语言，卡尔顿书架便是这一时期最好的诠释。

1981 年"孟菲斯"米兰设计展上，索特萨斯推出一款设计新颖的书架。作为一款书架，卡尔顿书架在形状上出乎意料，书架完全颠覆传统书架的设计，色彩缤纷活泼，形状怪诞奇异，设计师吸收美国赌城拉斯维加斯通俗文化，采用廉价的工业材料装饰板贴面，色彩虽然艳丽，却并不

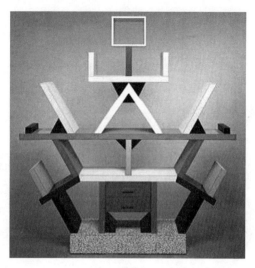

图 22-5 由索特萨斯在 1981 年"孟菲斯"米兰设计展上推出的卡尔顿书架

① http：//re.chinaluxus.com/Hom/20091207/1484_7.html

夸张。在设计制作过程中，设计师始终保持着新颖却不唐突的想法，以中心为轴，分别在两边涂抹相对应的颜色，使之达到和谐平衡，这个设计像堆积木一样，将材料堆砌叠加，整个看上去更像一个玩偶，一个变形的机器人。书架具有 20 世纪 50 年代波普艺术的戏谑，带有一种廉价的商业感，看似没有多少实用价值，却蕴含深层的设计意味——索特萨斯潜台词就是"为什么一定要功能呢？"，用恶搞挑战严肃的现代设计，彻底打破功能主义，宣告新的时代的到来。同时实现设计初衷，针对高端收藏界，而非考虑批量生产，在这里设计的功能并非绝对，而是具有可塑性，实现产品与生活之间的一种可能的关系。这种做法显然成功，时至今日，纽约现代艺术博物馆仍收藏了这个书架，索特萨斯"瓦解过去的种子"在一点点长成。

3. 马尔本萨机场（Milan Malpensa Intercontinental Airport）（图 22-6）[①]

时间：1948 年

地点：意大利米兰

自 20 世纪 40—60 年代，作为战败国意大利是贫穷的，并处在一个经济复苏时期，民族的自信和建筑师的自信都必须重建。像今天的中国建筑一样，意大利受到来自两个方面的影响：一是本土的建筑传统；二是来自于以北美为代表的现代建筑文化。当时意大利建筑师们为国家营造了各种类型的建筑，其中有纪念性建筑、宗教建筑、办公建筑、居住建筑等，这些建筑都具有浓烈的南欧气息，无论色彩、结构都继承了意大利文艺复兴大师们塑造作建筑立面的那种热忱。无论建筑多么现代、多么功能主义，在建筑师的心目中，建筑同样是一种艺术品，米兰马尔本萨机场很好地满足了这些要求。

图 22-6　1948 年由埃托雷·索特萨斯设计的马尔本萨国际机场大楼（左）

图 22-7　马尔本萨国际机场建筑景观（右）

意大利机场体系由 3 个机场构成，分别由肯尼迪国际机场、Orioalserio 国际机场以及马尔本萨国际机场（图 22-7）[②]构成，其中后现代风格的马尔本萨机场是设计师索特萨斯得意之作，1948 年投入商业航班使用，20 世纪 50 年代修建第二条跑道，逐步成为米兰的首要机场和国际机场。1995 年 2 号航站楼投

① Ettore Sottsass：Architect And Designer，Ronald T，Labaco，Merrell Publishers

② http：//pic.feeyo.com/piclist/20100621/201006210120408355.html

入使用，随后又对 1 号航站楼进行了大规模的改建和翻修，服务人口超过 15 万人。这是一个无所不包的建筑，低调安静的外表藏不住内在的现代化。内设 226 个登记手续办理柜台，85 个登机口，25 个登机栈桥，14 个行李传送带，2111 个临时停车位，7734 个固定停车位。为方便旅客，在设计初期设计师就已考虑到未来几十年内国际机场人流量客运需要，除设计连接机场和市里的公交车位置外，还有预留部分通道，1999 年 5 月马尔本萨国际机场利用这些预留空间，开通新的的特快列车。更为难得的是，为方便顾客，机场商务中心可提供现代化服务，租用手机、视频会议及一对一的翻译服务。如果顾客是一位美食家，请不要错过这里，这里的意大利美食让顾客不枉此程，若不慎弄脏了衣服，机场洗衣房可为顾客提供清洗，如果忙于商务工作的顾客，感到奔波、辗转，那么第 1 航站楼里的美容院、书店将提供完善的服务，使顾客身心双重放松。登机前，机场还为顾客提供土耳其浴，令旅客全情投入下一段旅程。

参考文献

[1] http：//wenku.baidu.com/view/e7f1102ce2bd960590c6771b.html

[2] http：//baike.baidu.com/view/1866492.htm

[3] http：//finance.sina.com.cn/review/essay/20080127/09574457497.shtml

[4] 经济观察报——再见索塔萨斯 [N]，北京：经济观察报，2008.

[5] (意) 安德烈·巴兰兹，赫伯特·马斯卡姆.埃托雷·索扎斯及其事务所 [M].北京：中国建筑工业出版社，2005.

[6] (英) 梅尔·拜厄斯，(法) 阿尔莱特·边雷·德邦·百年工业设计集萃 [M].詹炳宏译.北京：中国纺织出版社，2001.

[7] 朱龙华.意大利文化 [M].上海：上海科学出版社，2004.

[8] 詹和平.后现代主义设计 [M].江苏：江苏美术出版社.

[9] 韩巍.孟菲斯设计 [M].江苏：江苏美术出版社，2001.

[10] 王受之.世界现代设计史 [M].北京：中国青年出版社，2002.

[11] 张怀强.工业设计史 [M].郑州：郑州大学出版社，2004.

（丁雅茹）

23　奥托·艾舍（Otl Aicher）

图23-1　奥托·艾舍

奥托·艾舍（Otl Aicher）（图23-1）[①]，德国20世纪最有影响力的设计师之一，1922年5月出生于德国南部的小城乌尔姆（Ulm），1991年9月逝于德国岗兹堡（Günzburg）。

奥托·艾舍的设计作品诸如1972慕尼黑奥运会象形视觉系统、德国汉莎航空公司企业视觉形象识别系统、博朗（Braun）电器、Rotis字体等项目皆为世人称道，尤其奥运会项目成为设计史上的经典作品影响至今。

在设计教育方面，奥托·艾舍最大的贡献是与马克思·比尔（Max Bill）等人共同创办了针对建筑设计、产品设计和平面设计的设计学校——乌尔姆造型学院（HfG Ulm，Hochschule für Gestaltung），由比尔担任校长，艾舍担任视觉系老师。1962年比尔离职，艾舍接任校长的职位。虽然学院于1953年建立至1968年被迫关闭，但这短暂的十几年却对设计界产生了巨大影响，乌尔姆延续了第二次世界大战之前包豪斯式设计实验学校的实用设计和工业互动的传统。在艾舍任校长之后，他们几位年轻的骨干教师带领学院走出一种新的道路：将技术与科学引入教学系统，区别于包豪斯的"工艺性"，他们更强调设计的"科学性"[②]。艾舍始终保持基础性的教学研究并进行实际项目实践。他著作了不少关于设计理论与实践及印刷体的书籍：《设计的世界》（die welt als entwurf.Verlag Ernst & Sohn，1991年）；《字体设计》（Typographie，1988年）；《符号系统·视觉传达——给设计师、建筑师、规划师、组织者的手册》（Zeichensysteme，der visuellen Kommunikation，Handbuch für Designer/Architekten/Planer/Organisatoren.Otl Aicher&Martin Krampen，1977年）等，如今视觉设计领域的许多名词概念来源于他的理论。

艾舍"视觉传达设计"理念不同以往的视觉文化，其目标是建立全球范围

---

① Markus Rathgeb, *Otl Aicher*[M]，Phaidon Press Limited.2006：5.

② Linde Kapitzki/Hans-Ludwig Enderle.Herbert W.Kapitzki.Gestaltung：Methode und Konsequenz.Ein biografischer Bericht.[M].Edition Axel Menges：27.

内具有普遍可读性、可识别性的视觉语言，以图像、图形代替文本，更有效、简明地传递信息。作为视觉传达设计的先驱者，他通过对图形设计概念的界定，道明了视觉设计的内在含义："图形设计涉及的是图形设计师的个人作品，而视觉传达概念则是信息发出者和接受者两者之间的信息交换。"并"将图形设计从应用艺术归入'人与人'与'人与社会'的信息传达的最优形式。"（grafik bezieht sich auf eine Sache, auf das Tun des Grafikers. Visuelle kommunikation bezieht sich auf eine Beziehung. Kommunikation ist der Informationsaustausch zwischen zweien, einem sender und einem empfänger, wobei der Empfänger wieder in die Rolle des Senders schlüpfen kann. Visuelle Kommunikation ist bildliche mitteilung in einem Kommunikativen prozeβ.) [1]。（注：grafik 有平面、图示、图形、图像设计、版画的意思，译者认为更多的是"图形设计"之意，在此涉及中文语境问题：国内的设计体系起步较晚，中文语境对设计精确概念区分不够敏感，"平面设计"依然是当下笼统词汇，不过好在有"视觉传达"作对比。）在此，艾舍将普遍概念上的静态图形、图像上升为一种动态的交流，并强调视觉传达的核心不在于视觉美观而是信息传递。

艾舍设计的慕尼黑奥运会视觉识别系统是其一生最大的成就。这个项目将体育图标人物动作造型标准化，以强调识别、通用、简约为设计原则，具有高度理性的功能主义风格，在网格内进行图标设计，取得秩序感。他建立了标准化图标系统在信息传达设计中的应用，例如如今在街道、火车站、机场、博览会、体育馆、酒店、商场等公共场所标识系统中广泛运用。

艾舍是推动国际主义平面设计风格发展的重要力量。这种风格讲究非对称前提下的统一性、功能性、理性化，所有的平面设计因素都在一个工整的方格网络中排列，具有高度的秩序特点，字体全部是无装饰线体。他的汉莎航空（Lufthansa Airline）项目是系统设计（The Inception of System Design）在工业领域向平面设计领域延伸的重要案例。[2]

在艾舍身上还体现了作为设计师对社会责任的担当。设计作为社会进步的推动力，这种思想在当时德国也是普遍存在的。他参加学术人士的反战活动，是一位抱着极强责任心和良知、一心在德国第二次世界大战重建时为社会服务的设计师，从乌尔姆造型学院的创立、对学院教学理念的主张到奥运会视觉系统设计等举动可见一斑。他在 1962—1964 年执教期间所著的设计理论以具有理想主义的乌托邦幻想色彩而出名[3]，激进设计（Radical Design）思想也是艾舍之所以被称为大师的原因之——对社会形势的敏锐触觉。

1989 年，奥托·艾舍作为设计界长辈在《Visuelle Kommunikation》一书中作序，批评了视觉设计被过度利用在商业上面，导致了眼球经济的出现，而疏于在社会制度文化交流方面发挥作用。他认为现在的公民放弃自治权，把社

① 《Visuelle Kommunikation》-《Versuch einer Abgrenzung》，P8.Otl Aicher，1994.

② 王受之. 世界现代设计史 [M]. 北京：中国青年出版社，2002：29.

③ Design of The 20th Century.Charlotte，Peter Fiell[M].Koln：Taschen，1999：27.

会和政治命题交给国家，以获得国家对公民财产、安全保障以及对公民权利、艺术和教育的维护——利益集团或是政府部门当然更愿意看到人们遗忘自己应有的权利，而视觉设计把大众娱乐化。

他在序言末尾处所说的，也许可以视为他对视觉传达设计在社会意义层面上的宏观理解。视觉传达在今天岌岌可危的被卷入文化漩涡中，只有少数人还记得这句话：社会语言的转变和优化，首先是图像和符号语言的改善，要着眼于语言（Sprechen）和符号（Zeigen，显现、展示）领域人际关系的文化。语言、视觉语言以及图片和符号的语言，不但证明了它传递内容的质量，也反映着它传递方式的质量。使用就是语言的准则，使用中呈现真相，没有什么比视觉语言更能体现这一特征。[①]

代表作品评析：

1. 慕尼黑奥运会视觉系统（Munich Olympic Pictograms）

时间：1967—1972 年

当慕尼黑艰辛地拿下奥运举办权时，世界并不看好慕尼黑，因为人们对 1936 年希特勒时期疯狂民族主义阴霾下的柏林奥运会还心有余悸。艾舍用心设计的这一套视觉识别系统有效地缓解了第二次世界大战后人们敏感脆弱的神经。设计利用"符号性"跨越了时间、国界的特点，不刻意呈现承办国的形象，而回到奥林匹克运动与运动员本身，回避了当时国际上对德国"民族性"问题的顾虑。

1972 年的德国正在从战争的废墟中站立起来，成为一个举足轻重的经济大国。奥运会的主题"光明的慕尼黑"反映出德国试图通过举办慕尼黑奥运会借机向世界表明：曾是两次世界大战策源地的德国，已告别不堪回首的过去，正展现美好的未来。德国政府希望本届奥运会能真正成为世界青年欢乐的节日，让全世界看到一个全新的慕尼黑。[②]奥组委委托艾舍做设计，也是考虑到他当时"反纳粹"的政治背景。从当时国际设计发展看，东京、莫斯科、格勒诺布尔奥运会都呈现了一种新的设计语言，世界期待着一种倾向于用象形符号（Pictograms）和统一视觉（A Unifying Image）的设计系统的出现。[③]

早期征集收到众多设计作品，设计组在反复评论、分析的过程中，对本次主题风格的定位也逐渐明朗，但是一个完全脱离于举办城市文化和地域特征的奥运会似乎又是无法想象的。最终依然是以巴伐利亚地区的风景，阿尔卑斯山、湖，森林、牧场和阳光以及慕尼黑城作为视觉元素设计的切入点。

在分析了大量柏林奥运会使用过的设计元素（大量古罗马文明的元素，宽阔的场地，新古典主义建筑以及被专制主义者如希特勒、墨索里尼所钟爱的红、

---

① 《Visuelle Kommunikation》 - 《Versuch einer Abgrenzung》，Otl Aicher，1994：8.

② Markus Rathgeb.*Otl Aicher*[M].Phaidon Press Limited：83.

③ Hatje Cantz.ulmer modelle[M].modelle nach ulm：30.

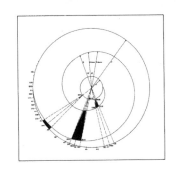
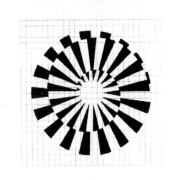

黄色）后，艾舍开始专注于一些国际化的简单元素。它后来被用于奥运会建筑的视觉识别，包括色彩、会徽、字体、版式设计和网格。这些元素通过各种印刷品如海报、门票、小册子或者信笺抬头快速地传递（图23-2～图23-3）。艾舍让所有的视觉应用相互关联起来，标准化带来一致性的同时也形成灵活可变却有相互关联的系统，目的在于在有序之上建立嬉戏式的自由，"寓一致性于多样化"（Unity in Variety，源于20世纪20年代新现实主义的设计概念）成为了艾舍作品的核心原则。[①]

那个著名的螺旋Logo的设计过程几经波折。艾舍一开始的方案（图23-4），其出发点在于普世的几何和运动领域。他创作的光环，一个放射状的光环象征着阳光普照整座城市，象征着花朵、星星以及胜利者的荣誉。他的灵感来自于托斯曼小说《神的光环》开头的那句"慕尼黑阳光普照"。慕尼黑这座城市在文学作品中被描述为巴伐利亚的"光明城市"。但是这一设计遭到国家奥委会否决，认为这样过于简单的几何图形设计容易被复制模仿。

1967年艾舍递交了第二种设计方案，是基于像奥运五环靠拢的一系列环形标志（图23-5）。尽管组委会认为"环形结构"也是一种可能的方案，但是

图23-2　奥运会的海报、导览小册子（上左）
图23-3　奥运会宣传海报（上右）
图23-4　左为首次方案，右为最终方案，中为图形几何公式计算（下）

① Markus Rathgeb.*Otl Aicher*[M].Phaidon Press Limited：84.

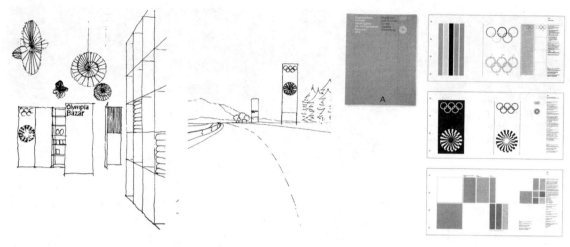

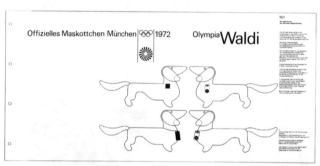

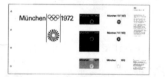

图 23-5　设计应用草图（上左）

图 23-6　设计应用（上右）

图 23-7　奥运会吉祥物（下）

那些设计构想并没有使他们振奋。[1]

　　在艾舍最初方案提出的一年后，其初期的修改方案才最终被组委会采纳：团队成员曼恩斯坦（Mannstein）将原来的光环和一个螺旋形黑白间条融合在一起，运用了一个复杂的数学运算创作出了这个充满活力又独一无二的奥运标志。

　　色彩方面，艾舍从慕尼黑城市到阿尔卑斯山脉提取色素，调色板概念中包括了蓝色、绿色、橙色和银色。从色彩心理学分析，蓝色代表运动，绿色表示压力，橙色象征科技，银色寓意外交礼仪。他将不同的领域用不同的颜色加以区分，浅蓝色由组委会官方使用，绿色是媒体，橙色是技术部门，而银色用于公共功能和庆祝活动（图 23-6 ～图 23-7）。

　　字体方面，他喜欢 Univers 字体表现出活力和形式上的清晰辨别度，而这两点也恰恰是他在慕尼黑运功会设计方案中需要的。这次奥运会则为第二次世界大战后的德国提供了首次字体应用的国际性平台。[2]

　　奥运会体育项目的象形符号（Pictograms）识别系统（风格化的运动人像），是本设计方案一个亮点（图 23-8）。

　　奥运会期间，来自不同国家的人说着不同的语言在某个特定的时间被聚集在一处，寻找着场馆，座位，站台——象形标识系统正是在这么一种环境下发挥着重要的作用。凭借它脱离语言系统，形象直观的特质，图示系统实现着信息传递，路线引导等功能。回顾奥运会历史，各种运动标识系统虽早已有之，但直到这一届，标识系统才最终奠定了它在引导系统中的重要地位。艾舍借

① Markus Rathgeb，*Otl Aicher*[M].Phaidon Press Limited.2006：83.

② Markus Rathgeb，*Otl Aicher*.Phaidon Press Limited.2006.the 1972 Olympics，P87

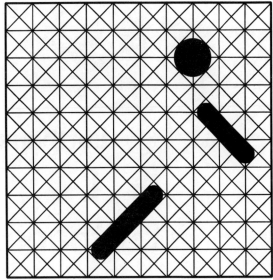

鉴了日本版画家胜见胜（Masaru Katsumi）在
1964 年为东京奥运会设计的图形识别系统。抽
象小人像的设计是以一个网版为基础，运用各
种角度的线条和对角线还原了最原始、简单的
运动样式[①]（图 23-9）。

　　这种还事物本质的追求还表现在用简单的
一个圆点表现小人的头部，采用线条粗细均匀
的特点。正是因为这种没有装饰的还原让艾舍
的符号系统具有高度的识别性，使人们不易混
淆。这种没有时间界限、语言特点，带有文化
中立色彩的符号是世界性的、具有跨越国界与
年代的人类共识。虽然当时也伴随有某些批判
的声音说：这让慕尼黑乱堆了各种符号，而且这是给文盲看的——这并不影响
这套设计成为经典，且对之后历届奥运会体育图标的设计产生了深远影响。

图 23-8　象形符号（Picto-
grams）识别系统（风格化
的运动人像）（上左）
图 23-9　网格、对角线（上
右）
图 23-10　汉莎（Lufthansa）
航空机票设计（下）

2. 汉莎航空形象设计（the Corporate Identity of Airline Lufthansa）

　　时间：1962—1964 年

　　艾舍在 HFG 设计学院任教期间，组织学生成立设计组（E5 学生设计组），
运用其理念进行视觉系统设计实践，完成了著名的德国汉莎航空公司企业视觉
形象识别系统（图 23-10）。

　　汉莎航空成立于 1926 年，作为全球的巨头航空公司，其企业标志在逐

① Otl Aicher/Martin Krampen.Zeichnensysteme，der visuellen Kommunikation.Handbuch für Designer，
Architekten，Planer，Organisatoren.Verlagsansalt Alexander Koch GmbH，Stuttgrt，1977.P129

图 23-11 在网格中的 LOGO
设计和字体设计

渐发展的行业竞争中渐现不足，艾舍认为企业需要找到自己的生存哲学，从而为自己在公众中塑造一个清晰、被认可的企业形象，汉莎有必要更新公司的视觉形象以反映出航空业技术突飞猛进的发展劲头。在他看来企业的形象还是经济发展、占领市场的重要因素。

设计核心理念是将赋予科技涵义的飞机本身作为企业呈现自身的工具。汉莎的公司形象设计最初包括了色彩设计、图示形象、印刷体形象以及公司宣传册中的字体设计。此外还确定公司宣传照的风格、材料类型、包装、展示系统、公司建筑和内部设计（包括飞机例餐使用的餐具）以及员工着装的制服。[①]艾舍团队开发了一套涉及各个方面的公司形象识别方案。从传递内容（企业文化）和传递形式表明个性，增大与其他同行的区别度，这为以后的企业形象设计（Corporate Identity）作出了典范。

大量的网格系统首次被应用到汉莎的设计元素中，系统化带来了更好的可变、适应性，但这种可变又在一种统一的整体中和可控的范围内（图 23-11）（An extensive use of the grid system was applied to Lufthansa's design elements for the first time, a method of systematization that allowed for a high degree of vatiation while maintaining an overall look and control）。[②]这是艾舍研究并一直沿用的设计理论。

1962 年，E5 设计组提交了一份标准规范手册《准则与标准 XE3》，书中介绍了视觉元素以及它们的应用：1.Logo（标志）；2.Logotype（标志字形）；3.Colors（色彩）；4.Font（印刷使用字体）；5.Format（规格）；6.page layout（页面排版）；7.Samples（样品设计）。手册内容以活页的形式便于更新。手册中对企业形象的设计呈现多样化，以便于符合其社会经济的复杂大环境。[③]此手册作为参考指南提供给汉莎公司内部各个部门及供应商，这本活页手册成为了艾舍企业识别的指导工具。

源于乌尔姆造型学院一贯对科学和设计间动态关系的讨论，艾舍在汉莎设计的构思中也大量体现了各种设计元素科学式的精确。规范手册中用到的术语尝试将客观置入一个逻辑性系统。不论是一种概念式的构思，还是将现实客观存在转译成具体的设计符号，都表明了艾舍纪律般的将一系列象形元素应用于

① Markus Rathgeb, *Otl Aicher*[M].Phaidon Press Limited, 2006：59.

② Markus Rathgeb, *Otl Aicher*[M].Phaidon Press Limited, 2006：59.

③ Otl Aicher/Martin Krampen.Zeichnensysteme, der visuellen Kommunikation.Handbuch für Designer, Architekten, Planer, Organisatoren.Verlagsansalt Alexander Koch GmbH, Stuttgrt, 1977.

一套规则系统的作风（The terminology used in the handbook revealed an attempt to embed objectivity into a logical system.It was not only the conceptual ideas but also their translation into concrete designs that revealed Aicher's disciplined manner of applying a defined set of graphic elements with a system of rules.)[1]。这些可以从他对 Logo 的重新设计，对字体和颜色的挑选这些视觉因素的核心上深刻体会到。

参考文献

[1] Markus Rathgeb.*Otl Aicher*[M].Phaidon Press Limited，2006.

[2] Peter Fiell.*Design of The 20th Century.Charlotte*[M].Koln：Taschen，1999.

[3] Otl Aicher/Martin.*Krampen.Zeichnensysteme*，*der visuellen Kommunikation.Handbuch für Designer*，*Architekten*，*Planer*，*Organisatoren*[M].Verlagsansalt Alexander Koch GmbH，Stuttgrt，1977.

[4] Hatje *Cantz.ulmer modelle*，*modelle nach ulm.*[M].Hrsg.Ulmer Museum/HfG-Archiv，Texte von Gui Bonsiepe，Bernhard E.Bürdek，Silvia Fernández，Norbert Kurtz，Bernd Meurer，Martin M?ntele，Elisabeth Walther u.a.2003.

[5] Redaktion von Linde Kapitzki/Hans-Ludwig Enderle.Herbert W.Kapitzki.Gestaltung：Methode und Konsequenz.Ein biografischer Bericht.[M].Edition Axel Menges.1997.

[6] 王受之 . 世界现代设计史 [M]. 北京：中国青年出版社，2002.

（任碧晗、吴冠雄）

---

① Markus Rathgeb，*Otl Aicher*[M].Phaidon Press Limited.2006.

24 汉斯·古格洛特（Hans Gugelot）

图 24-1 汉斯·古格洛特
（左）与奥特·艾舍（右）

汉斯·古格洛特（Hans Gugelot）（图 24-1）[1]是一位有着荷兰和瑞士血统的建筑师和工业设计师。1920 年 4 月 1 日生于荷属印尼西里伯斯岛（印尼苏拉威西岛旧称）的望加锡，1965 年在德国乌尔姆（Ulm）因心脏病逝世。他短暂的一生建立了一个革命性的设计体系，影响了世界工业设计的发展。

1934 年汉斯一家迁往瑞士的戴维斯，汉斯进入中等教育学校，1940 年在洛桑工程学院（Lausanne School of Engineering）学习，后在苏黎世联邦理工学院建筑学院学习，并以优异的成绩毕业。1940 年起在洛桑的工程技术学校深造，后又在瑞士联邦理工学院建筑系学习，并在 1945—1946 年间毕业。1946 年他游历意大利，并在一些爵士乐团弹奏吉他。1947 年古格洛特结婚，为一些建筑事务所工作直到 1948 年。1948—1950 年，古格洛特与马克思·比尔（Max Bill）合作，首次涉足家具设计领域，开始创造其非凡的事业。1954 年古格洛特结识了欧文·博朗（Erwin Braun）开始一段在博朗电器公司的重要合作——古格洛特和迪特·拉姆斯（Dieter Rams），博朗的设计主管以及乌尔姆设计学院一起成功地为博朗产品建立了独特的设计语言。

1945 年起古格洛特进入乌尔姆设计学院执教，这所由奥托·艾舍（Otl Aicher）、英格·艾舍-绍尔（Inge Aicher-Scholl）和马克思·比尔建立的设计学院。他将设计与科学工业技术结合的思维引入教学当中，增加了比如材料学、制造学等课程，他的努力使学院定位更为明晰，他们致力于设计理性主义研究，与包豪斯（追求学生视觉敏感培养和产品造型个性化的设计）的教学理念有所不同；从以前模糊于"艺术与技术"之间的摆动，转移到在科学技术的基础上来培养工业设计学生，成为设计史上一个观念大转变。作为工业系主任的古格洛特，将产品设计系的教学目标基本表述为：设计出技术层面可操作、实用

---

① Dieter Rams.*Weniger，aber besser.Less but better* [M].Jo Klatt Design+Design Verlag.1995：10.

性强、符合美学标准的系列产品（Gestaltung technisch richtiger，im Gebrauch zweckmäßiger und ästhetisch einwandfreier Serienerzeugnisse）[①]。他们当时设立"基础课程"的新概念经过逐步完善形成著名的"乌尔姆模式"，至今仍影响着全世界的设计教育。从那时起，从乌尔姆学院培养出来的学生才是我们今天概念上的"设计师"。"乌尔姆模式"建立了一种新的发展体系，与科学、工业、技术密切的衔接是乌尔姆课程设置和研究成果的重要特点。[②]虽然学院由于政府财政原因而于 1968 年关闭，但它的毕业生却带着乌尔姆理念进入社会，在建筑、平面、工业设计等领域中践行，推动了德国现代设计。

在一项设计任务中，最初创意概念的产生有时来源于刹那间的灵感，有时却要经过不少弯路和多次的尝试才能逐渐确立。"设计是无法传授的"（Design ist gar nicht lehrbar）[③]，古格洛特这样对学生们说。创意的产生在他看来既不可描述也不可传教，因此他将在学院的教学重点放在客观的、可描述的设计过程阶段。他强调一个设计（工业）教师的教学工作应以工业实践为导向，他在实际教学中也遵循这个原则。他经常指导学生完成实际的工业设计任务，让学生在实践中获取经验。这种实践使得学生们不是将设计寄托在一个不稳定的灵光一现的创意，而是锻炼他们掌控每个设计细节与创意的结合。这样明确的实践目的要求学生必须将他们形式上的构思克制在可实现的范围内。

乌尔姆造型学院从 1953 年成立到 1968 年关闭期间一直是实用和结构主义设计主张的中心。汉斯·古格洛特作为建筑师、设计师和学院产品设计专业的教师深入钻研并推广"系统设计"（System Design），以 M125 家具系统设计为开端。这个对往后世界工业设计产生极大影响的理念，也是德国设计的工业产品闻名于世的重要特点。系统设计以理性主义和功能主义为核心，其潜台词是以有高度秩序的设计来整顿混乱的人造环境，使杂乱无章的环境变得比较具有关联和系统。它的使用首先在于创造一个基本模数单位，在这个单位上发展，形成完整的系统。模数体系（modularization）是系统设计的关键。[④]

除了整体性强的特点，系统设计还意味着通过单元的衔接可以自由组合，这个理念由最初的家具设计发展到电器设计（收音机、音响、缝纫机等）、列车设计（汉堡地铁，1959—1962 年）等，从形式上呈现简约、理性、整体，同时符合工业化大批量生产。这个设计理念的传播也许同时还顺应了当时社会上一股反消费主义呼声"物品不需要替换，它们应该可以扩展外延的"（possessions do not need to be replaced，but can be augmented）[⑤]（图 24-2）[⑥]。

---

① Hans Gugelot und seine Schüler.Design ist gar nicht lehrbar[M].Ulm 1990：41.

② 乌尔姆造型学院档案网 HfG-Archiv Ulm http：//www.hfg-archiv.ulm.de

③ Hans Gugelot und seine Schüler.Design ist gar nicht lehrbar[M].Ulm 1990：36.

④ 王受之．世界现代设计史 [M]．北京：中国青年出版社，2002：28.

⑤ Hatje Cantz.*ulmer modelle*，*modelle nach ulm*[M].Hrsg.Ulmer Museum/HfG-Archiv，Texte von Gui Bonsiepe，Bernhard E.Bürdek，Silvia Fernández，Norbert Kurtz，Bernd Meurer，Martin Müntele，Elisabeth Walther u.a，2003：29

⑥ Herausgegeben von Hans Wichmann.*System-Design Bahnbrecher*：*Hans Gugelot 1920-1965*[M].Die Neue Sammlung Staatliches Museum für angewandte Kunst，München，1984：83.

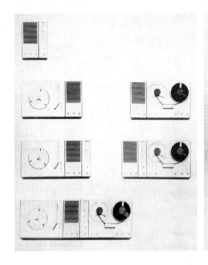

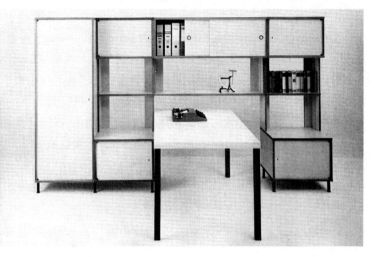

图 24-2　无线收音机＋唱机＋磁带机的模块化系统
（1957—1959 年）（左）
图 24-3　M125 系统 1（右）

代表作品评析：

1. M125 家具系统（为德国 Wilhelm Bofinger 公司设计）

时间： 1949 年始

1950 年当汉斯·古格洛特还在马克思·比尔的工作室任职期间便开始了 M125 系统化家具设计研究。这一系统就是在设计与科技结合的理念下设计的。

古格洛特特凭借他受苏黎世家具公司（der Wohnbedarf AG Zürich）委托而设计出的 M125，完成了迈向由少量元素组合系统家具的重要一步。1956 年由 Wilhelm Bofinger 公司制作、生产的符合现代制造工艺的系统家具（图 24-3）[①]

这个系统将费迪南·克拉姆（Ferdinand Kramer）设计的——由垂直基础模块构成的家具组合系统中的——模块高度设定为 125mm（dem System liegt, wie bei der vertikalen Basiseinheit von Ferdinand Kramers Kombinationsmöbeln, die Maßeinheit 125mm zugrunde）[②]，故以此作系统命名。整个部件的长度和宽度都是基本尺寸 M=125 的倍数，如 250mm 作为理想的书架深度，1250mm 作为理想的床宽，或是储藏柜、储架等室内家具。[③] 在此系统中，模块的长度和宽度是灵活可变的，在添加扩大的同时可保持其多样性，这种基本模块以根据个人不同的需求实现成千上万的多样性组合。古格洛特将系统化和灵活可变性完美的结合起来，将个性化和系统化的融合发挥到了极致。可以说，古格哈特给家具系统设计之路画上了完美的句号。

通常室内的墙仅具分隔功能，传统的墙是由砖头砌成的，但在古格洛特

---

① Werner Blaser.*Element-System-Möbel*，*Wege von der Architektur zum Design*[M].Beschreibung und Analyse des Baukastensystems M125，71.

② Herausgegeben von Jo Klatt und Hartmut Jatzke-Wigand.*Möbel-Systeme von Dieter Rams*[M].Jo Klatt Design+Design Verlag，2002：10.

③ Werner Blaser.*Element-System-Möbel*，*Wege von der Architektur zum Design*[M].Beschreibung und Analyse des Baukastensystems M125，34.

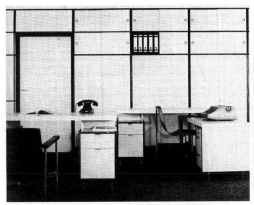

的设计中墙又被当成一个储物空间使用。结构系统 M125 使得墙除隔断功能外还成为储存容器。其单元版块的划分合理，适合于工业化的大批量生产，并且二维板块的形态在储放、运输过程中具有便利性。同时由于单元板块表面的光洁因而室内的光线也得以漫反射（图 24-4）[1]。

M125 系列还有带嵌入式房门作为空间分隔的单元来使用。橱柜门是可以锁闭的，上方的储物空间配有拉门，均由汉斯·古格洛特设计，制造商是波费林格（Wilhelm Bofinger）（图 24-5[2]～图 24-6[3]）。

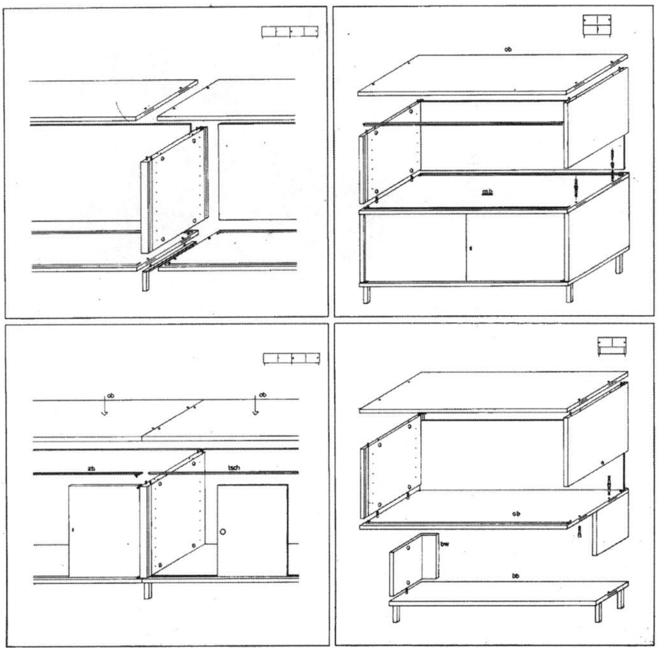

2. 啤酒装载箱

一种日常见到的啤酒装载箱，经古格洛特设计后也焕然一新。自从这种新型的塑料格栅箱面世后，它就完全替代了以往常用的木箱。这个看似简单的设计，同样诠释了系统设计理念：可堆叠式衔接；可以看清里面装载的酒瓶；箱身可做广告牌；容易受碰撞的四个角采用加固设计并可以拆卸便于清洁；用聚乙烯材料浇注而成（图 24-7）[4]。

图 24-4 M125 系统 2（上左）
图 24-5 M125 系统储物墙（上右）
图 24-6 M125 家具系统的轴测分解图（下）

① Herausgegeben von Hans Wichmann.*System-Design Bahnbrecher：Hans Gugelot 1920-1965*[M].67.

② Werner Blaser.*Element-System-M öbel，Wege von der Architektur zum Design*[M].89.

③ Werner Blaser.*Element-System-M ö bel，Wege von der Architektur zum Design*[M].Beschreibung und Analyse des Baukastensystems M125，63.

④ Herausgegeben von Hans Wichmann.*System-Design Bahnbrecher：Hans Gugelot 1920-1965*[M].Die Neue Sammlung Staatliches Museum für angewandte Kunst，München，1984：114.

图24-7　啤酒装载箱

3. 博朗（Braun）电器

　　1954 年，德国家电品牌博朗公司在寻找设计师，他们发现了新兴的乌尔姆设计学院。1954 年 12 月，博朗公司和当时刚开始招生的乌尔姆造型学院建立了关系。在奥托·艾舍（Otl Aicher）的领导下，乌尔姆造型学院为博朗电器设计策划了展会系统（Ausstellungs-Systeme）及信息传达系统（Kommunikationsmittel）[1]，汉斯·古格洛特则被委托设计收音机和留声机。乌尔姆造型学院和博朗兄弟以及弗里茨·艾舍乐（Fritz Eichler）的合作给彼此留下了深刻愉快的印象。这个由乌尔姆设计学院的两位教师汉斯·古格洛特和奥托·艾舍为核心组成的设计团队，不仅记入了博朗电器的历史，也载入了设计发展史。在短短 8 个月内，他们成功开发了博朗的整个产品线——从便携式收音机到音乐柜，创造出全新的博朗产品面貌。[2]乌尔姆设计学院的设计原则和设计方法也由此逐渐进入产品的设计和生产之中，形成博朗公司自己的设计理念和风格。设计学院与企业之间联合互动，也是乌尔姆教学模式的特点之一，为往后许多设计院校所学习。

　　博朗和乌尔姆造型学院在工业产品发展上的合作是国际设计史上重要的合作案例典范。他们的合作对于传统的收音机、留声机及电视造型有着革命性的意义。汉斯·古格洛特并不将唱片机、收音机、电视机看作是各自孤立的产品，而是把它们当作同一系统中的构成部分。各个元素之间不仅相互制约，也有着各种形式的组合。（Hans Gugelot betrachtet den Plattenspieler，das Rundfunk- und das Fernsehgerät nicht isoliert，sondern sieht in ihnen Komponenten（units）eines Systems.Sie sind in ihren Grundmaüßen aufeinander abgestimmt，also verschieden kombinierbar.）[3]。这种机械设备系统化的理念首先在为博朗公司设计的"G11-Super"，"G12"唱片机和电视机"FS-G"（1955 年）中实现（图 24-8）[4]，这同时也为视听工业设计创立了标准。随后这一设计理念被迪特·拉姆斯继续发展并

① Dieter Rams.*Weniger，aber besser.Less but better*[M].Jo Klatt Design+Design Verlag，1995：10.

② 德国布劳恩 Braun 电器官方网站：http：//www.braun.com/

③ Herausgegeben von Jo Klatt und Hartmut Jatzke-Wigand.*Möbel-Systeme von Dieter Rams*[M].Jo Klatt Design+Design Verlag.2002.P11

④ Herausgegeben von Hans Wichmann.*System-Design Bahnbrecher：Hans Gugelot 1920-1965*.Die Neue Sammlung Staatliches Museum für angewandte Kunst，München.1984.P76

用于实践。1956年汉斯·古格洛特和兰姆斯合作设计了博朗SK系列收音机＋唱机组合（图24-9～图24-10）[1]，其中SK-4在博朗的设计进程改革中处于重要地位，它不再是一个"声音的家具"，而变成是一种优良的精致器械。两侧的结构是类似的G系列，但覆盖机身的金属板材降低了成本。机箱设置成掀盖式开启方式。迪特·拉姆斯将掀盖设计成透明的。唱机外观则是由瓦根费尔德(Wilhelm Wagenfeld)和他的团队设计，它又被称"Schneewittchensarg"（白雪公主的棺材），其内部设备技术含量较前有成倍提高。SK4作为设计史上的一个里程碑，分别在纽约现代艺术博物馆和巴黎的乔治·蓬皮杜中心（Pombidou）展出。

图 24-8 "G11- Super"，"G12" 唱片机和电视机 "FS-G"（1955 年）（左上）

图 24-9 博朗 SK 系列收音机＋唱机组合 1（1956 年，法兰克福）（左下）

图 24-10 博朗 SK 系列收音机＋唱机组合 2（1956 年，法兰克福）（右）

参考文献

[1] Dieter Rams.*Weniger*，*aber besser.Less but better.*Jo Klatt Design + Design Verlag[M].1995.

① Dieter Rams.*Weniger*，*aber besser.Less but better.*Jo Klatt Design+Design Verlag.1995.P25

[2] Christiane Wachsmann，Eva von Seckendorff，Andrea Scholtz.*Design ist gar nicht lehrbar.Hans Gugelot und seine Schüler.Entwicklungen und Studienarbeiten 1954-1965*[C]，Stadtarchiv Ulm，HfG-Archiv 1990.

[3] 王受之 . 世界现代设计史 [M]. 北京：中国青年出版社，2002.

[4] Hrsg.Ulmer Museum/HfG-Archiv，Texte von Gui Bonsiepe，Bernhard E.Bürdek，Silvia Fernández，Norbert Kurtz，Bernd Meurer，Martin Mäntele，Elisabeth Walther u.a.*ulmer modelle，modelle nach ulm*[C].Hatje Cantz Verlag，2003.

[5] Herausgegeben von Hans Wichmann.*System-Design Bahnbrecher：Hans Gugelot 1920-1965*[C].Die Neue Sammlung Staatliches Museum für angewandte Kunst，München.1984.

[6] Werner Blaser.*Element-System-Möbel，Wege von der Architektur zum Design*[M].Deutsche Verlags-Anstait Gmbh，Stuttgart，1984.

[7] Herausgegeben von Jo Klatt und Hartmut Jatzke-Wigand.Textbeiträge von Hartmut Jatzke-Wigand und Gerrit Terstiege.*Möbel-Systeme von Dieter Rams*[M].Jo Klatt Design+Design Verlag，Hamburg.2002.

网络资源

[1] 乌尔姆造型学院档案网 HfG-Archiv Ulm http：//www.hfg-archiv.ulm.de

[2] 德国 Braun 电器官方网站 http：//www.braun.com/

（任碧晗、吴冠雄）

25 迪特·拉姆斯（Dieter Rams）

迪特·拉姆斯（Dieter Rams）（图
25-1）[1] 1932 年出生于德国的黑森州
（Hessen）威斯巴登（Wiesbaden），他一
生从事工业产品设计，以其实用、雅致
的设计为博朗（Braun）公司的发展立下
汗马功劳，同时又以功能主义设计大师
的身份跻身于 20 世纪最负盛名的工业设
计师之列。

图 25-1　迪特·拉姆斯，
德国现代工业设计大师，
是现代产品设计功能主义
美学的重要代表人物

1947 年，拉姆斯进入威斯巴登工艺
学校（Werkkunstschule Wiesbaden）学习
建筑与装潢设计。1953 年毕业后为建筑
师 Otto Apel 工作了一段时间。1955 年，
拉姆斯转投博朗公司从事建筑与室内设计工作。1961 年始，被擢升为该公司
的设计主管，此后，拉姆斯一直领导着博朗公司设计部直至 1995 年卸任。

拉姆斯的设计深受家学渊源的影响，其祖父曾是一位出色的手工匠人。
拉姆斯历来所标榜的所谓"简而佳（Weniger, aber besser）[2]"的设计理念
便源自其前辈简练实用的手工艺趣味的影响。早期以拉姆斯为核心的博朗
公司设计团队制作出了许许多多经典的产品设计，包括名重一时的 SK-4
留声机、高质 D 系列（D45、D46）35mm 幻灯投影仪，另外，他在 1960
年所设计的 606 万用置物柜系统（Regalsystem 606）也为他的工业设计生
涯添上浓墨重彩的一笔。

在 20 世纪 70 年代，拉姆斯的设计美学就已经酝酿成型，多年来一直让
他缭绕于心的问题是："我设计的是否是好设计呢？（Design ist mein gutes
Design？）[3]"为了回答这个问题，他列出了十个答案，这便是在现代工业产品
设计史上名闻遐迩的所谓"好设计十律（Zehn Thesen für gutes Design）"：

"好设计是创新的（Gutes Design ist innovative）"；

"好设计是实用的（Gutes Design macht ein Produkt brauchbar）"；

---

① Charlotte & Peter Fiell.Design of the 20th Century[M].Taschen，2005：591.

② Ausstellung Dieter Rams，Weniger aber Besser.Die Faszination des Einfachen 2005.

③ Gunther Reinhart，Mü Münchener Kolloquium[M].Institut für Werkzeugmaschinen，2000：279.

"好设计是审美的（Gutes Design istästhetisch）"；

"好设计让人明了（Gutes Design macht ein Produkt verständlich）"；

"好设计是谦和的（Gutes Design ist unaufdringlich）"；

"好设计是诚实的（Gutes Design ist ehrlich）"；

"好设计坚固耐用（Gutes Design ist langlebig）"；

"好设计是细致的（Gutes Design ist konsequent bis ins letzte Detail）"；

"好设计是环保的（Gutes Design ist umweltfreundlich）"；

"好设计是极简的（Gutes Design ist so wenig Design wie möglich）"。[①]

拉姆斯善于运用朴素的设计美学，强调与使用感受的关切，创造出许多经典的电子数码产品设计。出自拉姆斯之手的设计，包括咖啡器、计算器、收音机、录像机以及各款家电与办公产品，都风行一时。时至今日，在世界各地的许多设计艺术博物馆中都可以发现对拉姆斯设计作品的珍视。在拉姆斯服务于博朗公司设计组近30年，哪怕是1995年卸任主管后直到1998年荣休，他一直活跃于工业产品设计领域，关于其设计作品的展览不断，并且广受设计界赞誉。

拉姆斯的设计美观实用，每一款产品设计都独具匠心，每每好评如潮。在拉姆斯从事设计职业的70年里获奖无数，著名奖项包括：1960年获得德国工业协会(Kulturkreis im Bundesverband der Deutschen Industrie)奖学金奖、1961及1963年获得伦敦国际橡塑展（Interplas exhibition, London）最高奖、1968年获英国皇家美术协会（Royal Society of Arts, UK）颁予荣誉工业设计师奖、1969年获得维也纳国际家具展（International Furniture Exhibition in Vienna）金奖、1978年获英国工业艺术设计师协会（Society of Industrial Artists and Designers, UK）颁予赛德荣誉奖章、1989年获英国皇家美术学院（Royal College of Arts, UK）授予博士荣誉、1996年受美国工业设计师协会（Industrial Designers Society of America）颁发全球设计奖章、2002年获联邦德国功勋奖（Verdienstkreuz des Verdienstordens der Bundesrepublik Deutschland）等。

2008年始，以"少与多（Less and More）"为主题的拉姆斯设计生涯回顾展（The Design Ethos of Dieter Rams）在日本、英国、美国、德国等地陆续开展。展览展出了拉姆斯不同时期的代表性设计作品，呈现出他在现代工业产品设计方面的突破以及独到见解。拉姆斯的功能主义设计美学影响深远，当代许多活跃于设计界前沿的工业设计师都从不同程度上受到启发，其中包括诸如当前炙手可热的苹果公司（Apple Inc.）设计师乔纳森·埃维（Jonathan Paul Ive）以及在现代工业产品设计领域的大腕级设计师。[②]

① Catharina Berents，Kleine Geschichte des Design.Verlag C.H.Beck oHG，München，2001.

② http：//gizmodo.com/243641/1960s-braun-products-hold-the-secrets-to-apples-future

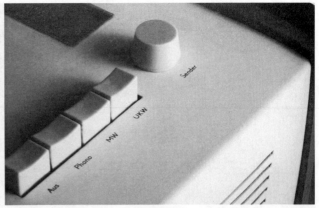

代表作品评析：

1. SK-4 留声机

SK-4 留声机是博朗公司在 1956 年所出品的一款热销产品，由拉姆斯与汉斯·古格洛特（Hans Gugelot）共同设计（图 25-2）[①]。留声机的整体造型方整简约，由透明的机盖与白色的金属机身组合而成（图 25-3 ～ 图 25-4）[②]。整体合一、有如一件盒子般简洁外形的家电设计深得顾客们的青睐，SK-4 留声机一经推出便成为其时市场所追捧的对象。

SK-4 留声机是拉姆斯坚持简单、实用、节约的功能主义精神的代表之作。这种对精简趣味的追求是拉姆斯为其一生所奉行的设计原则。1976 年，拉姆斯受邀于纽约参加演讲会，他在会上一再强调设计责任意识的重要性。他劝诫设计师们一定要关注"日趋严重的、无可避免的自然资源的短缺（increasing and irreversible shortage of natural resources）[③]"问题。同时，拉姆斯坚信好的设计需要人们的理解、接受与支持。实际上，他的设计信念便是对环境、自然、生态的珍重："我可以想见当前的情况将会令我们的子孙后代不寒而栗，我们再以现时的方式下去将会导致我们的家园、我们的城市、我们的环境更趋脏乱（I imagine our current situation will cause future generations to shudder at the thoughtlessness in the way in which we today fill our homes, our cities and our landscape with a chaos of assorted junk）[④]"。

---

① Charlotte & Peter Fiell.Design of the 20th Century.Taschen，2005：308.
② Keiko Ueki-Polet，Klaus Klemp.Less and more：the design ethos of Dieter Rams.Gestalten，2009：117.
③ Dieter Rams：Design by Vits.Delivered in December 1976 to an audience at Jack Lenor Larsen's New York showroom.
④ Ibid.

SK-4 留声机是奠定拉姆斯在现代工业产品设计史上地位的良作。自此，拉姆斯在现代工业设计领域声名鹊起。SK-4 留声机在红极一时以后，今天又成为了设计收藏家、设计博物馆所热捧的藏品，就现代设计史而言，其意义可谓价值不凡。

2. 606 万用置物柜

606 万用置物柜系统于 1960 年由拉姆斯设计，可算是现今持续最久、最流行的组合家具产品设计（图 25-5）[①]。这款设计的销量历久不衰，堪称是现代"环保设计（Eco-Design）"的典范之一，是见证拉姆斯的巧思成为超越时代趣味的代表之作。这款万用置物柜素

图 25-5 606 万用置物柜系统由拉姆斯设计（上左）

图 25-6 606 万用置物柜素以其耐用、牢靠、灵巧而著名（上右）

图 25-7 606 万用置物柜子可以经过各种组合搭配与增减，针对用途的不同，配置成不同大小、规格的柜子（下）

以其耐用、牢靠、灵巧而著名（图 25-6 ～图 25-7）[②]。位于纽约的现代艺术博物馆（MoMA）等现代设计藏地或藏家皆视这款柜子设计为典藏作品。

作为一组贮物柜系统，606 万用置物柜子可以经过各种组合搭配与增减，针对用途的不同，配置成不同大小、规格的柜子。大至图书馆的置物柜配装，细至一般的家居布局，606 万用置物柜系统都能应付自如。直到今天，当年购置了这款柜子的顾客仍可按需要增减或更换柜子的组件，以适应生活环境变化的需要。

---

① Keiko Ueki-Polet, Klaus Klemp.Less and more：the design ethos of Dieter Rams[M].Gestalten，2009：301.

② Keiko Ueki-Polet, Klaus Klemp.Less and more：the design ethos of Dieter Rams[M].Gestalten，2009：300.

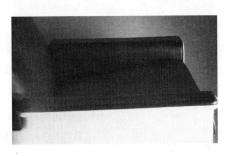

曾几何时，拉姆斯曾公开地豪言："要告别浪费的时代（end to the era of wastefulness）。[1]" 606万用置物柜系统实在是遵从这个口号的一项创举，通过调整与更改而节约用料，尽量地免除过于浪费。随着拉姆斯这款设计的风行，他的节约思想也随之而散布到各地。近年来，他与妻子创立拉姆斯基金会（Dieter and Ingeborg Rams Foundation）继续推广其设计思想与理念，再接再厉为鼓励更多设计师与民众参与到支持环保节约的设计生活中而努力不倦。

图25-8 620椅子方案由拉姆斯于1962年所设计（上左）

图25-9 620椅子是一款外表精简、功能舒适的软垫家具，而且忠实于牢靠、耐用的设计原则（上右）

图25-10 620椅子被定型为可拆卸设计，并且能够由单座变为多座位设计（下）

3. 620 椅子

1962年，拉姆斯为韦赛（Vitsoe）公司设计出620椅子方案（图25-8）[2]。这款椅子的设计与606万用置物柜的设计同样具有划时代的意义，其设计美学同样贴近人们的日常生活（图25-9～图25-10）[3]。组合的椅子可以成为一件沙发；椅子的靠背可以高低调节，而且旋转的底座设计替代了脚轮而变得更为灵活自如。

620椅子一推出即广受欢迎，此后大量仿品充斥市场。1973年，这款椅子被评定为独特的艺术设计作品而获得版权保护。早在606万用置物柜系统在德国市场发售伊始，年仅28岁的拉姆斯已在现代设计界威名远播，随后所发表的620椅子设计更令拉姆斯的名望如日中天。拉姆斯设计620椅子旨在制作出一款外表精简、功能舒适的软垫家具，而且要忠实于牢靠、耐用的设计原则，

① Blueprint.Wordsearch Limited，2008.
② Keiko Ueki-Polet，Klaus Klemp.Less and more：the design ethos of Dieter Rams[M].Gestalten，2009：306.
③ Keiko Ueki-Polet，Klaus Klemp.Less and more：the design ethos of Dieter Rams[M].Gestalten，2009：305.

因而这款椅子最后被定型为可拆卸设计，并且能够由单座变为多座位设计。

1966 年，620 椅子收获罗森泰工作室奖（Rosenthal Studio Prize），随后又在 1969 年获得维也纳国际家具展金牌奖。从此以后，620 椅子频频亮相于众多国际展览，包括 1970 年由英国维多利亚与阿尔伯特博物院（Victoria & Albert Museum）隆重举办的"现代椅子设计展（Modern Chairs 1918—1970 年）"，之后更成为英国维多利亚与阿尔伯特博物馆的永久收藏。

参考文献

[1] Ausstellung Dieter Rams，Weniger aber Besser[M].Die Faszination des Einfachen，2005.

[2] Gunther Reinhart，Mü Münchener Kolloquium[M].Institut für Werkzeugmaschinen，2000.

[3] Catharina Berents，Kleine Geschichte des Design[M].Verlag C.H.Beck oHG，München，2001.

[4] Sophie Lovell.Dieter Rams：as little design as possible[M].Phaidon，2011.

[5] Keiko Ueki-Polet，Klaus Klemp.Less and more：the design ethos of Dieter Rams[M].Gestalten，2009.

[6] Bernhard E.Bürdek，Design：History，Theory and Practice of Product Design[M].Brikhauser，2005.

（何振纪）

26　罗伯特·文丘里（Robert Venturi）

> 我喜欢建筑中的复杂性和对立性，它们建立在近代观点的模糊性和丰富度中，还包含在与艺术的联系之中。[①]
>
> ——罗伯特·文丘里

罗伯特·文丘里（Robert Venturi）是后现代主义理论最重要的奠基人之一，并把其所信奉的理论付诸实践，开创出反对现代主义那种单调、缺乏人情味建筑的先河。这位大师1925年6月25日出生于美国费城，1943—1950年在普林斯顿大学（Princeton University）的建筑学院修学，并获得了硕士学位。在学习期间有两位大师对于文丘里早期思想的形成有极大的影响，一位是法国建筑师让·拉巴图特（Jean Labatut），在他的教导下文丘里了解到"建筑是如何在建筑师头脑中建成，而此建筑又是如何被走在街上的路人所感知的"。而另外一位是著名学者唐纳德·杜鲁·埃格伯特（Donald Drew Egbert），在他所讲授的建筑史课上，这位敏感聪慧的学生领悟到耸立在滚滚历史长河上的建筑是建筑师弥足珍贵的灵感源泉。1954—1956年间在罗马的美国艺术学院(the American Academy in Rome)学习深造，在那里文丘里受到意大利灿烂的古代遗产和深厚的文化底蕴的濡染，丰富了他的设计灵感和充裕了对古典文化的认识，尤其在见识过米开朗琪罗和波罗米尼大师的作品和出于对样式主义（Mannerism）风格的偏爱，因此，他为自己理出了一条路子——自由酣畅的挪用各种历史的建筑词汇——透露出其对于历史动机的折中主义立场。归国后，文丘里便在两位非常重要的现代主义建筑大师手下工作，即有机功能主义[②]者埃罗·沙里宁（Eero Saarinan）和粗野主义[③]大师路易斯·康（Louis Kahn），在跟随两位大师工作的过程中，文丘里也在某种程度上受到他们那种企图突破密斯的极简风格情绪的影响，这对日后文丘里开始他的反现代主义建筑的道路起到了引导的作用。文丘里1957—1965年间在宾夕法尼亚大学建筑系任教，在传

---

① 大师系列丛书编辑部，普利茨克建筑大师思想精粹[M]. 武汉：华中科技大学出版社，2007：184.

② 有机功能主义：即有机主义（Organism）和功能主义（Functionalism）。

③ 粗野主义（Brutalism）：也译"野性主义"或"朴野主义"。以著名建筑师勒·柯布西耶比较粗犷的建筑风格为代表的一种设计倾向。

授知识的同时丰富自己且潜心于现代建筑理论的研究，满腹理论知识和实践经验的他，在 1964 年与友人约翰·劳什（John Ranch）、妻子丹尼丝·布朗（Denise Scott Brown）合作，开设了自己的设计事务所，开始了他漫长的设计生涯。

1989 年因为其母亲所设计的住宅，美国建筑师学会授予文丘里 25 年成就奖（American Institute of Architects 25 Year Award），1991 年他获得了第十三届普利茨克建筑奖（Pritzker Architecture Prize）①。

后现代主义的定义可以说是采取各种手段来摆脱现代主义的乌托邦主义和单调的秩序化，其表达手段是各种隐喻、历史象征和小聪明的卖弄。虽然文丘里在建筑领域内接受的是旧式的那种扎实而有点保守的学院式教育，但他以玩世不恭的方式采用大量古典的、历史的符号来装饰其建筑，说明他并不属意于现代主义，而是后现代主义运动中典型的冷嘲热讽的古典主义者②。而且他果敢地向占主流的现代主义发起挑战，对现代主义提出一系列质疑和批判，并以颠覆现代主义理论和准则的方式提出了自己的观点。

第一是提出有关建筑的复杂性与矛盾性的观点，他认为建筑中存在着的复杂性和矛盾性才能唤起建筑的"凌乱的生命力"与趣味。1966 年出版的《建筑中的复杂性与矛盾性》（Complexity and Contradiction in Architecture）一书，是他竖起的第一支旗杆。第二次世界大战后，在国际主义仍占设计界主流地位的情况下，文丘里提出了"少就是乏味"（Less is Bore）的口号，这无疑是对密斯所提倡的"少就是多"的挑衅，对现代主义的"装饰即罪恶"的反动。

从上书首章"错综复杂的建筑：一篇温和的宣言"（Nonstraightfoward Architecture：A Gentle Manifesto）中，他说："建筑师再也不能被正统现代主义的清教徒式的道德说教所吓服了"③。他认为现代主义建筑的支持者之所以大肆宣扬建筑的简单化，不过是为逃避处理建筑内在复杂与矛盾而找借口，"强求简单的结果是过分简单化……简单不成反为简陋。大事简化的结果是产生了大批平淡的建筑。'少'使人厌烦"④。而且这位虔诚的建筑师为求有力的举证而分析大量的实践成果——阿尔托、柯布西耶和路易斯·康等大师也化身为他佐证的对象——在书中他分析了一系列现代主义的作品，他虽不否认现代主义法则的作用，但认为这些方法已不再奏效，他认为现代的建筑应该通过兼收并蓄以达到"适应复杂与矛盾的统一"，而非现代主义的那种"排斥异端与困难的统一"。而且他并不盲目排斥现代主义建筑所有的优点，即如詹克斯（Jencks）所说："后现代主义是在现代主义加上一些别的什么的混合"。⑤该书成为当代建

---

① 普利茨克建筑奖（Pritzker Architecture Prize）：每年由凯悦基金会颁发，表扬"在世建筑师，其建筑作品展现了其天赋、远见与奉献等特质的交融，并透过建筑艺术，立下对人道与建筑环境延续且意义重大的贡献"。

② 冷嘲热讽的古典主义（Ironic Classicism）：也称"符号性古典主义"（Semiotic Classicism），是属于狭义后现代主义的范畴，它的特点是采用大量古典的、装饰细节、设计基本计划来达到丰富的效果。

③ Robert Venturi，*Complexity and Contradiction in Architecture*[M] .The Museum of Modern Art Papers on Architecture，1992：16.

④ Robert Venturi，*Complexity and Contradiction in Architecture*[M].The Museum of Modern Art Papers on Architecture，1992：17.

⑤ 王受之. 世界现代设计史 [M]. 北京：中国青年出版社，2002：22.

筑思想变迁的一个重要的转折点，文森特·斯库利（Vincent Scully）对此评论道："也许这是 1923 年勒·柯布西耶的《走向新建筑》一书以来最重要的建筑著作。"[①]

第二是提出关于传统和混乱的审美趣味的见解，表现出对含混的多元化风格明显的偏好。1972 年出版的《向拉斯维加斯学习》（Learning from Lasvegas）一书是他竖起的第二面旗帜。这篇文章是他与妻子丹尼丝·布朗合作完成的，在这里他进一步发展了关于后现代主义的看法。"（现代）建筑的符号性特征被建筑的构造性和功能性元素所瓦解了"[②]，他认为拉斯维加斯具有很高的艺术研究价值，借鉴拉斯维加斯文化能更好地摆脱刻板、僵硬的现代主义建筑风格，而且作为建筑设计师应该广纳各种设计风格而不应该默然对待。他认为"群众不懂现代主义建筑语言，群众喜欢的建筑往往是形式平凡、活泼、装饰性强，又具有隐喻性"，而拉斯维加斯的艳俗面貌正好迎合群众的需要。赫伯特（Herbert）曾提到"（我们）需要做的是'适应'公众的品位,而非去改变它。"[③]

向拉斯维加斯的文化现象学习，在某种程度上也丰富了后现代主义的语言，成为当代设计师的新灵感源泉。文丘里还把建筑分成两个类型，一个称为丑陋而平凡的建筑也即"鸭子"(Duck)，另外一个则称为"装饰过的棚屋"(Decorated Sheds)。他认为这种在现代主义中泛滥的"鸭子"式建筑应该抛弃，而装饰过的棚屋才应该是我们所追求的建筑形式,它才符合群众的趣味,保罗·戴维(Paul Davies) 对此也说："装饰过的棚屋将成为复杂性与矛盾性（建筑）的模范"[④]。

文丘里关于建筑上的观点是具有划时代的意义和指导性的作用。他的基本立场是：认为现代主义和国际主义已经走到尽头，现代建筑应该从历史中、从美国的大众文化中吸取养分。他反对对于现代主义大师们"英雄主义"的崇尚之风，提出应该运用历史的装饰手法来丰富单调的现代主义，使建筑风格向多元化方向发展。他的这些观点对于丰富建筑语汇，是具有积极正面的作用的。

文丘里的建筑代表作是为其母亲建造设计的文丘里住宅（the Venturi House，1969 年），这座建筑被认为是与现代主义风格建筑划清界限的楚河，文丘里住宅以戏谑的口吻运用大量清晰的古典主义建筑细部特征，比如拱券、三角山墙等来丰富建筑的形式，这幢平地而起的新奇符号，曾引起建筑界的躁动。此外还有宾夕法尼亚州费城公会大楼（Guild House in Philadelphia，1962—1966 年），康涅狄格州长岛的住宅（House on Long Island Sound，1983 年）和西雅图艺术博物馆（Seattle Art Museum，1991 年）等值得称道的作品。

① Robert Venturi, *Complexity and Contradiction in Architecture*[M].The Museum of Modern Art Papers on Architecture, 1992：9.

② Peter Gössel·Gabriele Leuthäuser, *Architecture in the 20th Century*[M].taschen köln london los angeles madrid paris tokyo, 2005：95.

③ Muschamp Herbert, *American Gothic*[DB].New Republic, 1991.

④ Davies Paul, *Winters Edward；Robert Venturi and Indiana Jones：enduring American principles*[DB]. Journal of Architecture, 1999.

总体来看，文丘里的设计虽然带有功能主义和实用主义的痕迹，但这些并不能掩盖这位大师的初衷——追求一种典雅的、富于装饰特征的、折中主义的建筑形式——他的设计常常很抽象，并带有历史的痕迹。

代表作品评析：

1. 普林斯顿大学胡应湘堂（Gordon Wu Hall at Princeton）

建筑师：（美国）罗伯特·文丘里、（美国）丹尼丝·布朗等
时间：1982—1984 年
地点：美国新泽西

文丘里为普林斯顿大学设计的这座胡应湘堂（图 26-1）[①]，于 1989 年拿到了美国建筑界一个重要的奖项——AIA 荣誉奖，这座建筑也被认为是后现代主义首批成熟建筑作品之一。胡应湘堂是一位香港实业界名人胡应湘捐赠给母校并以自己的名字命名的一座多功能馆，在其入口大门的墙面上绘有抽象化的中国"京剧脸谱"图案（图 26-2）[②]，此图案是由灰色花岗岩和白色大理石拼凑而成的，这样的设计让建筑具有了可识别性。

胡应湘堂的第一层是学院的大餐厅和特设小餐厅，二楼有客厅、院长办公室、秘书室、办公室、会议室和一个研究图书馆，在地下室还设咖啡馆和文娱活动室等。胡氏堂室内空间的设计，并不纯粹是为了适应 500 多名学生的社交和餐饮活动，而且也是在为他们提供一个机会——一个可以不拘泥于礼节，亲密无间和自发自由进行社交活动的机会。在这个餐厅的尽头（图 26-3）[③]，有一个高耸的飘窗，文丘里这样的设计是为了让观者感受到餐厅的宏伟和回想起普林斯顿大学的新哥特式（Neo-Gothic）的餐厅。在这个宽大的餐厅里，有个相对低矮的天花板，但是这个低矮的天花板、高耸的飘窗和天然木材所制的室内陈设，产生一种让人备感亲密和舒适的

图 26-1　胡应湘堂外观
（西南面）（左）
图 26-2　具有识别性的胡应湘堂大门（右）

---

① 吴焕加，20 世纪西方建筑名作 [M]. 郑州：河南科学技术出版社，2000：169.
② 吴焕加，20 世纪西方建筑名作 [M]. 郑州：河南科学技术出版社，2000：171.
③ larryspeck.com

尺度，咖啡厅和餐厅之间的范围变成一个令人愉悦的十字形空间。在门厅
有一个阶梯，越过一个大的飘窗而引向上面楼层的休息室、办公室和图书
馆。阶梯的第一步级出乎意料的延展到另外一边，形成一个类似露天看台，
可以供人坐在上面的梯级竖板。那个延展出来的楼梯井成为人们之间等待
和相聚的地点，而在特别的场合它就会化身变成室内剧场。

　　文丘里把语形学①(Morphology)的多样性和主题的多层次统统堆砌到这个
不大的建筑物上——它既有大学传统的建筑形式，也有着盎格鲁撒克逊的传统，
英国贵族府邸的形象和老式乡村房屋的细部。这位建筑师巧妙地让胡应湘堂充
当了周围环境中国际式建筑与哥特式建筑的中介，而且在这些细节的设计风格
上无不反映了他对建筑的复杂性和矛盾性的追求和其历史折中主义的立场。

图 26-3　胡应湘堂室内大
餐厅，让人备感亲密和舒
适的尺度（左）
图 26-4　圣斯布里厅正立
面，表达了与威尔金斯设
计的立面之间的联系（右）

2. 英国国立美术馆圣斯布里厅 (The National Gallery Sainsbury Wing)

建筑师：（美国）罗伯特·文丘里、（美国）丹尼丝·布朗

时间：1986—1991 年

地点：英国伦敦

　　在文丘里晚年的时候，设计风格上开始有了微微的转变，他越来越多地运
用历史因素，而且非常强调历史的文脉关系——文脉主义②(Contextualism)，这
也是后现代主义意识形态基础，有其重要的作用，如戴维斯·保罗（Davies
Paul）所说"文脉关系改变着形式的意蕴"③(Context changes the meaning of
form) ——他收敛起其一贯戏谑的口吻，其中最典型的例子是他在 1986 年设
计的英国国立美术馆圣斯布里厅（图 26-4）④。

---

① 语形学（Morphology）：研究语言的符号与表达式之间的形式关系的学科，又称逻辑语形学、符号关
　　系学等。
② 文脉主义（Contextualism）：又称后现代都市主义，是一部分设计师在现代主义的国际风格的千篇一
　　律的方盒子损坏了城市的原有的构造和传统文化之后，试图恢复原有的城市秩序和精力，重建失往
　　的城市文化构造而发展出来的新的设计模式。
③ Davies Paul，*Winters Edward*；*Robert Venturi and Indiana Jones*：*enduring American principles*[DB].
　　Journal of Architecture，Spring 1999
④ www.flickr.com

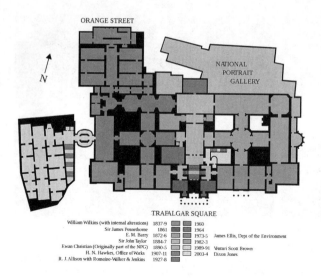

图 26-5 英国国立美术馆平面图（左）

图 26-6 圣斯布里厅室内通向地基的楼梯（右）

圣斯布里厅是近年由文丘里和妻子丹尼丝·布朗一起设计的，用于收藏文艺复兴时期的作品。利用主建筑的西面用地即所谓的"汉普顿的地址"（Hampton's Site）扩建这座新建筑。这块"汉普顿的地址"的周边是威廉·威尔金斯（William Wilkins）所设计的伦敦国家艺术博物馆、詹姆斯·吉布斯（James Gibbs）设计的圣马丁教堂（St Martin-in-the-Fields）和特拉法加广场（Trafagar Square）等建筑（图 26-5）[①]，文丘里为了使这个新建筑不太突兀而又符合其所处的文脉关系，所以决意以其前身的维多利亚风格为主要的设计风格，建筑在比例和形式上与原有的伦敦国家艺术博物馆相协调，以对面圣马丁教堂的方式完成特拉法加广场脚部的围合。而在正立面上采用了大量的历史建筑结构和装饰元素，像双臂柱和半柱，并且借用了威廉·威尔金斯的设计元素，并一直沿用到特拉法加广场的侧面上。与国立美术馆丰富的建筑装饰相比，圣斯布里厅的内部为了与小画幅的作品相适合而减弱装饰强度，且提供与其所藏的文艺复兴作品相衬的环境氛围（图 26-6）[②]，其空间的设计灵感来源于约翰·索恩爵士（Sir John Soane）所设计的多维奇画廊（Dulwich Picture Gallery）和菲利波·布鲁内莱斯基（Filippo Brunelleschi）所设计的教堂内部。

圣斯布里厅的设计历史元素与现代结构浑然一体，与当地的都市文脉相融合，巧妙的通过设计元素的援引将新建筑与原有建筑物联系起来，而本身不失其独特的历史韵味。

3. "文丘里诺尔家具"（Knoll Venturi Collection）

时间：1983—1984 年

文丘里在栗子山设计的住宅带给人们耳目一新的感觉与他在《建筑中的复杂性与矛盾性》一书中所倡导的理论相同，同样也能从他所设计的家具中

---

① Wikimedia Commons

② www.flickr.com

找寻到其节拍。他首次家具设计成果献给了美国著名的诺尔国际公司（Knoll International），在 1983—1984 年文丘里为其设计了一系列家具，该系列包括一个沙发，九把椅子和两个桌子，被称为"文丘里诺尔家具"。

这九把形状各异的椅子是由多层胶合板模压而成，四只椅脚立面基本上都顺畅的宽大直线形或者波浪形，椅背是其设计的重头戏。椅子的设计风格贯彻文丘里所提出的"非传统地运用传统"的方式——把传统的造型元素符号抽象化与现代材料的融会贯通——每一把椅子的原型来自一定的经典的历史样式，如其中文丘里设计的安妮女王式（Queen Anne Style）（图 26-7）[①]，椅子背面通过镂空切割方式切割出抽象的轮廓剪影（图 26-8）[②]，稍微向外弯曲的椅脚，给人一种微妙而生动的装饰趣味。与当时流行的女王安妮牧羊杖扶手椅（图 26-9）[③]那种椅背长条板、弯曲的椅腿及畸形的椅脚可谓是同一种款式而不同感觉的椅子，文丘里设计的椅子较之正统的女王安妮牧羊杖扶手椅，外形更加简括，整体流线感更为强烈，有一种童真的趣味。且整张椅子表面被色彩鲜艳的图案所覆盖，这个图样的设计灵感来自于对于祖母旧桌布的回忆，图样是由颜色粉丽的花朵图案与在其上面清晰的黑色线纹的破折号结合而成，文丘里在描述这个图样时说："通过破折号与祖母桌布图样的并置，我们得到了一种设计样式——大小、韵律、颜色和关联上的戏剧性反差——这种设计效果是在其他方式上无法寻得的"[④]。除了安妮女王式椅子外，还有奇彭代尔式（Chippendale）、帝政式（Empire Style）、哥特式（Gothic）等。

图 26-7 安妮女王式椅背面（左）
图 26-8 椅背抽象剪影图案（中）
图 26-9 安妮牧羊杖扶手椅（右）

① www.icollector

② liveauctiongroup.net

③ liveauctiongroup.net

④ VSBA Archives，project statement，July 19，1990

参考文献

[1] David Raizman，*History of Modern Design*[M].Prentice Hall Inc，2004.

[2] Laszlo Taschen，*Modern Architecture A-Z*[M].TASCHEN，2010.

[3] Robert Venturi，*Complexity and Contradiction in Architecture*[M].New York ：The Museum of Modern Art Papers on Architecture，1992.

[4] Peter G ö ssel · Gabriele Leuth ä user，*Architecture in the 20th Century.*[M].TASCHEN K Ö LN LONDON Los ANGELES MADRID PARIS TOKYO，2005.

[5] Davies Paul，*Winters Edward ；Robert Venturi and Indiana Jones*[DB/OL]：enduring American principles.Journal of Architecture，1999.

[6] Furján Helene.*Design/Research.Journal of Architectural Education*[DB/OL]，2007.

[7] Campbell Robert，*Why a duck ？ Why not an electronic billboard ？ A campusdebate rages again*[DB/OL].Architectural Record，2004.

[8] Flora Carlin，*Kunzig Robert ；DREAM TEAMS*[DB/OL].Psycholog Today，2008.

[9] Muschamp Herbert，*American Gothic*[DB/OL].New Republic，1991.

[10]The Spirit of ' 76.*New Republic*[DB/OL]，2001.

[11]Delbeke Maarten1，*Mannerism and meaning in Complexity and Contradiction in Architecture*[DB/OL].Journal of Architecture，2010.

[12]Laurence Peter L，*Contradictions and Complexities*[DB/OL].Journal of Architectural Education，2006.

[13]Haddad Elie，*Charles Jencks and the historiography of Post-Modernism*[DB/OL].Journal of Architecture，2009.

[14]Stephen Prokopoff，*Venturi，Rauch and Scott Brown ：A Generation of Architecture*[DB/OL].Urbana-Champaign ：Board of Trustees of the University of Illinois，1984.

[15]Christopher Mead，*The Architecture of Robert Venturi ：excerpt from Vincent Scully，'Robert Venturi' s Gentle Architecture"*[DB/OL].Albuquerque，New Mexico ：University of New Mexico Press，1989.

[16](美) 罗伯特·文丘里 . 建筑的复杂性与矛盾性 [M]. 周卜颐译 . 北京:知识产权出版社：中国水利水电出版社，2011.

[17]（美）罗伯特 · 文丘里，丹尼丝 · 布朗，史蒂文 · 艾泽努尔 . 向拉斯维加斯学习 [M]. 徐怡芳，王建译 . 北京：知识产权出版社：中国水利水电出版社，2006.

[18](英) 柯林斯 . 现代建筑设计思想的演变 [M]. 英若聪译 . 北京:中国建筑工业出版社，2003.

[19]（英）琼斯，卡尼夫 . 现代建筑的演变 1945-1990 年 [M]. 郭王正译 . 北京：中国建筑工业出版社，2008.

[20]（意）巴伯尔斯凯 .20 世纪建筑 [M]. 魏怡译 . 济南：山东美术出版社，2003.

[21]大师系列丛书编辑部 . 普利茨克建筑大师思想精粹 [M]. 武汉:华中科技大学出版社，2007.

[22]（美）马文·特拉亨伯格，伊丽莎白·海曼 . 西方建筑史：从远古到现代 [M]. 王贵祥，
　　青锋，周玉鹏，包志禹译 . 北京：机械工业出版社，2011.

[23]（英）德里克·艾弗里 . 现代建筑 [M]. 严华，陈万荣译 . 北京：中国建筑工业出版社，
　　2008.

[24] 吴焕加 .20 世纪西方建筑名作 [M]. 河南：河南科学技术出版社，2000.

（肖允玲）

27 雅马萨奇（Yamazaki）

　　我们今日所需的建筑就是要表现今日的时代，我们需要爱，
温存，喜悦，宁静，美丽，希望和作为一个人的独立自主。建
筑就是要给予一个这样的环境。[①]

——雅马萨奇

图 27-1　雅马萨奇

　　雅马萨奇（Yamasaki）（图 27-1）[②]，全名
米诺儒·雅马萨奇（Minoru Yamasaki），
又译作山崎实，是 20 世纪杰出的建筑
师，他和爱德华·德雷尔·斯通（Edward
Durell Stone）被看作是"新形式主义"
（New Formalism）的重要的开拓者。雅
马萨奇是日本裔美国人，1912 年出生于
美国西雅图市，在西雅图的加菲尔德高
中（Garfield Senior High School）就读高
中，于 1929 年在华盛顿大学攻读建筑学，
20 世纪 30 年代移居到纽约，并于 1949
年在纽约大学取得硕士学位。

　　20 世纪 50—60 年代，雅马萨奇的作
品得到了社会公众、政府机构和公司董事会成员们的普遍赞誉，并多次获得国
际金奖。1949 年他开办自己的建筑事务所后完成的第一个大型建筑物是密苏
里州的圣路易市机场候机楼（Lanbert Airport's Terminal Buliding in St.Louis），
这也给他带来了声誉。随后，他渐渐对早期现代主义建筑的原则有了异议，提
出了"新人本主义建筑哲学"的主张。

　　20 世纪中期，建筑方面出现了一个奇特的现象，就是人们争先恐后地扩
大窗子面积。在美国的高层和超高层建筑方面表现得尤为突出，雅马萨奇在这
时强调建筑形式的处理要与人的尺度协调这种相反的论调。20 世纪 50 年代，
他逐渐感到当时的美国建筑存在着现代主义的谬误和无政府主义的混乱，这种

① 吴焕加，雅马萨奇 [M]. 北京：中国建筑工业出版社，1997.
② Peter Gössel，*The A-Z of Modern Architecture Volume 2 ：L-Z*[M].TASCHEN Gmbh，2007：1044.

建筑样式更不符合他的追求，于是他就想方设法匡正这些谬误而树立起其所信奉的合适道路。1962 年，雅马萨奇得到了担任世界贸易中心设计总建筑师的邀请，就是这项任务成就了雅马萨奇成功的巅峰。雅马萨奇作为一名日裔建筑师，能够被挑选出来担任如此巨大显要建筑项目的总建筑师，是他个人的一项殊荣和事业辉煌的体现，表示着他得到了社会公众的承认。

进入 20 世纪 70 年代后，雅马萨奇渐渐销声匿迹，并于 1986 年 2 月因癌症去世。他曾在 1956 年获得《进步建筑》设计奖，1957 年获得日本建筑学会奖，1960 年被选为美国艺术与科学院院士以及美国建筑师协会元老会员。

第二代日裔美国人的身世对雅马萨奇的思想和活动产生了重大的影响。有色人种在美国受到了不同程度的排挤和歧视，可是雅马萨奇确实以他自己独到的建筑观点吸引着大众的目光。

雅马萨奇对现代主义建筑的批评是：（1）在功能问题上。他承认使用坚固当然是认真建造房屋的先决条件，然而需将高尚格调和精神品格置入到建造的语境中去使自己在追求愉悦的过程中得到鼓舞。（2）在经济问题上。他承认建筑师有责任在社会经济允许的范围之内进行工作，然而绝不能以经济因素为由不负责任地创作出差的和缺乏想象力的建筑。（3）在创新问题上。他承认创新和独创重要性，然而反对无节制的为新而新的倾向。（4）在"英雄崇拜"问题上。他承认勒·柯布西耶、密斯等现代建筑大师的贡献与成就，然而他反对跟在大师后面永远学步。雅马萨奇认为现代主义文明过分夸大建筑的基本性质，而在建筑的愉悦性面前怯步，后来文丘里对此也说："建筑师再也不能被正统现代主义的清教徒式的道德说教所吓服了"[①]。

雅马萨奇关于人本主义建筑哲学的看法是：（1）通过美和愉悦提高生活乐趣；（2）使人精神振奋，反映出人所追求的高尚品格；（3）秩序感，通过秩序形成现代人复杂活动的宁静环境背景；（4）真实坦诚，具有内在的结构明确性；（5）充分理解并符合我们的技术手段的特点；（6）符合人的尺度，使人感到安全、愉悦、亲切。[②]雅马萨奇这些关乎人本主义哲学的观点，无非是想摆脱建筑界中无政府主义式的混乱，他以人性的角度去探求一种提升人的精神品性的建筑形态模式。

雅马萨奇关于古今东西融合的理念是：（1）在对待传统建筑风格与现代主义风格立场上，他认为应该重新审视和借鉴历史中的传统经典，然而却不会放弃对现代主义技术性与效用性的正面积极力量。雅马萨奇的建筑风格整体是现代主义建筑的，但他善于吸取古代建筑的布局与构图形式或截取具体形象和细部纹理进行提炼、简化而融入到现代主义建筑形态中，体现雅马萨奇以"今"为体，以"古"为用的理念方法。（2）在对待西方建筑模式与东方建筑模式的态度上，由于雅马萨奇的日裔文化背景，他对东西方建筑文化都有着深厚的理解。他在自己的创作中也发挥了这一特点，努力把东方的（主要是日本的）传

---

① Robert Venturi, *Complexity and Contradiction in Architecture*[M] .The Museum of Modern Art Papers on Architecture，1992；16.

② 吴焕加，雅马萨奇 [M]. 北京：中国建筑工业出版社，1997：12.

图 27-2 沙特阿拉伯达
兰机场候机楼

统建筑美与善和谐地融入到他西方风格的设计作品中，由此形成了他独特的建筑观点和建筑风格。有一种典雅、细致的个人品位，这一风格在他后来的诸多建筑作品中得到了发扬和提升，并独树一帜。

雅马萨奇作为一名建筑师处在建筑历史上最重要和最富挑战性的上升时期，其一生都在修正现代主义之谬误、探索追求人本主义建筑哲学之道路和融汇古今中西风格之能事，将美与功能在设计中完美地结合起来，他说："我从自己的实践中认识到建筑的任务是创作遮蔽物（Shelter），向人们提供可居住的空间（Areas）"[①]。

在雅马萨奇的不同时期其不同风格的名作：（1）现代风格。现代主义的代表作品就是最早完成的建筑密苏里州圣路易市机场候机楼（Lanbert Airport's Terminal Buliding in St.Louis，1956 年），是第二次世界大战之后时期较早的新型候机楼之一。（2）追求装饰性。代表作品是雷诺金属公司销售中心（Reynolds Metals Regional Sales Office Building，1959 年）。从近处看这座建筑，给人以满头珠翠、闪烁的华丽印象。（3）伊斯兰符号体现地区特色。代表作品是沙特阿拉伯达兰机场候机楼（Dhahran's Civil Air Terminal in Saudi Arabia，1961 年）。雅马萨奇运用了巧妙的做法，让这座用钢筋混凝土预制构件组合的现代化航空建筑具有阿拉伯风格的魅力且充满着天方夜谭的情调。（4）现代古典主义。代表作品是普林斯顿大学威尔逊学院（Princeton University's William James Hall，1965 年）。这座围柱式学院尽管具体形式和细部同古典建筑相去甚远，但大体形式和希腊神庙的联系是相当明显的。无论风格如何变化，雅马萨奇的建筑作品总有一些共同的特征的，那就是他的个人风格。他的建筑风格突出之处在于对简洁、和谐、有序的追求以及日本式的精致细巧的格调。

代表作品评析：

1. 沙特阿拉伯达兰机场候机楼（Dhahran's Civil Air Terminal in Saudi Arabia）

时间：1959—1961 年

地点：沙特阿拉伯

沙特阿拉伯达兰机场候机楼（图 27-2）[②]于 1959 年开始设计，1961 年落成，它是美国政府为取得某空军基地土地使用权而出资兴建的项目。雅马萨奇在设

---

① Minoru Yamasaki，*Comtemporary Archtiects*[DB/OL].The Macmillan Press，1980.

② 吴焕加，雅马萨奇 [M]. 北京：中国建筑工业出版社，1997.

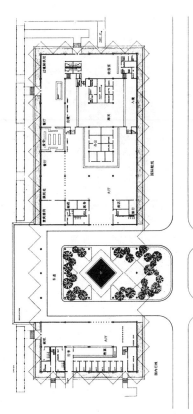

图 27-3 沙特阿拉伯达兰
机场候机楼平面图（左）
图 27-4 沙特阿拉伯达兰
机场候机楼的庭院，充满
伊斯兰情调（右）

计这个建筑的时候并没有完全按照当时的建筑思潮来走，而是遵循着他的建筑
思想，采用新材料、新技术解决新功能的同时，也不无视当地自然和人文的特
征而努力探索使其带有当地的特色。

　　沙特阿拉伯达兰的整个候机楼成一长方形，长向 13 个开间，共 156m，宽
4 个开间，为 48m，高 13.5m（图 27-3）①。一端为国内航线候机部分，占 2 个开
间，另一端为国际航线候机部分，占 7 个开间。两部分之间有 4 个开间，不作
外墙，成为庭院和通道。国内和国际两个入口都面向庭院，处理上不分轩轾。

　　这座候机楼采用了独特的预制钢筋混凝土构建体系。由一个柱子支托一片
屋顶形成一个结构单元。柱子由下而上逐渐增大断面，到上面一份为 4，成为
4 根斜身的肋，肋上托着屋面板。总的形状如同一朵方形的喇叭花，整个候机
楼就由这样的结构单元组成。柱网间距 12m，方形屋面板与柱网成 45 度角，4
块屋面板之间的空当，做一个方锥形的屋顶，有的上面做成天窗。

　　候机楼的钢筋混凝土预制构件是按现代科学技术原理制作的，但是雅马萨奇
对柱子和屋面板下面的肋的轮廓加以了适当的修饰处理，使两个结构单元拼合后，
形成了伊斯兰传统建筑中常见的拱券形式，在外墙板上又模塑出简化的伊斯兰图
案，这座现代航空建筑立即巧妙的带上了明显的伊斯兰情调（图 27-4）②。

---

① 吴焕加，雅马萨奇 [M]．北京：中国建筑工业出版社，1997：44.
② 吴焕加，雅马萨奇 [M]．北京：中国建筑工业出版社，1997.

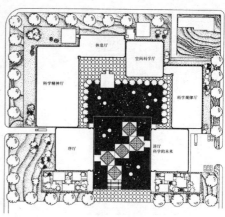

图 27-5 世界博览会联邦科学馆图片，东西方建筑形式的融合（左）
图 27-6 联邦科学馆总平面图（右）

2. 21 世纪世界博览会联邦科学馆（Federal Science Pavilion Century 21 World's Fair）

时间：1962 年

地点：美国西雅图

这座科学展览建筑与常见的西方国家的展览建筑不同，没有采用集中式的布局，而是采取了将建筑物环绕院落布置的方式，而且用了许多东方和西方传统的建筑形式（图 27-5）[①]。

科学展览馆的序厅的 5 个展室和 1 个休息厅分别置 6 个长方形体的房屋内，这些房子高矮、长短、宽窄略有差别（图 27-6）[②]。它们首尾相连，错落有致，合成一个三合院。这个展览馆采用钢筋混凝土预制构件——墙板和屋面板。这些白色预制板表面有一些凸起的肋，雅马萨奇将这些肋做成一种图案，拼装起来组成连续的尖券图形，形成了简化的欧洲哥特式教堂建筑。中世纪欧洲的教会曾是科学研究的发源地，近代美国的高等学府又曾盛行模仿过哥特式的建筑，因此设计者以这样的图样暗示科学馆的展览内容。

这个院子中间大部分是水面，这在西方建筑中是别开生面的做法。雅马萨奇在这个展览建筑中吸取了东方园林建筑的一些手法。水池在三合院的开口位置，池中布置了曲折的廊道，其上又耸立着 5 个瘦骨嶙峋的高层骨架，也是哥特式骨架券的仿制物。前来参观的人首先踏上水池中的"亭、廊、桥"，然后转进展厅，依次参观各厅之后，再经过水池离开。

1962 年的这次博览会的展览建筑大都拆除，但是雅马萨奇设计的这座水院建筑群完整保存至今[③]。

① 吴焕加，雅马萨奇 [M]. 北京：中国建筑工业出版社，1997.

② 吴焕加，雅马萨奇 [M]. 北京：中国建筑工业出版社，1997：41.

③ http：//www.flickr.com/

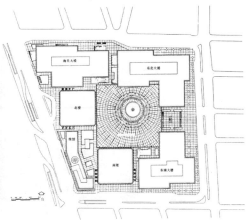

3. 纽约世界贸易中心（The World Trade Center In New York）

建筑师：（美）雅马萨奇事务所、E·罗斯（Emery Roth）事务所

时间：1962—1973 年

地点：美国纽约

纽约世界贸易中心（图 27-7）[①]由纽约州及新泽西州港务局于 1962 年决定兴建的，目的是促进两个州的商业贸易发展。1962 年开始设计，到 1973 年竣工，是由雅马萨奇事务所及 E·罗斯事务所共同承担的建筑任务。

纽约世界贸易中心位于纽约市曼哈顿区南端，雄踞于哈德逊河岸上，是美国纽约市最高、楼层最多的摩天大楼。其中心用地面积为 7.6 万 m^2，由原来 14 块小街坊合并而成由 7 座大楼组成，自 1973 年 4 月 4 日启用以来雅马萨奇所设计的双塔很快就

成为了纽约的地标之一，这 2 座分别被称为"北楼"和"南楼"的高楼当时是世界上最高的建筑物，超过了同在曼哈顿的帝国大厦。建筑物除 2 座 110 层高楼外，还有一座海关大楼，一座旅馆楼，两座商业建筑。这 6 幢主要建筑物围成一个内院广场，广场地下有商场、停车场以及城市地下铁道车站等设施（图 27-8 [②]～图 27-9 [③]）。

世界贸易中心 2 幢 110 层高楼主要作为办公之用。两楼的平面和体形完全一样，都是方柱形体，每边长 63.5m。从广场地面到屋顶高度为 407m，自地

图 27-7　远眺纽约世界贸易中心图（上左）
图 27-8　世界贸易中心平面图（上右）
图 27-9　世界贸易中心广场（下）

---

① Peter Skinner，*World Trade Center：The Giants That Defied The Sky*[M].White Star Published，2002：57.

② 吴焕加，雅马萨奇 [M]. 北京：中国建筑工业出版社，1997：60.

③ Peter Skinner，*World Trade Center：The Giants That Defied The Sky*[M].White Star Published，2002.

图 27-10　世界贸易中心，两座银白色的姊妹楼

下层顶面算起为 435m。世界贸易中心采用外墙承重，它由密集的钢柱子组成，这同他一贯主张高层建筑开窄窗的做法正好吻合。大楼外钢柱的中心距离为 1.016m，柱子本身的宽度为 0.45m，窗子的宽度只有 0.566m，而窗子高度为 2.34m，形成又窄又长又密的窗子。世贸中心大楼外墙上的玻璃面积只占表面总面积的 30%，其比例远低于当时的大玻璃或全玻璃高层建筑。大楼中央部分是由密集的钢柱组成的核心区，其间布置交通、卫生等服务设施。核心区面积为 26m×41m，大楼的外沿是一圈相距很近的方管形钢柱。柱子宽 45.7m，两根柱子之间宽度为 55.8cm。这一周圈密置的钢柱与钢横梁组成强固的钢栅栏，四面合起来围成一个巨大的管筒，由地下直达顶层。它与楼内的核心区结构共同组成套筒式的结构体系，两圈套筒之间有钢桁架支托楼板。这种节后体系能有效的抵抗风荷载，在楼板的钢桁架与墙体的结合处安装阻尼装置，用以吸收能量，减少结构变位。

　　大楼的外表用银白色铝板覆盖，细长的玻璃窗嵌在密置的柱子之间，从近处仰视或从远处眺望，玻璃面在外表上很不显著，只见细密竖直的柱子发着银白的光辉，冲天而去，反映出山崎实现代主义的趋势。在纽约港区内，世界贸易中心这两座银白色的姊妹楼是最高也是最突出的建筑物之一（图 27-10）[①]。

参考文献

[1]　David Raizman，*History of Modern Design*[M].Prentice Hall Inc，2004.

[2]　Robert Venturi，*Complexity and Contradiction in Architecture*[M].The Museum of Modern Art Papers on Architecture，1992.

[3]　Peter Gössel，*The A-Z of Modern Architecture Volume 2：L-Z*[M].TASCHEN Gmbh，2007.

[4]　Peter Skinner，*World Trade Center：The Giants That Defied The Sky*[M].White Star Published，2002.

[5]　王受之.世界现代设计史 [M].北京：中国青年出版社，2002.

[6]　（英）罗斯玛丽·兰伯特.剑桥艺术史系列之 20 世纪艺术 [M].钱乘旦译.南京：译林出版社，2010.

---

① Peter Gössel，*The A-Z of Modern Architecture Volume 2：L-Z*[M].TASCHEN Gmbh，2007：1044.

[7] 吴焕加.雅马萨奇 [M].北京：中国建筑工业出版社，1997.

[8] （法）勒·柯布西耶.走向新建筑 [M].陈志华译.西安：陕西师范大学出版社，2004.

[9] 吴焕加.现代西方建筑的故事 [M].天津：百花文艺出版社，2005.

网络资源

[1] http：//baike.baidu.com/view/1874875.htm

[2] http：//www.china-crb.cn/HTML/2005/ova/20063862.html

[3] http：//blog.sina.com.cn/s/blog_4a654ecc010006ji.html

[4] http：//baike.soso.com/v6450815.htm

（肖允玲、刘筱）

28　丹下健三（Kenzo Tange）

图 28-1　丹下健三（Kenzo Tange，1913—2005 年）

丹下健三（Kenzo Tange，1913—2005 年）（图 28-1）[1]是 20 世纪初对日本现代建筑的发展有着开创性影响的设计师，是第二次世界大战日本建筑界与城市规划界的代表，日本建筑设计界的泰斗。丹下健三从日本建筑城规设计理念新陈代谢派[2]过程的闯入者演化成为一个代表着，他用设计的魅力把近现代化的模式在建筑上表现得淋漓尽致。

丹下健三六十余年的设计生涯横跨了日本第二次世界大战战前和第二次世界大战战后时期，在此期间发表了大量的设计作品、论文、专著、评论，他不仅是建筑学方面的一位理论创新家，也是一位具有激情的教师。丹下曾任美国麻省理工学院建筑系客座教授，还在哈佛、耶鲁、加州大学伯克利分校等名校的建筑系执教并在十余所名校担任名誉博士。

丹下健三 1913 年生于大阪一个有 8 个孩子的家庭，他排名老 3。1938 年从东京大学建筑系毕业，这使他有了牢固的建筑设计基础[3]。为了对学术研究的不断追求，毕业后他来到前川国男（まえかわ くにお）建筑事务所工作，4 年的工作学习使他在设计中大量融入了前川国男的老师勒·柯布西耶（Le Corbusier）的思想，并钻研出了属于丹下健三自己独有的设计理念：将柯布西耶现代主义设计与日本传统建筑文化相结合的设计特色。明治维新以后，日本工业化飞速前进并且引进了许多国外技术人员以及新兴材料，随着新事物的流入，设计师们也开始转变设计理念，日本现代建筑开始萌芽。丹下建筑设计生涯的第一阶段是从 1942 年到 19 世纪 50 年代，1942 年丹下来到东京大学学习，在这期间丹下连续三年获得日本设计竞赛一等奖并且超越了他的老师前川国男。他的设计作品中很大程度上采用了日本的传统建筑文化，从而在众多采用

---

① 中国设计教育网 http：//www.designedu.cn
② 新陈代谢派（Metabolism）：在日本著名建筑师丹下健三的影响下，以青年建筑师大高正人、槙文彦、菊竹清训、黑川纪章以及评论家川添登为核心，于 1960 年前后形成的建筑创作组织。
③ http：//www.sina.com.cn 2005 年 03 月 23 日 16：12 CCTV《全球资讯榜》

现代主义手法的建筑设计中脱颖而出，从此丹下一举成名，并且为以后的设计奠定了基础。第二次世界大战以后，日本的经济开始复苏，丹下健三设计了很多个体建筑，努力寻求日本现代建筑的出路。如果说战争期间丹下的作品是在日本传统建筑文化中注重现代建筑，那么战争后则是在现代建筑中融入传统[①]。在这期间丹下的代表作品有广岛市复兴城市规划、东京都厅舍、川香县厅舍、仓敷县厅舍等，把日本传统文化加之到建筑设计理念之中，演绎了从弥生文化传统[②]到绳文文化传统[③]的转变。他赋予建筑理性的形式将现代主义元素与技法融入日本文化精神之中，并从都市的角度出发创造出他的延伸性与纪念性。20世纪60年代是丹下健三事业最辉煌的时期，他的经典作品有1964年东京奥运会主会场——代代木国立综合体育馆运用新技术和曲面的设计创造出一种新的空间感，充分展现了第二次世界大战后日本经济飞速发展，人民自信向上的城市氛围，被描述为20世纪世界最漂亮的结构物之一。70年代以后，丹下把设计重点从国内转向国外，继续着他设计理念的传承。除了建筑设计以外，丹下在城市规划上也取得了重大成就，例如广岛规划和广岛和平公园的和平纪念设施、1960东京规划等。丹下将人、建筑、交通、城市和社会、经济相结合，探索出一条适应现代城市化进程的道路。1987年74岁的丹下成为亚洲第一位荣获普利茨克建筑奖（Pritzker Architecture Prize）的建筑师。

明治维新时期，日本经济逐渐发展，大量新技术与新材料不断涌入，科技与工业的发展，现代与传统的碰撞，使建筑界开始对传统问题展开了激烈的讨论，新建筑思想开始萌发，日本建筑界进入了一个新的时期。丹下健三也投身到这个变革的阶段，他所创新的建筑手法对日本及其世界有着深远的影响。

丹下健三在这个时期设计了许多日本公共建筑。他的设计是对日本传统建筑与现代建筑的正确继承和创作，并不是简单对传统的完全抛弃，而是否定传统中所带有的固化与形式的倾向，运用新的材料、结构、功能来创造出其新的形式，形成功能与空间的统一，并提出了"功能典型化"的设计手法，把现代主义建筑的理性主义加之在传统建筑上，设计并不是为了满足他的所有功能需求，而是抓住其真正功能，站在人民大众的立场上择优的选出其最长远的、最本质的功能。丹下通过对皇家园林桂离宫的深入研究，创新出属于日本的建筑形式，把传统建筑和现代建筑的设计手法相结合并运用在自己的作品当中，香川县厅舍、代代木国立室内综合体育馆和圣玛丽教堂，都运用新的材料、结构和功能表现其形式，把"功能典型化"很好的体现。这些创新的理念及作品对日本现代建筑的发展做出了巨大的贡献，也使日本建筑界在世界占有一席之地。

丹下健三还在城规领域有着许多建树及成就，1946年丹下的广岛规划方

① 马国馨 . 丹下健三 [M]. 北京：中国建筑工业出版社，1992：8.
② 丹下健三："我的结构"弥生文化：出现在公元前3世纪，在这个时期使用金属器，农耕以水稻栽培为中心。日本历史上的弥生传统是以贵族社会为基础。
③ 丹下健三："我的结构"绳文：公元前一万四千年以前到公元前三百年前后的时期，日本新石器时代文化的别称。绳文传统则基于人民大众之上。

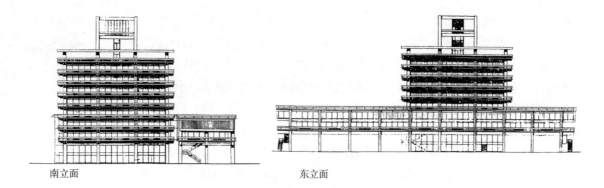

南立面   东立面

图 28-2 日本香川县厅舍
南立面图（左）
图 28-3 日本香川县厅舍
东立面图（右）

案采用轴线设计手法，设计理念开始从功能论到结构论转变。20 世纪 50—60 年代，丹下的作品通过尺度的序列化和使空间秩序化、结构化，而形成城市设计的新方法。在 1960 年的东京规划方案中提出"城市轴"的构思。运用开放的体系形态打破封闭式的都心概念，提出新的锁状交通系统[①]，把城市和建筑统一起来，富有前瞻性的避免了未来过于密集的人流和住宅。

　　丹下健三富有创新性、独特性的创造了适合日本的建筑及其城市规划，被作为"世界大师"，受到了国内外的高度评价。丹下对日本现代建筑事业的发展做出了巨大的贡献，为日本现代建筑和城市规划的未来指明了方向。

代表作品评析：

1．建筑设计：日本香川县厅舍（Kagawa Prefectural Government Office）

时间：1955—1958 年

　　香川县厅舍（图 28-2 ～图 28-3）[②]是丹下健三 20 世纪 50 年代的作品，是第二次世界大战战后日本公共建筑的一个典范。香川县厅舍的设计巧妙地将现代建筑的理念融入日本传统中，用新的建筑材料和结构方法表现日本传统，"丹下把木构建筑所具有的美通过钢筋混凝土的造型而提高到极限的作品就是香川县厅舍"[③]。

　　香川县厅舍总建筑面积 12006.2m²，总高 43m，是一个县政府办公大楼，主要用于政府会议办公，并为县民集会、活动提供场所。建筑由三层的长方形建筑和八层的正方形建筑组成（图 28-4）[④]，建筑外立面的设计独特，高层设计部分采用了日本传统建筑五重塔的造型，水平栏板和挑梁于混凝土材质的结合产生一种独特的、高技术的日本建筑，对其民族风格进行了新的尝试。一层的建筑完全架空，设计为开放区域的展览厅（图 28-5）[⑤]，厅中以壁画的形式表现

---

① 锁状交通系统：即 Cycle Transportation System，也称循环运输体系。
② 马国馨 . 丹下健三 [M]. 北京：中国建筑工业出版社，1992：101.
③ 摘自川添登："丹下健三论"
④ http：//www.jzwhys.com
⑤ 马国馨 . 丹下健三 [M]. 北京：中国建筑工业出版社，1992.

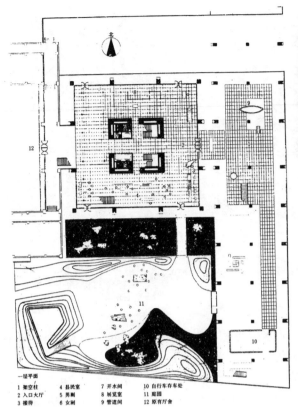

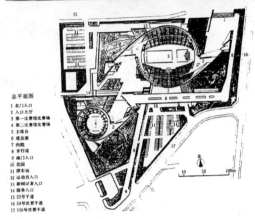

总平面图
1 北门入口
2 入口大厅
3 第一比赛馆比赛场
4 第二比赛馆比赛场
5 主席台
6 观众席
7 内院
8 步行道
9 南门入口
10 花园
11 停车场
12 运动员入口
13 新闻记者入口
14 服务入口
15 23号干道
16 24号次要干道
17 155号次要干道

一层平面
1 架空柱　　　7 开水间　　　10 自行车存车处
2 入口大厅　　8 男厕　　　　11 庭园
3 接待　　　　9 女厕　　　　12 原有厅舍

日本茶道精神。其余的多层建筑设置为办公室。在平面的布置上，丹下采用核心布置法将公共设施和通道设置在核心位置，便捷有效地提高了使用效率，缩短了走道的路线。在方形办公楼的前面，丹下健三设计了一个 1300m² 的古典园林庭院，为了迎合业主对建筑用途的要求，庭院的设计并不纯粹是为了表现古典园林的观赏性，也为市民的休息、集会、活动提供了良好的场所，充分地体现了为民服务和民主立宪的要求。

图 28-4　香川县厅舍平面图（左）
图 28-5　香川县厅舍一楼展览厅（右上）
图 28-6　代代木国立综合体育馆总平面图（右下）

　　丹下健三把现代建筑设计成功的移植到日本传统的建筑中，使香川县厅舍既有日本传统建筑形式的外观，又有现代建筑的新材料、新结构、新功能。这位建筑师巧妙的用建筑解释了这个时期日本现代建筑的样式，他的设计是对日本传统的前进与超越。

2. 日本东京代代木国立室内综合体育馆（National Gymnasiums for Tokyo Olympics）

　　时间：1961—1964 年
　　第二次世界大战结束以后，日本经济逐步快速发展，丹下的设计也进入了顶峰时期。1964 年，东京作为亚洲第一次奥林匹克大会的主会场，丹下设计了代代木国立综合体育馆（图 28-6）[①]，这犹如巨鹰展翅的建筑创造了独特的空

① http://www.gjart.cn

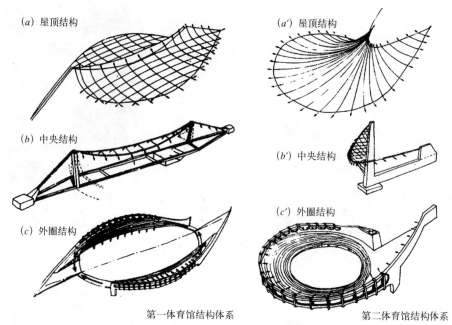

(a) 屋顶结构　　　　　　　　　　　　(a') 屋顶结构

(b) 中央结构　　　　　　　　　　　(b') 中央结构

(c) 外圈结构　　　　　　　　(c') 外圈结构

第一体育馆结构体系　　　　　　　　　第二体育馆结构体系

图 28-7　第一体育馆由两个半月形错位组成，作为游泳和跳水的场地（平面图）（左）

图 28-8　第二体育馆为螺旋状，用于球类竞技比赛（平面图）（右）

间感，使丹下名声大振。代代木国立室内综合体育馆可以说是日本科技达到国际水准的象征，被誉为划时代的作品。

建筑由第一体育馆、第二体育馆及附属部分组成。第一体育馆由两个半月形错位组成，作为游泳和跳水的场地（图 28-7）[①]。体育馆顶部运用钢板和钢筋混凝土的悬索结构构造出跨度 126m×120m 的大型空间，倾斜的屋顶造型沿袭了日本传统寺庙的建筑风格，由钢板和钢索焊接而成，从顶部倾斜而下，产生一种让人备感张力和激情的空间感。第二体育馆为螺旋状，用于球类竞技比赛（图 28-8）[②]。在一个直径为 65m 的巨大圆形平面中心用一根柱子支撑顶部并用钢管呈螺旋状排列固定建筑结构，优美流畅的曲线与张力的结合形成一种对比，营造出竞技场的紧张、激烈气氛。代代木国立室内竞技场使悬索结构技术与造型有所创新，不仅技术合理，而且平面适合于功能，内部空间经济，可以节约空调费用，同时还带来鲜明的民族风格。两馆的连接采用东西向的宽广人行道设置，巧妙地将行人、车辆分流。体育馆整体建筑外观大气磅礴，造型丰富多变，充满现代感与创造性，建筑蕴含巨大的力量。最大限度地使建筑的功能、材料、空间、结构高度的统一，并十分重视建筑空间上所具有的精神领域，使建筑富有极大的感染力。

丹下健三向世人展现了造型丰富严谨，却又让人难以理解的设计作品。把追求现代化建筑的理念延伸到通过现代的技术与科技进行建筑空间精神性、象征性的创新探索。给世人展现出日本崭新的风貌和国际化的水平，这不仅仅是建筑界的突破也是日本提升民族自信的体现。

① 马国馨. 丹下健三 [M]. 北京：中国建筑工业出版社，1992：122.
② 马国馨. 丹下健三 [M]. 北京：中国建筑工业出版社，1992：122.

3. 城市规划设计：东京规划

　　时间：1960 年

　　第二次世界大战刚结束时，日本的经济受到严重打击，城市、工业、社会体制都遭到严重破坏，从 50 年代开始，日本经济逐渐恢复，工业与经济的发展使日本人口密集度快速增加，城市规模增长无序混乱。人口爆炸和城市化快速发展必须要求对城市空间进行有效的控制。城市空间的控制不仅是解决一系列城市问题的基础，也是现代规划设计和城市政策的主要任务和目的之一。

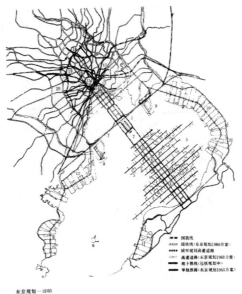

东京规划—1960

1 新东京站；2 东京旅客港；3 中央政府区；4 办公区；5 海上住宅区；6 旅客火箭发射站；7 新东海道线，地下高速路；8 羽田国际空港；9 国内空港；10 京叶工业地带；11 木更津工业地带；12 京滨工业地带；13 晴海；14 银座；15 筑地；16 市ヶ谷；17 上野；18 浅草；19 新桥；20 涩谷

图 28-9　丹下提出的"城市轴"的构想图

　　为此丹下健三在 1960 年发表了他的"东京计划"，在这次规划设计中丹下提出了"城市轴"的构想（图 28-9）[①]。他认为为了迎接新时代的到来和城市化进程所带来的问题，必须重建城市。用富有前瞻性的角度和未来城市的空间发展方向对城市内部功能加以重组，他写道："如果把交通和通信设施比作树干的话，那么建筑就是一片片的树叶，它们之间密不可分"[②]。日本自中世纪以来，城市结构以封闭的向心型结构为主，这样的城市结构产生了都心的巨大化，上下班人流高峰和与都心功能有关的巨大自由人流。城市结构已经无法承载日本高速增长的人口数量并且都心放射是城市混乱的根源。随着社会的发展，以汽车作为交通工具使道路与建筑之间发生了改变。丹下当时还举出学生集体放学后在狭窄的道路中被突入汽车撞伤的悲惨的交通事故。因此城市计划还优先考虑了"人和车的分离"。设置汽车专用道及高速道路来适应不断发展的城市空间秩序。

　　丹下健三在他的方案主要提出了三点构想，第一是"平行放射形态的开放的城市轴"构想。丹下认为从向心型向线性发展是有机生命进化的必然。他把线性开放城市轴的起点设为东京都心，向东京湾一代污染和投机妨碍最少的地区发展。设置了三条东海到大都会的干线改变了以往集中在一点的现状，与城市轴相交在三个分散的地点，改变了以往"封闭的都心"的结构。第二提出了新型的锁状交通系统（图 28-10）[③]。在城市交通方面，丹下认为中心型向四面八方的大众交通体系已达到极限，注重其连贯性利

---

① 丹下健三：《东京规划——1960》.

② 摘自"Kenzo Tange associates official sight" 17 Mar 2009.

③ 丹下健三：《东京规划——1960》.

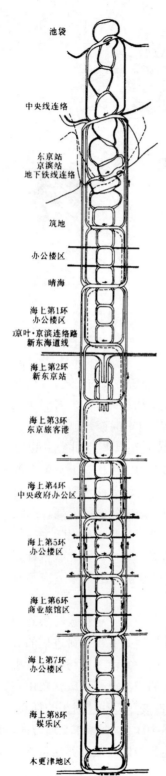

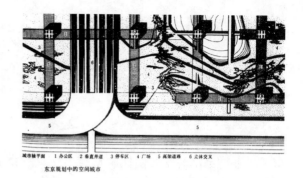

东京规划中的空间城市

用交通把整个城市、交通、建筑有机地统一十分必要。随着交通手段的迅速提高，道路与建筑间的关系随之改变，现代的社会应该形成一个从高速——缓慢——停车场——户门的新交通秩序[①]。我们以现代社会的快速公交为例，丹下所讲述的就像一个城市中连接各个区域的快速公交，从高速到站后下车步行到最后目的地。架空的高速道与每个区域的道路系统和建筑空间内部的上下垂直的交通（电梯）、停车场相连，形成一个有序的统一体。锁状交通系统以不同的时速划分为三层，它们以环为单位构成并在三层的交接点分别设置了通往停车的分支和单轨铁路的分支道路，形成传送带式的"运动的城市轴"，把城市，建筑，交通（高速道路、分支道路、停车场）有机的连接（图 28-11）[②]。第三，城市居民区向东京湾海上延伸发展。住宅区在城市锁状交通系统立体交叉的两翼进行延伸，展开平行放射的交通系统。在海上住宅区的中心位置设置了公共设施、广场以及商店等商业区。使住宅区、商业区、停车场、单轨车站、高架道路有机的链接在一起。

　　丹下健三崇尚城市结构的有序和表现力，重视城市中交流空间的存在，用结构主义为城市空间进行划分与连接，而东京规划正是其建筑思想的体现。他的设计适应了社会从工业化到信息化的转变和未来城市快速发展以开放有序的空间的需求。

图 28-10 新型的锁状交通系统（左）

图 28-11 "运动的城市轴"平面图（右）

① 马国馨 . 丹下健三 [M]. 北京：中国建筑工业出版社，1992：47.

② 马国馨 . 丹下健三 [M]. 北京：中国建筑工业出版社，1992：349.

参考文献

[1]　马国馨. 丹下健三 [M]. 北京：中国建筑工业出版社，1992.

[2]　林中杰. 丹下健三与新陈代谢运动：日本现代城市乌托邦 [M]. 北京：中国建筑工业出版社，2011.

[3]　东京大学丹下健三研究室 .[M]. 新建筑社，1961（3）.

[4]　黑川纪章. 黑川纪章—都市デザインの思想と手法 [M]. 东京：彰国社，1995.

[5]　东京都都市计画局编. 东京の都市计画百年 [M]. 都政情报センター管理部事业课，1992：69—105.

[6]　丹下健三. 日本列岛的未来 [M]. 讲谈社，1966.

[7]　丹下健三. 桂——日本建筑的传统与创造 [M]. 耶鲁大学出版社，1960.

[8]　丹下健三. 人间と建筑 - デザインおぼえがき -[M]. 彰国社，2011.

（陈曦）

29　凯文·罗奇（Kevin Roche）

图 29-1　凯文·罗奇
（1922— ）

凯文·罗奇（Kevin Roche，1922-—）（图 29-1）①美籍爱尔兰裔人，20 世纪 60 年代初成为美国最著名的几个代表性的建筑师之一，1982 年获得普利茨克建筑奖。

在代表爱尔兰 18 世纪古典主义建筑和城市形态的最佳城镇之一长大的凯文在不知不觉中受到了初步的建筑熏陶。17 岁暑假时，为父亲乳制品厂储存奶酪的大仓库进行了设计和施工监理。这一实际经历促使他进入爱尔兰国立大学建筑系学习。

1945 年，凯文在爱尔兰国立大学获得建筑学士学位后加入了当时都柏林市唯一的现代主义建筑师迈克尔·斯考特（Michael Scott）的事务所。次年，经迈克尔安排，凯文赴英国伦敦到马克斯韦尔·弗莱（Maxwell Fry）的事务所工作。年轻的凯文产生了一个浪漫的想法，他把当时世界上主要的建筑师列了一个名单，准备在每位建筑师那里工作一年到一年半，计划花 15 年时间跟这些建筑师学习。

1948 年 10 月，26 岁的凯文先去了美国由密斯·凡·德·罗主持的伊利诺伊工学院（Illinois Institute of Technology）建筑系攻读研究生，当时密斯规划设计的伊利诺伊工学院校园建筑群中有三座刚刚完工，这些具有极简、纯净的外表和极严肃冷酷理性内涵的建筑立即给初到的凯文以强烈的冲击。在研究生的课程中，密斯的严肃认真也同样使凯文印象深刻。然而他执著地怀着要跟全世界 10 位主要建筑师轮学一遍的计划，他决定辍学。很显然，他想兼收并蓄，从一开始就不是密斯的盲目崇拜、追随者。

但梦想的实现还是困难重重，打杂、解雇……凯文的生活陷入了窘迫，就在 1950 年他加入萨里宁位于密歇根州的事务所②。就在罗奇认为不得不放弃梦

---

① http://wenku.baidu.com/view/7ab5792d915f804d2b16c178.html

② 1936 年埃罗·沙里宁（小沙里宁）加入其父埃列尔·沙里宁（老沙里宁）事务所，1937 年老沙里宁事务所更名为"埃列尔和埃罗·沙里宁事务所"；1947 年事务所又改称为"双沙里宁事务所"1950 年夏，老沙里宁去世，事务所的名称也随之变为"埃罗·沙里宁事务所"；1961 年凯文按埃罗·沙里宁生前的安排将事务所从密歇根州搬至纽约康涅狄狄格州的纽黑文市；1966 年，事务历改名为凯文·罗奇／约翰·丁克罗事务所。

想而面对现实的时候，却不知道加入萨里宁事务所成了他一生中最重要的选择，他再也没有离开过。他未来的合作者约翰·丁克路（John Dinkeloo）也在1951 年的同一时间进入该事务所。从 1954 年—1961 年埃罗·萨里宁去世，凯文是其主要设计助手。1961 年小萨里宁逝世后，作为萨里宁事务所方案设计部首席主设计师的凯文·罗奇继任事务所的总裁，并主要负责完成了 10 项重要工程，包括：圣路易斯拱门（St.Louis Gateway Arch）、J.F. 肯尼迪国际机场TWA 候机楼（The TWA Flight Center，John F.Kennedy International Airport）、杜勒斯国际机场（Dulles International Airport）等 [①]。

凯文在继承了事务所后，立即在他的第一个独立作品——奥克兰博物馆中显示了他自己的特点。1966 年，事务所改名为凯文·罗奇／约翰·丁克罗事务所。从那时以来到至今近 40 年的建筑生涯中，凯文的建筑创作不断引导或顺应美国建筑思潮的转变。

凯文·罗奇没有追求或坚持一贯的建筑风格，他不仅几个时期的作品风格有很大不同，即使同一时期也不尽相同。但他一直从"服务"观出发进行设计，他设计的福特基金会大楼（The Ford Foundation Headquarters，1963—1967 年）被广泛称誉为中期现代主义建筑的代表作，被很多关于现代、当代建筑史的著作评价为 20 世纪后半叶最有影响力的建筑物之一。凯文也因此获得了美国建筑师学会 1993 年的"25 年之奖"（AIA 25-Year Award）。

另外，纽约市政府于 1968 年授予凯文荣誉奖章；1974 年，凯文·罗奇／约翰·丁克罗事务所获"建筑事务所奖"；1976 年，美国设计师协会授予他"完全设计奖"；1977 年，法国建筑学院授予他金质奖章，并于 1979 年授予他院士称号等。

凯文·罗奇建筑创作的特点大致呈现的三个阶段：

第一个 16 年：1961 年—1977 年。从凯文的一个个单独作品看，在其创作的第一阶段体现了柯布西耶、密斯等人的深刻影响，他那时的设计理念和基本方向就是表达材料、结构、使用功能和空间组合，并呈现出严谨、理性的风格特点；并像小萨里宁那样采取了"具体项目具体处理"的设计态度，从而创造了许多新手法，丰富和发展了现代主义建筑。在 20 世纪 60—70 年代前半期对耐候钢的应用和表现力的开掘成了他区别于其他著名建筑师独一无二的重要特点。在福特基金会大楼首创了将大型室内中庭引入现代多、高层公共建筑中。在对建筑贴近自然的强烈关注方面超越了小萨里宁（埃罗·萨里宁），可谓当今绿色建筑（Green Architecture）的先行者。

第二个 16 年：1978 年—1993 年以设计通用食品公司总部大楼为转折点，凯文·罗奇的建筑观念和设计风格开始发生明显变化。1977 年，就在凯文准备要通过通用食品公司的设计修正现代主义所暴露的问题方面走得更远一些时，罗伯特·文丘里（Robert Charles Venturi）向现代主义挑战的著作《建筑的矛盾性和复杂性》（Complexity and Contradiction in Architecture）

① 徐力，郑虹 . 国外著名建筑师丛书：凯文·罗奇 [M]. 北京：中国建筑工业出版社，2004：3.

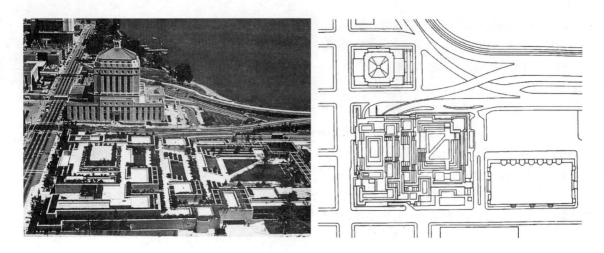

图 29-2　奥克兰博物馆外观（左）

图 29-3　奥克兰博物馆总平面图（右）

的[①]再版发行促使凯文转向了后现代主义。

后现代主义强调的核心是建筑作为传意的语言，它要纠正现代主义对建筑作为语言的作用和价值的摒弃和忽略。这样，凯文把自己的兴趣从如何开发材料、结构的表现力转移到如何创造大众能够理解的建筑语言上去了。

最近的新走向：凯文·罗奇从 20 世纪 90 年代初中期后明显进入创作中更加多元化的阶段，根据项目、基地等不同场合，时而第二阶段新古典的色彩重一些，如美国驻德国大使馆（New U.S Embassy in Germany，1994 年），时而第一阶段现代派倾向浓厚一些，如东京汐留大厦（Shiodome Block B AM Tower，1997—1999 年）。但其中突出的是像爱尔兰国家会议中心那样更加灵活应用自己前两个阶段风格特点而向现代主义的回归，凯文·罗奇近年来建筑创作的一个明显特点是曲线、曲面、曲体的引入。[②]

代表作品评析：

1. 奥克兰博物馆（The Oakland Museum）

时间：1961—1969 年

地点：美国加州奥克兰市

奥克兰是位于旧金山湾区的一个小城市。奥克兰博物馆（图 29-2）[③]是凯文继承萨里宁事务所后的第一个作品，也是他一炮打响的成名作。该城计划设计一座纪念性建筑以收藏其自然历史、技术和艺术方面的珍贵物品，在深入考察了这个地区的起源、城市的历史和未来发展后，罗奇提供了一个独特的构思：一系列底层混凝土建筑占地四个街区（图 29-3）[④]，分为三层，

① 文丘里的《建筑的矛盾性和复杂性》首次出版在 1966 年。

② 徐力，郑虹．国外著名建筑师丛书：凯文·罗奇 [M]．北京：中国建筑工业出版社，2004：14—28.

③ 王云龙．美国建筑协会 AIA 金奖获得者专辑 [M]．北京：电力出版社出版，2006：176.

④ 陈桂英．世界建筑：No.4[M]．台北：胡氏图书出版社，1983：44.

每一层的平台是其下一层的屋顶。这座新颖的花园屋顶博物馆成为罗奇的设计商标。

在为市民创造一个台阶式花园的整体构思下，建筑体块布置成高低错落的"花台"，这些作为花台的体块全用素混凝土，其上铺有另一种"建筑材料"——植物。素混凝土

图 29-4　奥克兰博物馆室内图

既以其灰色的色彩衬托出花木，又以其天然无雕饰的粗犷质地与植物相协调。花木既被清淡质朴的素混凝土所突出，又反过来"润化"了素混凝土的粗野干涩。素混凝土墙体既在外部与植物形成最自然的搭配，又在内部陪衬着博物馆的展品——就像画框中带有纹理的灰纸板对画的衬托那样。

花园中布置着与博物馆主题相关的雕塑，在周围街道上的人们首先被该馆宽阔的开口导向一个像迷宫一样引人入胜的步行道系统，它串联台阶式花园并由它通向三个博物馆、报告厅、餐厅等部分，从各主要部分都可直接进入变化多端的外部空间。步行道经过藤架通道、台阶梯段，经过高低一折转一合放，在开敞的草坪处达到高潮——海湾被借景而入，给人以意外之惊喜和心旷神怡之感。即使博物馆不开放时，人们也可以来此"公园"休闲，眺望海湾。

建筑的形式被"极限少主义的手法"①处理得尽可能简单，以突出自然元素。所有墙体均为表面吹沙的淡灰色素混凝土，它在内部（图 29-4）②陪衬着展品，在外部与植物相协调。这种简化人为的突出自然的建筑处理在小柑橘房、韦斯林大学艺术中心的设计中也相当成功。

2. 华尔街 60 号 （J.P.Morgan Headquarters）

时间：1983—1992 年

地点：美国纽约

凯文不但设计了具有强烈对称轴线布局的通用食品公司总部大楼，进而又在设计纽约中央公园动物园时搞出了一种柱式，并在后来接二连三地试图用这种"新柱式"来像古典主义那样以柱式来组织立面构图。在他设计生涯的第二个 16 年里，轴线、新柱式、双重编码、多文种方言以及新古典、大众口味、

---

① "极限少主义"是这一时期凯文·罗奇的主要创作倾向。极限少主义，英文原名为 Minimalism，意指少到极限，少到不能再少。从简单定义上讲，起初它是雕塑和绘画上的一种风格，追求形式清晰、造型严整和结构简明上的极限，它反对细部、丰富的肌理、复杂的结构，尽可能逼近明确的极限。它以 1959 年弗兰克·斯泰拉在纽约现代艺术博物馆题为"16 个美国人"的展览上的"黑色绘画"系列为发端，成为美国 20 世纪 60 年代兴盛的一个前卫艺术思潮，代表人物是雕塑家罗伯特·莫利斯。

② 徐力，郑虹. 国外著名建筑师丛书：凯文·罗奇 [M]. 北京：中国建筑工业出版社，2004：1.

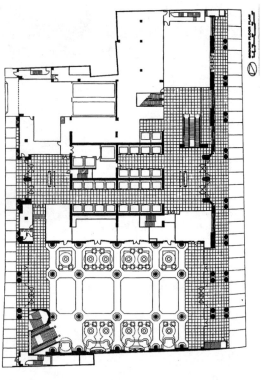

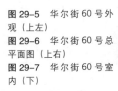

图 29-5　华尔街 60 号外观（上左）

图 29-6　华尔街 60 号总平面图（上右）

图 29-7　华尔街 60 号室内（下）

东方情调、后现代主义成了凯文主要的建筑特点。华尔街 60 号（图 29-5）[1]可谓这时期的典型之作。

华尔街 60 号（原 JP 摩根银行总部）矗立在纽约金融街区众多建于 20 世纪早期的建筑中（图 29-6）[2]，离纽约股票交易所仅有 100m 左右。整体上看，它以当代建筑材料组织出与周围建筑一致的古典构图，进一步加强了华尔街现有街道面貌的定义。

华尔街 60 号底层是一个公众可进入的室内大厅，其入口柱廊与毗邻建筑的下部檐口线在高度上对齐，以保持华尔街的街线。整个大厅（图 29-7）[3]中漆白的木条组成的斜纹及柱头式样产生一种波斯建筑的风格气氛，而墙端则有数组仿中国园林的叠石。在中部，把转角连续的现代带形窗和厚重转角的古典构图这两种完全不同且矛盾的"语汇"被编辑在一起[4]，使得建筑同时具有了"矛盾性"和"复杂性"。一个 40 英尺高的阁楼式顶部里面是机械设备和卫星通信

---

[1] 徐力，郑虹 . 国外著名建筑师丛书：凯文·罗奇 [M]. 中国建筑工业出版社，2004：175.

[2] 徐力，郑虹 . 国外著名建筑师丛书：凯文·罗奇 [M]. 中国建筑工业出版社，2004：174.

[3] http：//www.uutuu.com/fotolog/detail/2903/picshow/_

[4] 虚转角的带形窗是柯布西耶对以框架结构为常见结构形式的现代主义建筑总结的基本手法及特征之一，它可以被看作是表述现代主义语义的语素；而现代主义建筑之前在砖石结构基础上形成的敦厚转角处理及窗间墙的存在则是古典主义的基本构图，也可看作是表达古典建筑语义的语素或语码。

装置。幕墙材料包括灰色、绿色的薄花岗石片、银色的反射玻璃、陶瓷背层玻璃和铝合金板。

图 29-8　爱尔兰国家会议中心正门（左）
图 29-9　爱尔兰国家会议中心侧面（右）

虽然带有新柱式的华尔街 60 号大厦和西班牙建筑大师雷卡多·波菲尔（Ricardo Bofill）的建筑一样，不大受其他建筑师的赞赏而且几乎没有跟随者，但它确真正能做到与一般群众发生对话：该大楼的使用者和在华尔街上的过路人大多都说喜欢这幢建筑。

3. 爱尔兰国家会议中心（National Conference Center of Ireland）

时间：1997—1999 年

地点：爱尔兰都柏林市

都柏林市的规划要把莱菲河岸这一现已半废弃的工业运输区改造成新型的文化、商业、办公综合区。北岸的改造已全面铺开，有十几幢办公及公共建筑已在施工，爱尔兰国家会议中心在整个区域的发展项目中是最重要的工程。由于莱菲河道没有转折，为了将这一重要公共建筑从一排已在施工或规划设计好的、差不多高的沿河建筑中突显出来，罗奇说，为了取得建设项目的成功，必须进行周密地规划，认真地管理。

通过三轮历时三年的国际建筑设计竞赛，凯文·罗奇的方案获得了一等奖，成为中选实施方案。凯文·罗奇为我们设计了一个比其他任何会议中心都更舒适的地方。它包括一个有 2000 个座位的会堂、两个各有 450 个座位的多媒体厅，还附设大小可调整变化的展览、宴会场所，并在无会议、演出时对旅游公众开放以及一个为大量旅游者和为使用这个会议中心设施服务的旅馆。

这还远远不够，凯文说："对于我的挑战，是为与会者和参观者设计一幢有艺术性的建筑物。"凯文将正门入口大厅通高 5 层的空间由一倾斜的圆柱体来围合（图 29-8 ①～图 29-9 ②），远远望去玻璃圆柱体的高光带反射格外耀眼，倾斜的圆柱体在沿河街道的构图上断掉了沿河建筑构成的"墙壁"，并与垂直

① google 凯文·罗奇爱尔兰国家会议中心图片。
② 徐力、郑虹 . 国外著名建筑师丛书：凯文·罗奇 [M]. 北京：中国建筑工业出版社，2004：28.

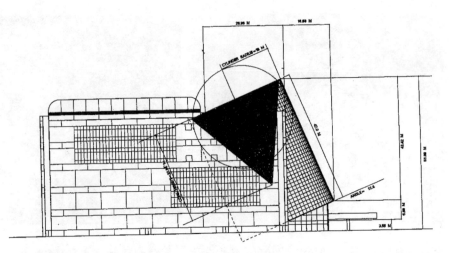

图 29-10 爱尔兰国家会议中心剖面图

实墙面相交成有趣而庄严的曲线，给每个与会者和旅游者都留下了深刻的印象。国家会议中心的圆柱体玻璃墙采用无窗棂的钢架支撑体系，大厅屋顶全玻璃的桁架天窗是一个与圆柱体同心的倒圆锥（图 29-10）[①]，并跟着圆柱体倾斜 90°的 1/4（22.5°），而与实体屋面相交成一空间性的月牙形，"月牙"的两端位于主会议厅最上的第三层楼座（建筑的第六层）的两侧入口正上方，并指向主会议厅每层的入口，从而贴切地暗示了内部空间组成，从而引导了人流，向在玻璃大厅内外的来访者交代了方向。[②]

参考文献

[1]　徐力，郑虹．国外著名建筑师丛书：凯文·罗奇 [M]．北京：中国建筑工业出版社，2004．

[2]　唐建，刘锐峰．现代建筑的"第一中庭"——读凯文·罗奇的作品福特基金会大楼 [J]．华中建筑，2004（2）．

[3]　王云龙．美国建筑协会 AIA 金奖获得者专辑 [M]．北京：电力出版社出版，2006．

[4]　陈桂英．世界建筑：No.4[M]．台北：胡氏图书出版社，1983．

[5]　Xu Li.The Last 20 Years of the 20th Century：American Skyscraper Design.A Research Project Report[M].Tucson：The University of Arizona Library.USA，1995．

[6]　严坤．普利茨克建筑奖获得者专辑 [M]．北京：中国电力出版社，2005．

网络资源

[1]　http：//en.wikipedia.org/wiki/Robert_Venturi

[2]　http：//en.wikipedia.org/wiki/Kevin_Roche

（胡鑫玉）

---

① 徐力、郑虹．国外著名建筑师丛书：凯文·罗奇 [M]．北京：中国建筑工业出版社，2004：196．
② 徐力、郑虹．国外著名建筑师丛书：凯文·罗奇 [M]．北京：中国建筑工业出版社，2004：192．

图 1-4　斯丹顿庄园的陈列橱柜和楼梯间，壁纸设计由莫里斯在 1892 年完成　　　图 2-6　特雷萨修道学院内部拱廊

图 3-5　芝加哥大礼堂内部

图 4-3　贝伦斯彩色木版画《吻》(Der Kuss) 1898 年　　图 5-7　流水别墅的室内空间

图 6-2　法古斯工厂（Fagus Factory）是一座由 10 座建筑物组成的建筑群，是现代建筑与工业设计发展中的里程碑

图 7-9 范斯沃斯住宅及周围环境

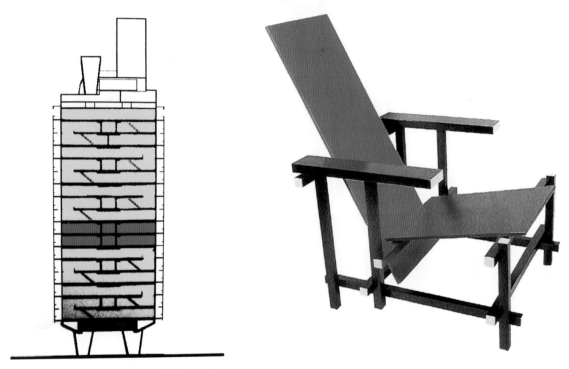

图 8-7 马赛公寓剖面图，黄色为居住，红色为商业，蓝色为设备层（上左）

图 10-5 红蓝椅子（俯视），具有激进的纯几何形式，堪称是画家蒙德里安的名作《红黄蓝的构成》的立体化诠释（上右）

图 10-9 施罗德住宅（外景），其外墙颜色有意地深化建筑外观，白色、灰色、黑色及一些颜色鲜明的线性元素相互搭配，被认为是风格派建筑设计的典范（下）

图 11-8 《多姆斯》杂志封面（1999 年）（上左）
图 12-10 壳牌石油公司商标演变过程（下）
图 13-8 PH 松果吊灯灯光效果（上右）

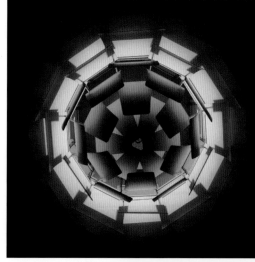

1900 **1904** **1909** **1930**

1948 **1955** **1961** **1971**

图14-9　芬兰大厦（内景），其室内设计延续了阿尔托喜用自然材料的趣味，大量运用白色的大理石材料，并搭配一定的硬木和陶瓷材料，其大礼堂设计精简而且优美

图15-12　圣·凯瑟琳学院餐厅中雅各布森设计的灯具

图 16-4 拉西奥茶几多种颜色搭配（右上）
图 18-3 玻璃住宅室内（左上）
图 19-10 大教堂内部空间，阳光透过透明的天花照亮宽敞的大厅，给予人奇特梦幻的感觉（左中）
图 20-5 大堂中央的塔状书库，以玻璃为外墙，形式上与建筑主体的外结构相似，形成一种内外呼应的关系（左下）
图 21-3 兰德为 IBM 公司设计的海报（右下）

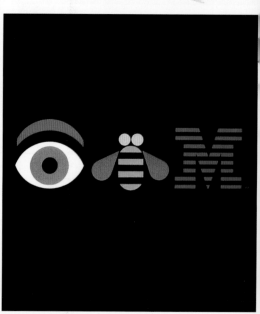

图 22-4　1970 年埃托雷·索特萨斯为奥利维蒂公司设计
出时代产品——情人节款 Valentine 打字机，该设计外壳呈
鲜明红色，款式新颖，可随身携带

图 22-6　1948 年由埃托雷·索特萨斯设计的马尔本萨国际机场大楼

图 23-3　奥运会宣传海报

图 23-6　设计应用

图 25-2　SK-4 留声机，1956 年由拉姆斯与汉斯·古格洛特共同设计

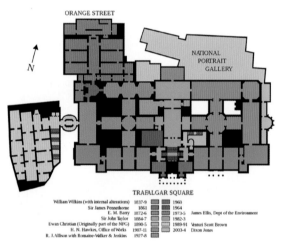

图 26-5　英国国立美术馆平面图

图 29-2　奥克兰博物馆外观